CRÒNICA

Volum II

BIBLIOTECA D'AUTORS VALENCIANS

41

RAMON MUNTANER

CRÒNICA

Volum II

a cura de
Vicent Josep Escartí

© Dels autors
© De la present edició: Diputació de València
    Institució Alfons el Magnànim
Disseny de les cobertes: Esther Cidoncha
I.S.B.N. (obra completa): 84-7822-256-1
I.S.B.N. (volum II): 84-7822-258-8
Dipòsit Legal: V-1966-1999 (II)
Impressió: Grafimar, S. Coop. V.

E com lo senyor rei hac trameses les cartes per totes parts, que al jorn que ell los donà fossen a Saragossa, per ço con ell volia fer festa e pendre la corona, l'almirall venc a ell e dix-li:

— Senyor, vós havets donats cinquanta dies que tothom sia a Saragossa, a la vostra festa del coronar; e a mi seria molt que la companya de les galees estegués així vagant. E per ço, ab la gràcia de Déu e vostra, jo m'hic partiré, e iré barrejant la costera d'aquí a Marsella, e faré en guisa que, ab l'ajuda de Déu, jo sia tornat a temps que pusca ésser a Saragossa a la vostra coronació.

Dix lo rei:

— Almirall, ben deïts.

E així l'almirall pres comiat del senyor rei, e recollí's ell e totes les galees e féu la via del cap de Leucata.

E con fo en el mar del cap de Leucata, anà-se'n entrò a la platja de Sirinyà; e aquí, a alba de dia, passà e posà la gent en terra, e ell eixí entrò ab cent hòmens a cavall; e al jorn ells foren a Sirinyà e barrejaren tot Serinyà. E lo via-fora anà per tota l'encontrada e venc a la ciutat de Besers, qui n'és lluny dues llegües; e la host de Besers eixí, e vengren a Serinyà, e foren ben trenta mília persones, ab d'altres llocs que s'hi mesclaren. E l'almirall dix a les sues gents:

— Barons, vui és lo dia que per tots temps la casa d'Aragon guanyarà honor e preu per tota aquesta encontrada. E fèts compte que açò qui ve és gent morta, que null temps no veeren un home felló; per què firam de ple en ple en ells, que vosaltres veurets que no n'haurets mas les espatlles. E la cavalcada sia reial, que tot quant guany cascun, sia seu; emperò, sots pena de tració, man a cascun que no prega roba ne cavall ne negunes coses entrò la batalla sia passada.

E així ho atorgaren tuit.

E entretant la host s'acostà a ells, que no es pensaven

que calgués mas lligar; e con foren prop, que els dards pogren jugar e les ballestes a colp trer a triquet, les trompes e les nàcares van sonar, e l'almirall, ab los hòmens de cavall, va brocar als hòmens de cavall, qui eren ben trescents d'altra part, qui franceses, qui del país. E los almogàvers, que hi havia ben dos mília, van tremetre los dards que anc un no en pecà que no metés hom mort, o nafrat per mort; e los ballesters a colp van desparar. Així que tant fo l'estorç al començament que l'almirall e sa companya feeren, que cridaren: —Aragó, Aragó!—, que a colp aquells van girar, així de cavall con de peu, e l'almirall e l'altra companya foren ensems ab ells. Què us diré? Que l'encalç durà entrò a mitja llegua de Besers; e hagra durat tro dins la ciutat, mas vespre se feia, e a l'almirall feia paor que de jorn poguessen tornar a les galees, per ço con eren en platja la pitjor que era de llevant a ponent. E així cabdellà la gent e los ne féu tornar; e així tornant llevaven lo camp, mas no cal demanar lo gran guany que hi feeren. Així, con fo nuit, ells foren en la platja davant les galees, e cremaren e afogaren tot Serinyà, salvant l'esgleia, qui és molt bella, de madona Santa Maria de Serinyà.

E aquells de Besers e dels altres llocs recolliren-se a Besers, e hagren tanta de gent perduda, que ben veien que l'endemà, si l'almirall tornava, que no li porien defendre la ciutat si gent estranya no hi havia. E així trameteren aquella nuit a via-fora a fer per tota l'encontrada que venguessen a defendre la ciutat de Besers, que la major part de la gent havien perduda. E podien-ho dir per veritat, que no n'hi tornaren dels deu dos; e així moriren tots, sens que l'almirall, con hac regoneguda sa companya, no trobà que hagués perduts mas set hòmens de peu. Sí que al maití, a Besers, hac venguda tanta de gent, que fo meravella; mas l'almirall d'açò no hac cura, mas de mitja nuit a avant recollí's ell e la sua gent, e anà-se'n al grau d'Agda; així que hi fo a alba de dia, e posà la gent en terra. E per l'agulla de Viats muntaren-se'n les galees sotils e los llenys armats; e les galees altres anaren-se'n a la ciutat d'Agda, e la pres, e la barrejà tota. E no volc que fembra ne infant hi morís, ne negun, mas los hòmens de quinze anys a ensús, ne de seixanta a enjús, n'anaren tots; los altres restauraren. E barrejà e afogà quant hi hac, salvant l'episcopat, que jamés ell no consentí que a esgleia feés hom damnatge valent d'un botó, ne així mateix que fembra neguna fos ahontada ne despullada ne tocada en sa persona, que Déus li'n reté bon mèrit, qui li donà victòries e li féu fer bona fi.

E l'altra companya sua anaren a la vila de Viats, qui per terra, qui per mar, qui per l'agulla amunt. E així mateix barrejaren-ho tot, e en tragueren tot ço que hi havia, e llenys e barques, que hi havia en l'agulla molts. E així mateix lo via-fos anà per l'encontrada; e aquells de Sent Tiberi e de Lupià e de Gijà vengren a mar, mas con foren prop d'Agda, noves los van venir con havia pres, lo dia passat, a aquells de Besers; e així, con ho oïren, pensaren de girar; mas no es cuitaren tant que els hòmens a cavall de l'almirall e los almogàvers no n'aconseguissen més de quatre mília, que n'allancejaren. E puis tornaren a Agda, e estegueren-hi tres jorns cremant e afogant tota l'encontrada.

E con hagueren açò fet, l'almirall féu recollir la gent, e féu la via d'Aigüesmortes. E al port d'Aigüesmortes ells trobaren naus e llenys e galees; e tot quant hi trobà, ell tramés a Barcelona. E puis anà al cap de l'Espigueta, e con fo eixit d'aquella mar e fo eixit de llengua, que tothom se cuidà, d'aquella mar, que ell fos anat en Sicília, la nuit, ab l'oratge, ell se mès en mar aitant con poc, en guisa que de la terra no en poguessen haver vista. E l'endemà, que l'embat se mès, ell féu la via del cap de Loucata, e la nuit ell hi pres terra e trobà-hi ben vint entre llenys e barques carregades de bona roba, e los pres tots, e els tramés en Barcelona. E en alba de dia ell entrà per lo grau de Narbona, e trobà-hi llenys e galees, e tot ell ho menà a mar. Què us diré? Que sens fi fo ço que ell guanyà, e tots aquells qui ab ell eren; e hagra molt més fet si no fos la cuita que ell havia de tornar en Catalunya, per ço que a temps pogués ésser a la coronació del senyor rei d'Aragó. E així partí's del grau de Narbona ab tot aquell navili que hac pres, e féu la via de Barcelona.

E així lleixar-vos he l'almirall estar, e tornaré a parlar del senyor rei d'Aragon.

153

Com l'almirall hac pres comiat del senyor rei a Barcelona, lo senyor rei eixí de la ciutat; e el primer viatge que féu, féu a Santes Creus. E aquí ell hac fets l'arquebisbe de Tarragona, e tots los bisbes de la terra e tots altres prelats, així que hi hac més de tres-centes crosses; e de les ordes, deu frares de cascuna casa de tots sos regnes. E aquí ell féu son dol, e totes les gents; e féu cantar misses, e s'hi féu preïc, e ab gran professó féu absolre lo vas del bon rei en Pere, son pare; e açò tenc deu jorns a tots dies. E con açò fo passat, per honor de l'ànima del bon rei son pare, féu molts dons e moltes gràcies al monestir, per ço que, tots temps, tots jorns se cantassen, e es canten, per l'ànima del bon rei son pare, cinquanta misses. E con açò hac fet, ell pres comiat de tuit, e anàse'n a Lleida, on li fo feta gran festa. Puis entrà-se'n en Aragon, e venc a Saragossa, on li fo feta la major festa que anc negunes gents poguessen fer a llur senyor. E com lo senyor rei fo a Saragossa, tothom pensà d'atendre a Saragossa.

E lleixar-vos he estar lo senyor rei, e tornar-vos he a parlar de l'almirall.

Com l'almirall fo eixit del grau de Narbona ab tot lo
navili que n'ha tret, ell féu la via de Barcelona; e con fo
a Barcelona, aquí li fo feta gran festa, e estec aquí vuit
jorns. Puis anà-se'n ab l'armada a Tortosa; e con fo a la
ciutat de Tortosa e les galees foren a la dita ciutat, ell hi
lleixà per cap son nebot, en Joan de Lòria, qui era molt
bon cavaller e espert, que en aquell temps no es pogra
hom pensar que un cavaller de son jovent fos pus savi ne
pus cert ne mellor d'armes en gran partida del món. E
manà-li que feés la via d'Espanya, ab les galees, sobre
moros qui no fossen en pau ab lo senyor rei, e que donàs
a guanyar a la gent de les galees, per tal que no s'ujassen;
e que ell iria a la coronació del senyor rei.

E així en Joan de Lòria, ab l'armada, féu la via de
València, e l'almirall anà-se'n per terra a Saragossa, ab
gran cavalleria e ab molt bom hom de mar que hi menà;
e el rei acollí'l ab molt bella cara, e li féu gran honor, e
hac goig d'açò que hac fet. E l'almirall tantost féu arbo-
rar un taulat molt alt, per ço con ell n'era, aprés del se-
nyor rei en Pere e el senyor rei de Mallorca, el pus adret
cavaller de trer que null cavaller qui fos en Espanya; e en
Berenguer d'Entença, son cunyat atretal. Que cascun
d'ells hi viu tirar jo; mas per cert, lo senyor rei en Pere e
el senyor rei de Mallorca se'n llevaven la flor de tots
quants anc n'hi viu tirar. E per tots temps hi tiraven cas-
cun d'ells tres estils e una taronja; e l'estil de rera era tan
gros con una asta d'atzagaia; e tota hora los dos primers
sobrepujaven gran cosa lo taulat, per alt que fos, e el
darrer feria e'l taulat. E aprés hi féu e hi ordonà taula
redona, e los hòmens de mar seus feeren dos llenys
armats fer, d'aquelles plates qui van per lo riu; en què
veérets batalla de taronges, que del regne de València

n'havien fetes venir ben cinquanta càrregues. E aixís siats certs que l'almirall ennobleí aquella festa, aitant com de tot. Què us en diria? Que la festa fo molt gran, e lo senyor rei n'Anfòs pres la corona ab gran alegre e ab gran pagament. E durà la festa més de quinze dies, que en Saragossa null hom no féu mas cantar e alegrar e fer jocs e solaces.

E com la festa fo passada, l'almirall pres comiat del senyor rei, e venc-se'n a València, e anà regoneixent sos castells e viles e llocs, que n'hi havia molts, honrats e bons. E tramés un lleny armat a en Joan de Lòria que pensàs de venir; e lo lleny armat trobà-lo en Barbaria, on havia feita una ferida entre Tunis e Alger, e hi hac feta terrassania; e hi pres més de tres-cents presons de sarraïns, e n'hi matà, e hi afogà llocs, e pres llenys e tarides de sarraïns. E així con hac missatge de l'almirall son avoncle, venc-se'n e a pocs dies fo en València; e con fo vengut a València, l'almirall acollí-lo alegre e pagat, e manà-li que ell feés aparellar les galees, que ell se'n volia anar en Sicília; e així con ho manà, així fó fet. E con l'almirall hac fet ço que havia a fer e'l regne de València, recollí's ab la gràcia de Déu, e féu la via de Barbaria, per ço que costejant se n'anàs e prengués tot quant trobar podria de sarraïns.

Ara us lleixaré estar l'almirall, qui se'n va per la Barbaria, e tornaré a parlar del senyor rei d'Aragon.

156

Com lo senyor rei hac complida sa festa, e l'almirall hac pres comiat d'ell e li hac donades cartes que s'emportàs a madona la reina en Sicília, sa mare, e al senyor rei en Jacme de Sicília e al senyor infant en Frederic, frares seus, ell féu venir l'infant en Pere son frare, e tot son consell, e dix-li:

— Frare, nostre pare, lo rei en Pere, partí de Barcelona ab cor e ab volentat que si Déu l'aportàs sa e saul en València que havia en cor de trer de Xàtiva los fills de l'infant en Ferrando de Castella, e que volia fer rei de Castella don Alfonso, lo major, per ço que es venjàs de son nebot lo rei en Sanxo de Castella, qui tan gran falla li havia feta; que al major ops que ell havia, li fallí de tot quant li era tengut. E pus a Déu no ha plagut que ell en sa vida no se n'és pogut venjar, nós lo devem venjar, que devem pendre lo fet així con la persona del rei nostre pare; per què adés vull que hajam dos cavallers que vajen al rei en Sanxo de Castella, e que el desafien de part nostra per la raó damunt dita. E tantost vós, infant, aparellats-vos ab cinc-cents cavallers de Catalunya e ab tretants d'Aragó, e ab dos-cents hòmens a cavall, alforrats a la genetia, del regne de València, en guisa que, con los missatges seran tornats de Castella, que vós siats aparellat d'entrar en Castella; e cremats e afogats tots los llocs qui no es volran retre a vós per don Alfonso, fill de l'infant en Ferrando; e menarets vint mília hòmens de peu, bons almogàvers. E con açò sia fet, nós irem e'l regne de València e traurem aquells infants de Xàtiva, e aplegarem nostres hosts, e ab ells ensems entrarem en Castella, e farem tant que ells sien reis de Castella, ab l'ajuda de nostre senyor ver Déus Jesucrist, qui al dret ajudarà.

E con lo senyor rei hac parlat, llevà's lo senyor infant en Pere, e dix:

— Senyor, bé he entès ço que vós havets dit; per què graesc a Déu con a vós ha donat tal cor e tal volentat que les venjances que el senyor rei nostre pare havia en cor de fer, que vós les façats; e adés mostrats la valor e la gran bondat qui en vós és. Per què jo, senyor frare, me profir a fer e a dir, en aquests fets e en tots altres que vós manets a mi a fer, la vostra volentat, que en res per negun temps no em trobarets en falla. E així pensats vós d'endreçar tots altres afers que havets a fer, e de trametre los desafiaments, que jo em percaçaré de rics-hòmens e de cavallers de Catalunya e d'Aragó e del regne de València, que entraré en Castella ab aquella companya que vós, senyor, manats, e ab molt més. E sóts segur que jo entraré ab tal cor e ab tal volentat e ab tals gents, que si sabia que el rei don Sanxo vengués contra nós ab quinze mília hòmens a cavall, que trobara ab nós batalla.

E sobre açò lo senyor rei n'Anfòs pres per la man lo senyor infant en Pere, qui li seia de prop, un poc pus baix, e anà'l besar, e dix-li:

— Infant, aital resposta esperàvem de vós, e aital fe hi havíem.

157

E con açò hac dit lo senyor rei, llevaren-se aquells del consell; e aquell qui primer se llevà dix:

— Senyor, lloat e graciat sia nostre senyor ver Déus, qui tanta de gràcia a feta als vostres regnes qui així los proveeix Déus de bons senyors, e de valents e d'ardits, e ab compliment de tot bé, que de ben en mellor n'anam tots dies; per què devem tuit estar alegre e pagats. Veritat és, senyor, que aquesta és la primera empresa que vós havets feita aprés la vostra coronació; e és la pus alta empresa que jamés senyor emprengués, per quatre raons: la primera, que vós emprenets guerra ab un dels pus poderosos senyors del món, e aquell qui us és pus veí; e altra, que vós havets ja guerra e afers ab l'Esgleia romana, e ab la casa de França e ab lo poder del rei Carles, que hom pot dir que és tot lo món; la terça, que façats compte que el rei de Granada, con vos veja en tan grans afers, creegats que us romprà les treves que havia ab lo senyor rei vostre pare; e així mateix, que totes les comunes del món, pus que l'Esgleia és contra vós, vos són contràries. E així, senyor, fèts compte que tenits la guerra a dors, de tot lo món. Mas emperò, pus que en cor vós ho havets mès e de tot mantenits veritat a dretura, fèts compte que Déus, qui és veritat e dretura, serà de la vostra part, e així con n'ha tret a cap lo senyor rei vostre pare ab gran honor, així, si a Déu plau, ne traurà vós e nós tots. E jo dic-vos, per mi e per tots mos amics, que em profir, aitant con vida me bast ne res que jo haja, que no us falré, ans, senyor, vos prec que em comptets al pus estret lloc que vós hajats ne vós sapiats, e prenets e ajudats-vos de tot quant jo ne mos amics hajam, e, encara, que prenats los fills e les filles mies e les metats penyora, con ops hi sia, lla on vos plaurà.

E con aquest ric-hom hac parlat, llevà's un altre e dix semblant mateix. Què us diré? De un en un se llevaren tots, que cascun se proferí així bastantment con havia feit lo primer. E sobre açò lo senyor rei féu-los moltes gràcies e els dix moltes bones paraules.

E tantost elegiren dos cavallers, la un català e l'altre aragonès, que tramés en Castella ab los desafiaments. E lo senyor infant, ans que es partís d'Aragon, hac cinc-cents cavallers escrits, qui el seguissen. E no us diré cinc-cents, que si en volgués dos mília, haver-los pogra, que no calia que ell n'empràs negun, ans venia cascun a proferir-se a ell, e a pregar que li plagués que anassen ab ell; mas ell no en volia pus sinó aitants con lo senyor rei li n'havia ordonats. E con açò fo fet, anà-se'n en Catalunya, e així mateix tots los rics-hòmens e cavallers de Catalunya se vengren proferir a ell; e així en pocs dies hac compliment d'altres cinc-cents cavallers e molts sirvents de mainada. Del regne de València no us cal dir, que a perdonança anaven lla on ell era, a proferir-se a ell; e així hac tota la companya que li feia mester, en pocs de temps, los mills arreats, tots, que anc fos neguna gent qui seguís senyor. E a tuit donà dia cert que fossen en Aragon, a Calataiú.

Ara lleixaré a parlar del senyor infant, e tornaré a parlar del senyor rei n'Anfòs.

Com lo senyor rei hac tot lo fet ordonat, de l'entrada del senyor infant en Pere, e tramesos sos missatgers al rei de Castella, per desafiar-lo, ell se'n venc e'l regne de València. E con entrà en la ciutat, fo-li feta gran festa; e a jorn cert foren-hi venguts tots los barons del regne, e cavallers e hòmens de viles; e con foren tuit aplegats, prelats e altres gents moltes, ab gran solemnitat ell reebé la corona del regne de València. E con la festa fo passada, ell se n'anà a Xàtiva, e tragué del castell de Xàtiva don Alfonso e don Ferrando, fills de l'infant en Ferrando de Castella, e féu aparellar moltes gents de cavall e de peu ab què pogués entrar ell, d'una part, en Castella ab don Alfonso, e que d'altra part entràs l'infant en Pere.

E estant que aquest gran aparellament se feia, a Déu plagué que el senyor infant fo malalt molt greument. E venc-ne correu exprés al senyor rei, en què li feeren saber rics-hòmens e cavallers, que ja eren tuit a Calataiú, què manava que feessen. E lo senyor rei sabé açò, fo molt despagat, e pres acord que més valia que ell, son cos, anàs a Calataiú, e que lla amenàs don Alfonso e don Ferrando, e que de lla feés una entrada ab tuit ensems. E així tramés-los a dir que s'esperassen; e tantost ell se n'anà a Calataiú ab tota aquella gent que ell manà que el seguissen; e a pocs jorns ell fo lla ab grans gents, e trobà que el senyor infant encara no era guarit, ans estava molt agreujat; e tantost ell pensà d'entrar, e foren ben dos mília cavallers armats, e cinc-cents hòmens a cavall alforrats, e ben cent mília hòmens de peu. E ordonà que hagués la davantera don Alfonso de Castella, e que sa senyera anàs primera; e açò féu ell per ço con tots los barons de Castella, e ciutats e viles, havien jurat per senyor l'infant en Ferrando, llur pare, aprés la mort de don Alfonso, rei de Castella. E per ço donà Felip, rei de França, sa germana per muller, madona Blanca, a l'infant en Ferrando; que d'altrament no la li haguera donada, si sabés que els fills qui neixerien no fossen reis de Castella.

E així, ordonadament, ells entraren en Castella set jornades, e anaren tot dret lla on saberen que el rei don Sanxo, llur avoncle, era. E segurament que el rei don Sanxo hac fet ajust, que fo bé ab dotze mília cavalls armats, e ab gent de peu tot lo món. E lo senyor rei d'Aragó sabé que ell era ab tanta cavalleria e que no havia mas una llegua de la host a l'altra, tramés-li missatge que ell era aquí per venjar la falla que ell havia feita al bon rei son pare, e per fer rei don Alfonso son nebot, qui ésser-ho devia; per què, si era aquell que fill de rei deu ésser, que pensàs d'eixir a la batalla ab ell.

E com lo rei en Sanxo oí açò, fo molt dolent; mas emperò, pensà que tot ço que li trametia a dir lo senyor rei d'Aragon que era ver, e que null hom no es devia metre en camp per mantenir tort. E per ço dix ell als missatges que se'n tornassen, que ell no es volia metre en camp contra ell e son nebot, ans los defendria contra tots hòmens. Sí que el senyor rei d'Aragon l'esperà en aquell lloc quatre jorns, que anc no en volc partir entrò lo rei en Sanxo se'n fo partit; e ell, prenent viles e llocs, e a cremar e afogar aquells llocs qui obeir no volien don Alfonso de Castella, tornà-se'n. Emperò hac un bon lloc qui ha nom Saeron, qui és prop de Sòria, e d'altres llocs molts, qui es reteren a ell, e ell tantost feia'ls jurar per rei de Castella don Alfonso; e així ell lleixà-li ben mil hòmens a cavall e molts de peu, qui eren almogàvers e hòmens d'armes; e lleixà-los tot ço que els feia mester; e encara li ordonà que totes les fronteres d'Aragó li feessen ajuda, si l'havia mester. E segurament que en aquell cas ell hagra tolta tota la terra al rei don Sanxo, sinó que li venc missatge d'Empordà, del comte d'Empúries e del vescomte de Rocabertí, que grans gents de la Llenguadoc s'aparellaven, per part del rei de França, d'entrar en Empordà, e així que li clamaven mercé que els vengués acórrer. E així lo senyor rei, per açò, hac-se eixir de Castella, e lleixà lo dit don Alfonso de Castella e don Ferrando en los llocs de Castella que a ell s'eren retuts, així ordonats e esforçats con ja havets entés.

Què us diré? Que tota hora estec lo senyor rei d'Aragó en Castella, tro fo en Calataiú, ben tres meses complits. E així pensats qual rei ha e'l món qui per sa bondat feés tant per altre com ell féu per aquests dos infants. E con fo en Calataiú trobà lo senyor infant en Pere qui fo mellorat, e menà'l-se'n en Catalunya e donà-li aquell poder en sa terra que ell mateix hi havia, per ço con l'amava més que res qui e'l món fos; e feia molt a amar, que molt era savi e bon de tot fet.

Ara vos lleixaré a parlar del senyor rei e del senyor infant en Pere, qui són en Catalunya, e tornaré a parlar de l'almirall.

159

Veritat és que con los francesos foren desbaratats e eixits de Catalunya, e el senyor rei en Pere fo en Barcelona, que donà a l'almirall, a ell e als seus, la illa de Gerba, e encara li donà castells e llocs bons e honrats e'l regne de València. E així l'almirall anà-se'n alegre e pagat per moltes raons, que null hom pus alegre no pogra ésser com ell fóra, si no fos la mort del senyor rei en Pere, qui li dolia molt. E així, con ja havets entés, con ell hac pres comiat del senyor rei n'Anfòs con fo coronat a Saragossa, e puis con se'n venc e'l regne de València visitar sos llocs, e puis con se recollí e se n'anà per la Barbaria. E així con per la Barbaria se n'anava, ell barrejà llocs e pres naus e llenys; e així con ho prenia, sí en trametia a València al faedor seu. Sí que anà així costejant tota la Barbaria entrò que fo a Gerba; e a Gerba endreçà la illa e l'ordonà. E correc tot Ris, qui és en la terra ferma; e aquells de Ris sotsmeseren-se a ell, que li pagassen ço que aquells de Gerba li pagaven, e que fossen sotsmeses a ell així com aquells de la illa de Gerba. E com açò hac fet e hac refrescada tota sa gent, ell féu la via de Tolometa, costejant la costera; e així mateix féu terrassania a Munt de Barques, e n'hac molts esclaus e esclaves, e naus e llenys, que pres carregats d'especieiria, que venien d'Alexandria a Trípoli. E tot ço que prenia, depús fo de Tunis a enllà, ell trametia a Messina.

Què us diré? A la ciutat de Tolometa venc, e barrejà tota la ciutat, salvant lo castell de la ciutat, qui és fort e ben murat, que tenien jueus. E aquell combaté un jorn, e en l'altre jorn ell hac aparellades ses escales per combatre e per muntar, e ses gates. E aquells de dins, feeren-li parlar pati, e donaren-li tota una gran suma d'aur e d'argent, tant que ell veé que molt més li valia, que si ell los cremàs ne los barrejàs; que si una vegada ho cremava, que jamés no hi habitaria negun, e ara feia compte que tots anys n'hauria treüt.

E com tot açò hac fet, partí de Tolometa, e féu la via de Cret, e pres terra en Candia, e lla ell refrescà. E puis venc-se'n batent la Romania, e barrejà molts jocs; e puis passà per la boca de Cetrill e pres terra al port de les Guatlles. E venc-se'n puis a Coron, e los venecians donaren-li gran refrescament, e a Coron e a Moton, e puis venc-se'n a la platja de Matagrifó, e aquí ell pres terra. E les gents del país, així de cavall con de peu, eixiren-li tants, que bé eren, de cavall, cinc-cents cavallers franceses, e molta gent de peu; e arrengaren-li batalla. E ell féu eixir de les galees los cavalls seus, qui eren entrò a cent cinquanta, e armà's e aparellà's; e vengren-se, batalla arrengada. E plac a Déu que donà victòria a l'almirall; així que els francesos e els hòmens del país foren tots morts e preses, per què la Morea, d'aquell temps a avant, fo despoblada molt de bona gent. E com açò hac fet, venc-se'n a la ciutat de Clarença, e féu rescat de la gent, e hac-ne tot lo món de tresor. E puis partí d'aquí, e anà barrejar la ciutat de Patraix; e puis barrejà la Xifel·lonia e el Ducat e tota la illa del Curfó, la qual ja altra vegada havia barrejada. E puis féu la via de Polla, e pres terra a Brandis.

E a Brandis cuidà ésser enganat, que un jorn abans que ell hi fos, hi era entrada gran cavalleria de francesos, de que era cap l'Estendard; qui eren venguts per guardar Brandis e l'encontrada, per en Berenguer d'Entença, qui tenia Ortrento, qui corria aquella encontrada. E així con fo eixit en terra ab tota la gent, la cavalleria fo eixida defora entrò a Santa Maria del Casal, de Brandis; e l'almirall, qui veé tota la cavalleria, qui eren ben set-cents hòmens a cavall, de franceses, tenc-se per decebut. Emperò comanà's a Déu, e féu replegar sa gent, e va ferir en ells tan esforçadament, que per cert que els féu tornar a enrera, envers la ciutat, així que els enderrocà envers lo pont de Brandis; e aquí veérets fets d'armes de cavallers, dins e defora. E los almogàvers, qui veeren aquesta pressa e que els francesos se tenien tant fort, van trossejar llances, e puis van-se metre en ells, e pensaren desbutllar cavalls e de matar cavallers. Què us diré? Que el pont los tolgren, sí que se'n foren entrats ab ells, mesclats, si no fos l'almirall a qui mataren lo cavall. E al llevar de l'almirall, veérets colps de dards e de llances dels catalans e dels francesos, e colps de bordons. Què us diré? A despits d'ells llevaren l'almirall, e un seu cavaller donà del peu en terra e li donà lo cavall. E con l'almirall fo muntat, llavors veérets esforç; e tolgren-los lo pont, e se'n foren ab ells entrats si no fos que tancaren les portes. E així l'almirall tornà-se'n alegre e pagat a les galees, e llevaren lo camp. E trobaren que tota hora hagren morts ben quatre-cents cavallers e tanta gent de peu que sens nombre fo; e tothom guanyà assats. E segurament d'altra gent hi hac a trametre, fresca, lo rei Carles, que d'aquests no en calc haver dubte a en Berenguer d'Entença, ne a aquells qui ab ell eren a la ciutat d'Otrento.

E com açò fo fet, l'almirall se n'anà a la ciutat

d'Ortrento, on li fo feta gran festa, e aquí refrescà la gent, e pagà de quatre meses tots los cavallers e peons que hi eren, ab en Berenguer d'Entença, per part del senyor rei de Sicília. E puis, partent d'Ortrento, venc-se'n a la ciutat de Tàranto, e així amateix los pagà; e puis a Cotró, e a les Castelles, e a Giraix, e a l'Amandolea, e a Pendedàtil, e al castell de Santa Àgata e a Rèjol. E puis entrà-se'n a Messina, on era lo senyor rei en Jacme de Sicília, e madona la reina sa mare, e l'infant en Frederic; e si li fou feta festa, no m'ho demanets, que jamés semblant no li fo feta en negun lloc. E madona la reina hac gran plaer de la sua vista, e l'acollí e l'honrrà molt més que no solia; e sobre tot dona Bella, sa mare, hac gran alegre e gran pagament; e així mateix lo senyor rei de Sicília li féu gran honor, e li donà castells e llocs, e li donà tal poder que l'almirall feia e desfeia, per mar e per terra, ço que es volia; e així lo senyor rei de Sicília tenc-se fort per acompanyat d'ell.

Ara vos lleixaré a parlar d'ell e del senyor rei de Sicília, e tornaré a parlar del senyor rei d'Aragon.

160

Com lo senyor rei d'Aragó fo en Barcelona e sabé que gran cavalleria de la Llenguadoc s'aparellava per entrar en Rosselló e Empordà, féu cridar ses hosts en Catalunya, a paga de quatre meses, e que tothom a jorn cert que fos a la vila de Peralada; e cascuns rics-hòmens, e cavallers, e ciutadans e hòmens de viles foren molt gint aparellats aquell dia a Peralada. E lo senyor rei, abans que partís de Barcelona, tramés l'infant en Pere en Aragon per governador e per major, per ço que si per Navarra volia entrar negun en Aragó, que els ho contrastàs. E con açò hac fet, venc-se'n a Peralada ab totes les hosts, ell se n'entrà en Rosselló, e, com fo a es Veló, sabé que no hi havia gent estranya entrada; e per lo raï-

355

gar de la muntanya, anà-se'n a Coblliure, e de Coblliure
tornà-se'n en Empordà. Enaixí que no us diré que aquells
de la Llenguadoc se metessen en cor que entrassen en
Catalunya, ans con saberen que el senyor rei fo en
Rosselló, s'entornà cascun en ço del seu.

161

E com lo senyor rei fo tornat a Peralada, donà parau-
la a tothom, e cascuns tornaren-se'n en llurs llocs. Mas lo
senyor rei, qui veé que no es poc ésser combatut ab sos
enemics, manà un torneig a Figueres; així que foren qua-
tre-cents cavallers al torneig, ço és a saber, dos-cents
cavallers a la part del senyor rei, e altres dos-cents qui
eren ab en Gisbert de Castellnou e el vescomte de
Rocabertí, qui eren caps de l'altra part. E aquí féu-se la
pus bella festa e el pus bell fet d'armes que anc en tor-
neig se feés, del rei Artús a ençà.

E com aquesta festa fo passada, lo senyor rei tornà-
se'n en Barcelona, e a Barcelona veérets tots jorns taules
redones, torneigs, anar ab armes, e bornar, e solaç e goig;
que tota la terra anava de goig en goig e de balls en balls.

162

E dementre estaven en aquest solaç, misser Bonifaci
de Calamandrana sí venc al senyor rei, per missatge del
papa, qui requeria lo senyor rei d'Aragó de pau, e lo rei
de França atretal, e que poguessen haver lo rei Carles qui
era en sa presó, e que matrimoni se feés d'ell e de sa filla.
E estant en aquest parlament, misser Joan d'Agrillí venc
a Barcelona, per part del rei n'Enduard d'Anglaterra, que
li parlava que s'acostàs ab ell de matrimoni, ço és a saber,
que el senyor rei d'Aragon presés sa filla per muller, e
que ell que es metria mitjancer entre ell e la santa Esgleia
de Roma, e el rei de França e el rei Carles, que hagues-

sen ab ell bona pau. Què us diré? Que con misser
Bonifaci sabé la missatgeria de misser Joan d'Agrillí
havia aportada, e misser Joan la sua, acostaren-se abdo-
sos e s'aünaren; que misser Bonifaci atrobà que el senyor
rei d'Aragon volia abans l'acostament del rei
d'Anglaterra que del rei Carles, e així pensà's que per
aquella via podien haver la pau abans, e trer lo rei Carles
de la presó, que per neguna altra; e així féu-se principal,
ab misser Joan d'Agrillí ensems, de tractar lo matrimoni
de la filla del rei d'Anglaterra. Què us en diria pus noves?
Que els tractaments se menaren moltes maneres, que
seria llong d'escriure. Sí que misser Bonifaci e misser
Joan d'Agrillí s'acordaren que misser Bonifaci se'n
tornàs al papa e al rei de França, e misser Joan al rei
d'Anglaterra, e que cascuns resposessen d'açò que
havien tractat ne podien fer, e que a jorn cert fossen
ensems a Tolosa per saber ço que cascun hauria respost.
E així preseren comiat del senyor rei d'Aragon e anaren-
se'n cascun així con havien ordonat.

Ara us lleixaré a parlar dels missatges, qui se'n van
cascun per son camín, e tornaré a parlar del senyor rei de
Sicília.

163

Com l'almirall fo tornat a Messina, així con ja havets
entés, ell féu adobar totes les galees. E un jorn lo senyor
rei de Sicília apellà l'almirall e tot son consell, e dix:

— Barons, nós havem pensat que bon seria que
armàssem vuitanta cos de galees, que nós, ab mil cavalls
armats e ab trenta mília almogàvers, que anem envers
Nàpols; e si podem haver la ciutat, que l'hajam, e façam
nostre poder mentre lo rei Carles és en la presó, en
Catalunya; e que si no podem haver Nàpols, que anem
assetjar Gaieta, que si la ciutat de Gaieta podem haver,
més nos valria que si havíem Nàpols.

E l'almirall e los altres lloaren molt aquest fet al senyor rei; així que encontinent ordonaren tots llurs fets. E l'almirall posà la senyera a la taula, e el senyor rei féu escriure tots aquells qui ab ell devien anar.

E com açò fo ordonat, lo senyor rei féu manar corts a Messina, e donà dia cert que rics-hòmens e cavallers e síndics de les ciutats totes, e viles, e de tota Sicília e de Calàbria, fossen a Messina. E com lo dia fo vengut, madona la reina fo venguda a Messina, e el senyor rei e l'infant en Frederic; e foren tots ajustats a l'esgleia qui es diu Santa Maria la Nova. E lo senyor rei preïcà, e los dix moltes bones paraules, e dix-los que ell volia anar en Principat, e que los lleixava madona la reina per dona e per senyora, e en lloc d'ell que els lleixava l'infant en Frederic, qui degués, ab lo consell que ell li lleixava, règer e governar tot lo regne, e que els manava que el guardassen així con la sua persona. E con açò hac dit, e moltes altres bones paraules qui feien al temps, assec-se; e llevaren-se los barons de la terra, e dixeren-li que eren aparellats de fer tot ço que ell los manava; e així mateix respongueren cavallers e ciutadans e hòmens de viles. E con açò fo fet, lo consell se partí.

E a pocs dies lo senyor rei passà en Calàbria ab tota la gent; e puis l'almirall féu recúller les galees, e d'altres llenys, e tarides e barques qui portaven viandes e tot ço que ops havien. E con tot fo fet e aparellat, l'almirall ab tot l'estol partí de Messina e passà-se'n en Calàbria; e anà al Plan de Sant Martí, on lo senyor rei era ab la gent que havia passada de Sicília, e ab aquells rics-hòmens e cavallers e almogàvers que s'hac fets venir de Calàbria; així que tots foren ab ell lo dia que els fo donat. E així lo senyor rei se recollí ab tota aquella gent qui en lo viatge devien anar ab ell; e féu la via de Principat, ab la gràcia de Déu.

Ara us lleixaré a parlar d'ell, e tornaré a parlar de sos enemics.

Com sos enemics hagueren sabut lo gran aparella-
ment que en Sicília se feia, tantost se pensaren que per
Nàpols se feia, e per Salern. E així lo comte d'Artés e
d'altres barons molts que havia en lo regne per lo rei
Carles, vengren ab tot llur poder a Nàpols e en Salern, e
foren gran cavalleria, ab lo papa que hi hac tramesa gran
ajuda, e de gent e de moneda. E així reforçaren aquestes
dues ciutats, en tal manera que per res no es poguessen
pendre entrò ells tots hi haguessen perduts les persones.

Ara vos tornaré al senyor rei de Sicília.

165

Com lo senyor rei fo recollit, anà visitant tots sos
llocs de marina entrò Castellabat, qui és prop de Salerna
trenta milles, així con davant vos he dit.

E con hac visitat Castellabat, féu la via de Salern;
aquí veérets gran via-fora, així que tot lo món paria que
en vengués. Sí que l'almirall donà la popa en terra,
davant los esculls qui són endret de la meitat de la ciutat;
e aquí, ab les ballestes, los ballesters hi feeren gran dan.
E aquí estegren aquell jorn e aquella nit, e l'endemà, par-
tent de Salern, costejaren tota la costa d'Amalfa; e posà
l'almirall almogàvers en terra, que hi cremaren e hi afo-
garen molts llocs que hi havien tornats en peus depús que
en Bernat de Sarrià los hac barrejats. E partent d'aquèn,
féu la via de Nàpols.

E a Nàpols veérets repicar campanes, e eixir cavalle-
ria, que fo una gran meravella la gent qui venc a mar.
Emperò tanta de gent no hi havia, ne de cavallers ne d'al-
tres, que l'almirall no tragués totes quantes naus ne tari-
des ne galees havia dins lo moll. E així estegren devant
la ciutat tres jorns; puis feeren la via d'Iscle, e aquí lo rei
davallà e regonec lo castell e la vila, e preà-ho molt com
ho hac regonegut. E puis partí d'Iscle, e féu la via de

Gaieta; e a Gaieta ell trasc los cavalls e tota la gent en terra, e assetjà la ciutat e per mar e per terra, e hi arborà quatre trabucs, qui tots jorns traïen dins la ciutat. E segurament que l'hagra haüda, mas dos jorns abans que ell hi fos, hi havia entrats ben mil hòmens a cavall del rei Carles, e així aquells tengren fort la ciutat. Què us diré? Lo setge se tenc molt fort, e destrengueren la ciutat, així que dins havien de la mala ventura assats. E encara, aquells del senyor rei de Sicília corrien tot aquell país tots jorns, que quatre jornades entraven intre terra, e amenaven cavalcades les pus reials del món, així de presons con d'altres robes, e d'aur e d'argent, que havien de viles e de casals que cremaven e afogaven. E dels bestiars amenaven tants, que en la host sol per lo cuir mataven lo bou, e un moltó sol per lo fetge; així que tan gran divícia hi havia de totes carns, que tota res se'n devia meravellar qual terra podia bastar a tant bestiar que aquella host consumava.

E així lleixar-vos he a parlar del senyor rei de Sicília, qui té son setge a la ciutat de Gaieta, e tornar-vos he a parlar del senyor rei n'Anfòs d'Aragon.

166

Com misser Bonifaci de Calamandrana e misser Joan d'Agrillí foren partits de Barcelona, cascun d'ells havien ordonat lla on anassen, e anaren-hi. Què us diria pus llongues noves? Que tant anaren, que vengren qui al papa, qui al rei d'Anglaterra, qui al rei d'Aragó, qui al rei de França, que aportaren lo fet a açò: que el senyor rei d'Aragon se veés ab lo rei d'Anglaterra en un lloc qui ha nom Aleró, qui és en Gascunya; e la vista fo empresa a jorn cert. E el rei d'Anglaterra, ab la reina sa muller e ab la infanta llur filla foren al dit lloc d'Aleró; e així mateix hi fo lo senyor rei d'Aragon, e el senyor infant en Pedro ab ell, e molts rics-hòmens, e cavallers e ciutadans e

hòmens de viles, que tots anaren ricament arreats e apa-
rellats de bells vestits e de rics arnesos; e així mateix hi
fo misser Bonifaci de Calamandrana, e misser Joan
d'Agrillí. E la festa fo molt gran que el rei d'Anglaterra
féu al senyor rei d'Aragon, e al senyor infant en Pedro e
a totes les sues gents. Què us en diria? Que la festa durà,
molt gran, més de deu jorns abans que de res s'entreme-
tessen de parlar de neguns afers. E con la festa fo passa-
da, entraren al parlament; e finalment lo senyor rei
d'Aragon afermà per muller la infanta filla del rei
d'Anglaterra, qui era la pus bella donzella e la pus gra-
ciosa del món.

E com les esposalles foren fetes, la festa començà,
molt major que d'abans no era estada. E lo senyor rei
d'Aragon féu endreçar un taulat molt alt, e tota hora traïa
tres estils, tan meravellosament que els angleses e les
altres gents se meravellaven molt, e les dones n'havien
així mateix gran meravella. E aprés bornaren, e puis ana-
ven ab armes, e puis altres feien taules redones. E d'altra
part, veérets anar en dansa cavallers e dones; e a les vega-
des los reis abdosos, ab les reines e ab les comtesses e
d'altres grans dones, e l'infant, e rics-hòmens de cascuna
de les parts, hi dansaven. Què us diré? Que bé un mes
durà aquella festa, e un jorn menjava lo senyor rei
d'Aragó ab lo rei d'Anglaterra, e altre dia lo rei
d'Anglaterra ab lo rei d'Aragon.

167

E con tota aquesta festa fo passada, lo rei d'Angla-
terra estrengué's ab lo rei d'Aragó a consell, e ab misser
Bonifaci de Calamandrana e ab misser Joan d'Agrillí,
sobre el tractament que el rei Carles eixís de la presó. E
açò hac molt dit e parlat, prou e contra, cascuna de les
parts; e a la fi lo fet venc a açò que foren donats al se-
nyor rei d'Aragon cent mília marcs d'argent, los quals lo

rei d'Anglaterra prestà al rei Carles; e fo ordonat que el rei Carles eixís de la presó, e que juràs con a rei que ell dins temps cert hauria tractada pau entre l'Esgleia, e el rei de França e d'ell mateix, ab lo senyor rei d'Aragó e ab lo senyor rei de Sicília; e que entrò que allò fos fet, que el rei Carles devia metre tres fills seus en la presó en lloc d'ell, e vint fills de rics-hòmens. E d'açò tot, entrà fermança de complir lo rei d'Anglaterra.

E així lo senyor rei d'Aragó, per honor de son sogre lo rei d'Anglaterra, volc fer aquestes coses, sí que encontinent féu eixir lo rei Carles de la preson. E foren molts qui digueren que pus que el rei Carles era eixit de la preson, que no hi trametria negun de sos fills; e aquells qui ho deien ben, no ho deien ben, que el sagrament d'aquest senyor rei Carles, segons que en la preson era del senyor rei d'Aragon, fo e era en aquell temps, e fo tots temps, dels benignes senyors del món e a qui desplac tots temps la guerra de la casa d'Aragon, e era dels devots senyors del món e dels dreturers. E parec-ho ben a la honor que Déus li féu, que en visió li venc que cercàs a Sent Maxemí lo cos de madona santa Maria Magdalena, en Proença; e en aquell lloc on li venc en vision, més de vint astes de llances davall terra ell trobà lo cos de la benauirada madona santa Maria Magdalena. E així cascun pot saber e pensar que si ell no fos bo e just con era, que nostre senyor Déus no li hagra feta aital revelació. E així, con fo eixit de la presó, veé's ab lo rei de Mallorca, qui li féu molta d'honor a Perpinyà.

Ara vos lleixaré a parlar del rei Carles, e tornaré a parlar del senyor rei d'Aragó, e del rei d'Anglaterra.

168

Com tot açò fo complit, lo senyor rei d'Aragó partí d'Aleró e pres comiat de la regina d'Anglaterra e de la infanta reina, muller sua afermada. E al partir hac moltes

joies donades de la una part e de l'altra. E puis lo rei
d'Anglaterra seguí lo rei d'Aragon entrò fo tornat en sa
terra; e puis preseren comiat la un de l'altre, així dolçament
com de pare a fill, e així anaren-se'n cascun per sa terra.

E com lo rei Carles fo partit del rei de Mallorca, e es
fo vist ab ell, veé's depuis ab lo rei d'Anglaterra, e li féu
moltes gràcies d'açò que havia fet per ell. E abans que
d'ell partís, se pagaren los cent mília marcs d'argent que
ell havia donats al senyor rei d'Aragon per ell. E lo rei
d'Anglaterra pregà-lo que les recenes que ell havia pro-
meses per ell, que les trametés tantost al rei d'Aragon; e
ell promés-li que ell no hi falria per res. E així, prengue-
ren comiat la un de l'altre, e lo rei d'Anglaterra tornà-
se'n en sa terra, e pensà d'ordenar e de tractar la pau
entre la santa Esgleia e lo rei de França ab lo senyor rei
d'Aragó, son gendre.

Ara lleixaré a parlar d'aquests, e tornaré a parlar del
rei Carles, qui se n'anà en Proença.

169

En Marsella havia tres de sos fills, ço és a saber:
monsènyer en Lluís, qui era, aprés del rei Martell, lo
major; e hi era monsènyer en Robert, qui era aprés de
monsènyer en Lluís; e hi era monsènyer en Ramon
Berenguer, qui era lo quart fill que ell havia. E aquests
tres fills, ab vint fills de nobles hòmens de Proença, ell
tramés a Barcelona al senyor rei d'Aragó, que en lloc
d'ell tingués en la preson. E el senyor rei d'Aragon ree-
bé'ls, e tramés-los a Siurana, e lla foren guardats així con
lo rei Carles fóra, si hi fos.

E con açò hac complit, lo rei Carles anà-se'n en
França, e veé's ab lo rei de França, e demanà-li secors de
cavalleria, per ço con havia entés que el senyor rei de
Sicília tenia setge a Gaieta. E el rei de França donà-li tot
aquell secors e ajuda que ell li demanà, així de gent con

de moneda. E així partí ab gran cavalleria de França, e anà-se'n en Roma, al papa, e així mateix li demanà secors; e el papa féu-li'n aitant con li'n demanà. E ab tot aquell poder ell se'n venc a Gaieta, e venc-hi son fill Carles Martell, qui era lo major fill que ell havia, ab gran poder; així que foren tantes de gents, que una infinitat era. Emperò, si l'almirall e els altres barons qui eren ab lo sènyer rei de Sicília li ho haguessen consentit, per cert ell los fóra eixit a batalla; mas per res no li ho consentiren, ans se vallejaren molt ben al setge on estaven. E el rei Carles assetjà lo rei de Sicília al setge; per què semblant fet negun no pot mostrar en neguna lligenda: que el rei de Sicília tenia assetjada la ciutat de Gaieta, e hi traïa ab trabucs, e la ciutat així mateix traïa ab trabucs al setge del rei de Sicília; e puis lo rei Carles venc, qui assetjà lo setge del rei de Sicília, traïa al dit setge ab trabucs, e el setge del rei de Sicília així mateix traïa al setge del rei Carles. E així mateix veérets tots jorns fets d'armes que el rei de Sicília e ses gents feien sobre aquells de la ciutat e de la host del rei Carles, que miracles eren.

Què us diré? Açò durà molt de temps, sí que el rei Carles veé que aquest fet li tornava a gran damnatge, e que a la fin lo rei de Sicília n'hauria la ciutat, e que si la ciutat havia, que tot Principat e terra de Llavor se perdia; féu requerir lo rei de Sicília de treves, e tramés-li sos missatges al setge, e féu-li així saber, per sa carta, que ell lo requeria de treves a un temps, e que per ço li requeria treves con contra sa consciència li estava davant e li tenia setge, que ell havia promés e jurat al senyor rei d'Aragó que con seria fora de la presó, que tractaria aitant con pogués que "entre nós hagués pau e bona amor". E així con ho havia promés, que enaixí ho havia en volentat de complir, si Déus li dava vida; e que molt més se tractaria la pau estant en treves que en guerra. E lo senyor rei de Sicília entés aquesta carta que el rei Carles li hac tramesa, e sabia que així era veritat con ell li havia fet a saber, e, encara, que ell coneixia en lo rei Carles tanta de bondat, que ben sabia que tractaria de pau e de bona amor; per què ell consentí a la treva. E així la treva s'atorgà en aquesta manera: que el rei Carles se'n pensàs d'anar, e puis lo rei de Sicília aprés que el rei Carles se'n fos anat ab tota la sua gent, que el senyor rei de Sicília se recollís ab tota la sua gent e ab tot ço del seu que tenia al setge. E així se complí, que el rei Carles se n'anà a Nàpols ab tota la sua host, e el rei de Sicília se'n venc a Messina, on li fo feta gran festa, e l'almirall desarmà les galees. E puis lo dit senyor rei de Sicília anà visitant tota Calàbria, e l'almirall ab ell. E pensaren-se de deportar e de caçar; e tengren la terra tota en gran pau e en gran justícia.

Ara vos lleixaré a parlar d'ells, e tornaré a parlar del senyor rei d'Aragó.

170

Com lo senyor rei fo partit d'Aleró e tornat en sa terra, ell se pensà que gran vergonya era de la casa d'Aragon que l'illa de Menorca tenguessen sarraïns, e així que era bo que els ne gitàs, e que la conquerís, e que en llevàs d'afany son avoncle lo rei de Mallorca; e que més valia, quan que li retés la illa de Mallorca, que li retés la illa de Menorca poblada de crestians, que no faria que els sarraïns hi hagessen lleixats. E així tramés sos missatges al moixerif de Menorca que li pensàs d'espeegar la illa; en altra manera, que si no ho feia, que degués saber per cert que ell li tolria la persona a ell e a tota la sua gent. E el moixerif de Menorca féu-li'n fred respost; e així lo senyor rei respòs que ab Déu, ell venjaria lo senyor rei son pare de la tració que li havia feta con féu a saber en Barbaria que el senyor rei hi anava, per què perdé lo cap en Boqueró e se'n perdé Costantina, així con davant havets entés. E tantost ell tramés son missatge al senyor rei de Sicília, son frare, que li trametés l'almirall ab quaranta galees armades; e féu-li saber con les volia per lo dit viatge de Menorca. E així mateix tramés cartes a l'almirall que pensàs d'enantar e de venir tost ab les dites galees en Barcelona.

E així con lo senyor rei ho tramés a dir a son frare lo rei de Sicília, e a l'almirall, així es complí. Sí que l'almirall armà les dites quaranta galees, e venc-se'n a Barcelona; e venc-hi la festa de Tots Sants. E trobà lo senyor rei qui hac aparellada la cavalleria qui ab ell devia passar, e almogaveria; així que tota hora foren ben set-cents cavalls armats e ben trenta mília almogàvers. E a Salou, e ab la gràcia de Déu, recolliren-se; e vengren a la ciutat de Mallorca, on foren quinze jorns abans de Nadal. E eixhivernà tant fortment, que jo jamés no viu tan forts hivern de neus e de pluges e de tant de glaç. Què us en diria? Que tan forts hivern era, que bastara que hom fos en la mar de la Tana; que galiots hi havia que de fred per-deren los caps dels dits. E contar-vos he un bell miracle que s'hi esdevenc per aquest mal temps, lo qual jo viu, e tothom comunament; e aquest vos vull recontar per ço que cascun se guard de la ira de Déu.

171

Veritat és que en una companya eren vint almogàvers qui eren de Segorb e de l'encontrada, e posaven al porxe de Sent Nicolau de Portopí. E la vespra de Nadal anaren-se'n los deu a percaçar bestiar que menjassen lo dia de Nadal; e aportaren quatre moltons, e feeren-los escorxar, e, escorxats, penjaren-los al porxe. E la un dels compa-nyons, lo qual era de Segorb, havia jugat e havia perdut; e pres un quarter de moltó, ab la fellonia, e mès-lo en ast. E és costuma de catalans que la vespra de Nadal tothom comunament dejuna, e no menja estrò a la nuit; e així los almogàvers aquells anaren percaçar cols, peix e fruita que menjassen. E al vespre, con foren venguts a la dita posada del porxe de Sent Nicolau de Portopí, veeren prop del foc on ells devien menjar, lo quarter del moltó en ast, e meravellaren-se'n, e se n'esquivaren fort, e digueren:

— Qui és aquest qui aquest quarter de moltó nos ha mès al foc?

E aquell respòs que ell l'hi havia mès.

— E per què ho havets fet?

— Per ço con jo vull anit menjar carn, a deshonor de la festa que demà serà.

E aquells reprenguren-lo molt, e pensaren-se que si bé ho deia, que no ho faria; e així aparellaren llur sopar, e meseren llur taula. E aquell pres una tovalleta a l'altra part del foc, e assec-se; e mès sa tovalla, e tuit començaren a riure e aixufar, que cuidaven-se que ho fes per escarn. E con ells foren asseguts, començaren a menjar, e aquell pres son quarter de moltó, e va'l-se posar davant, e tallà de la carn, e dix:

— Jo vull menjar d'esta carn, a deshonor de la festa que anuit és e demà serà.

E al primer bocí que es mès en la boca, venc-li en vision un hom tan gran, que tocava del cap al teginat del porxe, e donà-li tal de la mà per la cara, plena de cenra, que a envès lo gità en terra. Sí que cridà, con fo en terra:

— Santa Maria, val!—, tres vegades.

E jac així con si fos mort, tot despoderat de sos membres, e hac la vista perduda. E los companyons llevaren-lo, e posaren-lo sobre una flassada, e estec com a mort bé entrò a hora de mitjanuit. E con lo gall cantà, ell cobrà la paraula, e demanà prevere; e el clergue de l'esgleia del dit lloc de Sent Nicolau venc, e confessà's d'ell molt devotament. E lo dia de Nadal per lo matí, a precs e a requesta d'ell, portaren-lo a l'esgleia de madona Santa Maria, de Mallorca; e davant l'altar ell se féu posar, e tothom venia-lo veure. E ell era així dèbil, que de negun membre que ell hagués no es podia en res ajudar, e la vista que havia del tot perduda. E plorant, pregava lo poble que degués Déu pregar per ell; e davant tuit ell manifestava sos pecats e sos falliments, ab gran contricció e ab gran dolor, sí que tothom e tota dona n'havia gran pietat. E ordonà's en la dita esgleia, qui és la seu, que tots dies se'n digués "Salve regina" entrò fos mort o guarit. Què us en diria pus? Que açò durà entrò al dia d'Aparici, e al dia d'Aparici, la seu fo plena del poble, e con lo preïcador hac preïcat, pregà lo poble que tuit pregassen madona santa Maria que pregàs lo seu beneit car fill que aquell dia beneit mostràs sos miracles sobre aquell pecador, e que tuit s'agenollassen, e els clergues cantarien "Salve regina". E tuit feeren-ho de bona volentat; e con començaren cantar "Salve regina", l'home gità un gran crit, e los membres, tots quants n'havia, eixiren de llurs llocs, sí que ben sis preveres l'havien a tenir; e a la fin de la "Salve regina", ab gran cruixit que donaren tots quants osses havia en sa persona, en presència de tuit recobrà la vista e los membres; e los membres li tornaren cascun en son lloc, adrets e bons. E així ell e tot lo poble feeren grans gràcies a Déu d'aquell tan bell miracle que Déu e madona santa Maria los havia mostrat aquell jorn. E així lo bon hom anà-se'n sa e adret.

Per què cascuns de vosaltres qui aquests miracles oirets, creats que així fo manifest e palés. E fèts-ne vostre prou, e dubtats lo poder de Déu, e esforçats-vos de bé a fer; e guardats-vos que de fet ni de paraula no façats res qui contra el nom de Déu, ni de madona santa Maria ni dels seus beneits sants ni santes vinga, ni contra les festes qui són ordonades per la santa Esgleia.

Ara vos tornaré a parlar del senyor rei d'Aragó.

172

Quan la festa fo passada, de Nadal, e el senyor rei l'hac tenguda en la ciutat de Mallorca, féu recollir tothom, e féu la via de Menorca. E con fo entrò a vint milles de la illa de Menorca, una gran fortuna acollí-lo, així que

368

li departí tot l'estol, en tal manera que sol ab vint galees ell pres terra al port de Maó. E con fo al pot de Maó, lo moixerif de Menorca, qui s'era aparellat de defendre, e gran secors que li era vengut de Barbaria, fo-li ab tot son poder a la popa de les galees, així que tota hora era ben ab cinc-cents hòmens a cavall e ben quaranta mília de peu. E lo senyor rei, ab les galees, estava escala en terra, a la illa dels Conills. E la fortuna aquell durà ben vuit jorns, que anc null hom dels seus no hi poc atendre; e aprés abonança's lo temps, e adés venia una galea al port de Maó, e adés dues, e adés tres, qui una nau, qui dues, e tuit atenien així con podien. E con lo senyor rei veé que hi havia ben dos-cents cavalls armats venguts, pensà de posar los cavalls en terra e eixir a tota la gent en terra. E el moixerif, qui veé que el poder venia, anà-se'n al castell de Maó, e aquí aplegà tot son poder.

E con lo senyor rei veé que havia ben quatre-cents cavalls armats e en partida dels almogàvers, dix a l'almirall e als altres rics-hòmens que iria, que no volia pus gent esperar. E l'almirall e els altres clamaren-li mercé que no fos, mas que esperàs tot l'estol e tots sos cavallers; e ell dix que gran hivern era, e les gents qui soferien gran desaire, e que per res no ho soferria. E així, anà-se'n lla on era lo moixerif, ab tot son poder, e avallà-se'n, batalla arrengada, en un bell pla qui és prés del dit castell de Maon; e con les hosts foren la una prop de l'altra, lo senyor rei va ferir ordonadament ab tota la sua gent, e el moixerif així mateix contra lo senyor rei. E la batalla fo molt cruel, que els hòmens de la illa eren bons hòmens d'armes, e havia-hi cavallers turcs bons, que el moixerif hi havia a sou. E la batalla fo així cruel e fellona, que tuit havien assats què fer; mas lo senyor rei, qui era dels mellors cavallers del món, brocava ça e lla, e no li escapava cavaller a qui ell pogués ferir a colp; sí que totes ses armes hi rompé, salvant la maça, de què feia tant, que null hom davant no li gosava estar. E així, ab la gràcia de

Déu e ab la sua proesa e de les sues gents, ell vencé la batalla; sí que el moixerif fugí, e mès-se e'l castell entrò ab vint de sos parents; los altres moriren tots. E lo senyor rei féu llevar lo camp a les sues gents, e puis anà assetjar lo castell on lo moixerif s'era mès.

E entretant l'estol del senyor rei fo vengut; e con lo moixerif veé lo gran poder del senyor rei, ell li tramés sos missatges, e pregà-lo que fos de gràcia e de mercé sua que ell, ab vint de sos parents qui ab ell eren, ab llurs mullers e llurs infants, que els ne lleixàs anar en Barbaria, solament ab llurs vestedures e ab vianda estrò lla; e ell retria-li lo castell de Maó e la vila de Ciutadella. E lo senyor rei, per ço que tota la illa pogués haver sens tot embarg, atorgà-li-ho; e així lo moixerif reté-li lo castell, e la vila de Ciutadella e tots los altres llocs de la illa, e li donà tot quant tresor havia. E lo senyor rei lliurà-li una nau que noliejà, de genoveses, qui era venguda al port de Maon per fortuna, que anava en Ivissa carregar de sal; e dins aquella nau lo senyor rei féu metre lo moixe-rif estrò ab cent persones, entre hòmens, fembres e infants, e pagà la nau, e los féu metre molta vianda. E partiren-se del port en tal punt que la nau aquella acollí fortuna e rompé en Barbaria, que anc no n'escapà perso-na. E així veus nostre Senyor, con vol destrouir una nació de gent, con lleugerament ho fa; per què cascuns se deuen guardar de la sua ira. Que la roda de fortuna veus con girà en un colp contra lo moixerif e son llinatge, qui havien senyoria d'aquella illa més havia de mil anys.

E com lo senyor rei n'hac tramés lo moixerif, anà-se'n a Ciutadella, e féu pendre totes les fembres e els infants de tota la illa, e els hòmens qui romases eren vius, qui eren assats pocs, que en la batalla foren tots morts. E con les fembres e los infants e els hòmens foren preses, de la illa, foren entre tots ben quaranta mília persones e aquelles ell féu lliurar totes, que en fos cap e major de fer vendre en Ramon Calvet, un hom honrat de Lleida. E aquell hi mès altres oficials sota si; e tramés-ne la major part a Mallorca, e puis tramés-ne en Sicília, e en Catalunya e en altres parts; e en cascun lloc se'n tenc encant públic, e de les persones e de les robes qui los foren trobades. E con açò fo ordonat, lo senyor rei ordonà que e'l port de Maó se feés una vila ben murada, e jaquí procurador en la illa en Pere de Llibià, un honrat ciutadà de València, e donà-li tot poder que pogués tota la illa donar a pobladors, e que de bona gent poblàs la illa. E així ho féu segurament, que així és poblada la illa de Menorca de bona gent de catalans, con negun lloc pot ésser bé poblat.

E con lo senyor rei hac ordonats en la illa tots los oficilas, e hac ordonada la població, de què fo cap e capità lo dit Pere de Llibià, qui era molt prohom e savi, partí's de Menorca, e venc-se'n a Mallorca, on li fo feta gran festa per la sua venguda. E visità tota la illa de Mallorca, ab l'almirall, e ab en Guillem d'Anglerola e d'altres rics-hòmens qui ab ell eren. E puis partí de Mallorca, e tramés-ne tot l'estol en Catalunya, ab l'almirall; e lo senyor rei, ab quatre galees, girà's en Ivissa per visitar, on li fo feta així mateix gran festa, e estec-hi quatre jorns. E puis anà-se'n en Catalunya, e pres terra a Salou; e de Salou anà-se'n en Barcelona, on trobà l'almirall que ja havia presa terra ab tot l'estol.

E l'almirall pres comiat d'ell e tornà-se'n en Sicília; sí que al tornar que feia en Sicília, acollí'l una fortuna molt gran al golf del Lleó, que totes les galees se departiren, e n'hi hac qui corregueren en Barbaria, e d'altres en Sardenya, e d'altres en Principat. E l'almirall fo en aquella hora en gran condició, emperò ab l'ajuda de Déu, qui en molts llocs li havia ajudat, restaurà-lo, e correc a Tràpena e fo san e salve; e puis, a pocs de dies, cobrà totes les galees. E con totes foren a Tràpena, anaren-se'n a Messina, on trobà lo senyor rei e tota la gent, qui feren gran festa a Messina; e desarmà, e pensà de seguir la cort del senyor rei, així con aquell qui el dit senyor rei de Sicília no feia res que ell no hi sabés. E visqueren en gran alegre e en gran deport, visitant e costejant tota Calàbria, e el principat de Tàranto, e Terra d'Otrento e aquells llocs que tenien en Principat.

E així lleixar-vos he a parlar del senyor rei de Sicília, e tornar-vos he a parlar del senyor rei d'Aragon.

173

Com lo senyor rei d'Aragó fo en Barcelona, fo-li feta gran festa, e anà-se'n visitant tots sos regnes. E con fo en Aragon, veé's ab don Alfonso de Castella e ab don Ferrando, son frare; e donà-los molt del seu, e trobà que estaven molt ben, e que menaven la guerra ab lo rei don Xanxo, llur avoncle, e guanyaven tots dies terres sobre ell. E així anà visitant totes les fronteres. E els missatges li venien expressament del papa, e del rei de França e del rei d'Anglaterra, per tractar pau entre ells, e açò menava lo rei d'Anglaterra per ço con volia que al primer any següent lo matrimoni s'acomplís entre lo rei d'Aragon e sa filla; sí que per ço hi metia tot son poder. E en veritat, aital se feia lo rei Carles, per ço con ho havia promés e jurat. Sí que tant tractaren lo rei Carles e el rei d'Anglaterra, que el papa tramés un cardenal en Proença, a Tarascó, ab lo rei Carles, qui tractàs de la pau ab lo senyor rei d'Aragó; sí que con foren a Tarascó trameteren llurs missatges al senyor rei d'Aragó, que els trametés missatges qui ab ells tractassen de la pau.

E el dit senyor rei, sobre el dit tractament a ordonar, venc-se'n a Barcelona; e con fo a Barcelona, manà ses corts, que tothom a dia cert fos a Barcelona. Així con ho manà, així es complí; sí que la cort fo ajustada, e foren ajustats al palau reial. Ell los dix con lo rei Carles e el cardenal eren a Tarscó, e que el requerien que hi trametés missatges qui ab ells tractassen de la pau; e així, que

ell no hi volia res fer sens consell de sos barons, e cava-
llers, e ciutadans e prohòmens de les viles; e així, que
ordonassen entre ells aquells rics-hòmens, e cavallers, e
ciutadans e hòmens de viles qui deguessen tractar los
missatges quals serien, ne ab quin poder irien; e que enai-
xí com aquells ho tractarien, que el senyor rei e tuit ho
tenguessen per ferm. E abans que d'ací partissen, fo ator-
gat que els missatges fossen dotze, ço és a saber, dos rics-
hòmens, e quatre cavallers, e dos savis, e dos ciutadans e
dos hòmens de viles; e fo ordonat quants companyons ne
escuders degués menar cascun. E així con fo ordonat,
així es complí e es féu; e sobre açò, donaren poder a qua-
ranta, entre rics-hòmens, cavallers, ciutadans e hòmens
de viles, que deguessen açò ordonar e endreçar; e encara
fo ordonat que null hom de Barcelona no partís estrò los
missatges fossen anats e venguts de Tarscó, per ço que
sabessen què haurien fet; e així fo tot atorgat. E con açò
fo atorgat, aquells quaranta, tots jorns dues vegades, s'a-
justaven a la casa dels Preïcadors, e tractaven e ordona-
ven dels fets; e així con ordonaven cascun dia, així ho
portaven davant lo senyor rei, e ell adobava-hi ço que li
paria que feés a mellorar, així con aquell senyor qui era
molt savi e molt bon, e havia la volentat plena de vera
caritat e justícia e de tota altra saviea.

E com los missatges foren elets, e ordonats en qual
manera deguessen anar, a honrament del senyor rei e de
tots sos regnes, a ells foren donats los capítols e el poder.
E con foren gint arreats, a ells fo ordonat majordom tal
que convenia a vera valor; partiren de Barcelona, e tota
hora, entre cavalls en destre e les cavalcadures d'ells, e
de llurs companyons e de llurs escuders, e les atzembles,
foren tota hora que menaven cent bèsties. E cascun dels
missatges foren bons e savis. E anaren tant per llurs jor-
nades, que vengren a Tarascó. E lo senyor rei romàs a
Barcelona ab tota la cort, e si anc veés jocs e solaces, així
de taules redones, com de trer a taulat, con d'anar ab

armes, e bornar, e danses de cavallers, e de ciutadans, e d'hòmens de viles e de cascun mester de la ciutat, que s'esforçaven de tot goig e de tot alegre a fer, llavors ho pògrets veer, que negun no pensava mas d'alegre e de solaç, e de fer tot ço que a Déu e al senyor rei plagués. E con los missatges foren a Tarascó, foren bé reebuts per lo rei Carles, e per lo cardenal, e per los ambaixadors qui hi eren del rei de França, e majorment per los missatges qui hi eren del rei d'Anglaterra.

E qui saber volrà los noms dels missatges, e tot ço que el cardenal los dix de part del pare sant, e encara tot ço que ells li respongueren, e tot ço que s'hi féu del començament entrò a la partença, vagen-se'n a la gesta que en Galceran de Vilanova ne féu, e lla trobarà-ho tot per orde, e encara tot ço que entre els altres hi respòs en Maimon de Castellaulí, qui era un dels dits missatges del senyor rei d'Aragon. E si negun me demana per què hi anomén més en Maimon de Castellaulí que negun dels altres, jo us dic que per ço ho faç con hi respòs pus baronívolment, e mills con a cavaller, que negun altre; e si bé negun s'hi féu, se féu per les paraules que ell dix; e així no m'en cal pus parlar; que el parlament durà molt entre ells, e a la fi preseren comiat d'ells, e tornaren-se'n ab ço que fet hagren. E trobaren lo senyor rei en Barcelona, e aquí, davant tota la cort, digueren llur missatgeria, tal que el senyor rei e tot son consell ne foren pagats. Sí que endreçada era la pau, tan honrada e tan bona con lo senyor rei havia mester e les sues gents, e encara a gran honor del senyor rei de Sicília; e així, que el matrimoni se devia complir, a pocs de dies, de la infanta filla del rei d'Anglaterra ab lo dit senyor rei d'Aragó.

Mas nostre senyor ver Déus volc d'altra manera mudar l'enteniment de tot ço que s'hi era tractat. E cascun pot entendre que nostre senyor ver Déus és vera dretura e vera veritat; per què negun no sap ni pot entendre en los seus secrets, e lla on hom se cuida, per son feble

374

enteniment, que alcunes coses que Déus fa venguen per mal, tornen en gran bé. Per què negun no es deu treballar de res que Déus faça; e així és mester que en aquest punt ne prengam cascun bon confort, e lloem e graciem Déu de tot ço que ens dóna.

Per què, lla on la major festa era a Barcelona, e major alegre e major deport, a Déu venc de plaer que al senyor rei n'Anfòs venc malautia d'una naixença que li féu en la cuixa, al raïgal. E per aquella ell no estec que no tragués a taulat ne anar ab armes, així con aquell qui era lo pus coratjós de tots fets d'armes que negun altre qui e'l món fos. E així, menyspreant aquella naixença, mesclà-s'hi febre; així que tant fort lo combaté ben deu jorns, que tot altre hom fóra mort.

174

E com ell se sentí així fortment agreujat, féu son testament, així ab gran diligència con negun altre pogués fer; e una vegada e dues lo féu llegir e examinar. E lleixà lo regne a son frare, lo senyor en Jacme, rei de Sicília; e lleixà lo seu cos a l'orde dels frares menors, a Barcelona. E així, ab gran contricció de sos pecats, confessà moltes vegades e reebé lo nostre salvador Jesucrist, e fo periolat. E con hac reebuts tots los sagraments de santa Esgleia, així prenent comiat de tots, féu-se donar la creu, e aorà-la molt devotament, e ab plors e ab llàgremes; e encroà sos braços ab la creu sobre sos pits, e llevà los ulls al ceel, e dix:

— En les mans tues, Pare senyor, coman lo meu esperit.

E senyà e beneí si mateix, e puis tot son poble e tots sos regnes. E ab la creu abraçada, dient moltes bones oracions, passà d'aquesta vida.

E si anc vis gran plor, aquí fo, així con aquells qui havien perdut bon senyor. E així con ell hac manat, ab gran professó fo portat als Frares Menors, e aquí ell fo enterrat. Déus, per la sua mercé, haja la sua ànima! E sens tot dubte podem estar que ab Déus és en paradís, així con aquell qui se n'anà verge, que jamés no hac paria de fembra ans era son enteniment que verge vengués a sa muller, e que puis així mateix jamés no hagués cura d'altra dona.

175

E con lo cos fo enterrat, lo testament se llegí. E tantost armaren-se quatre galees, e el comte d'Empúries e d'altres rics-hòmens e cavallers e ciutadans foren elets per anar en Sicília per amenar lo senyor rei en Jacme; e així es féu, que tantost lo comte d'Empúries e els altres qui elets hi foren, se recolliren per anar en Sicília, per amenar lo senyor rei en Jacme de Sicília, per ésser senyor e rei d'Aragó e comte de Barcelona e del regne de València. E entretant los barons, e els rics-hòmens, cavallers, ciutadans e hòmens de viles ordonaren que el senyor infant en Pere regís e governàs los regnes e tota la terra, ab lo consell que li fo donat, estrò que el dit senyor rei en Jacme fos vengut en Catalunya. E lo senyor infant en Pere regí e governà així sàviament los regnes con anc senyor sàviament ho poc fer.

E com lo comte d'Empúries e altres qui ab ell eren foren recollits, anaren tant, qui ab un vent, qui ab altre, qui a rems, qui a veles, que a pocs de temps preseren terra a Tràpena. E saberen que madona la reina, e el senyor infant en Jacme e el senyor infant en Frederic eren a Messina, e tantost feeren la via de Messina. E con foren a Messina, vengren, que anc no llevaren senyeres; e anaren-se'n a la Duquena, e aquí eixiren, que altres llaus no llevaren. E con foren davant madona la reina e el senyor rei e el senyor infant, lo comte, en plorant, dix-los la mort del rei n'Anfòs; e si anc veés dols ne plors, aquí foren.

Què us diré? Dos jorns durà lo dol, gran e aspre; e a cap dels dos jorns, lo comte pregà madona la reina e el senyor rei que feessen ajustar consell general; e tantost lo dit senyor rei féu cridar lo dit consell. E tothom fo ajustat a Santa Maria la Nova; e lo comte d'Empúries, en presència de tuit, féu publicar lo testament del senyor rei en Pere, en lo qual vinclava que si el rei n'Anfòs moria sens infants, que tornàs lo regne d'Aragó al dit senyor rei en Jacme, e Catalunya e el regne de València, així com davant havets oït; e puis féu publicar lo testament del senyor rei n'Anfòs; e així mateix lleixava tots los regnes al dit senyor rei en Jacme, frare seu, rei de Sicília.

E con los testaments foren llegits, lo comte e els altres missatges qui foren venguts, requeseren lo dit senyor rei en Jacme que li plagués que pensàs d'anar en Catalunya e reebre sos regnes; e lo senyor rei en Jacme respòs que era aparellat d'anar, mas que ordonaria la illa de Sicília, e tota Calàbria e tota l'altra terra, en qual manera degués romandre, e puis que se'n pensaria d'anar; e la resposta plagué a tots. E mantinent lo senyor rei manà a l'almirall que armàs trenta galees; e l'almirall tantost parà taula, e féu metre en cuns les dites trenta galees, aparellades d'armar. E entretant, lo senyor rei tramés per tota Calàbria e les altres terres, que rics-hòmens e cavallers e síndics de ciutats e de viles venguessen a ell tost a Messina. E con foren a Messina, ell preïcà'ls e dix-los moltes bones paraules; e comanà'ls madona la reina, que la guardassen així con per reina e per senyora; e així mateix los manà que guardassen per cap e per senyor e per major l'infant en Frederic, així con la sua persona; e que feessen tot quant ell manàs ne volgués, així con farien per ell. E cascuns prometeren-ho així. E ell senyà'ls, e beneí-los tots, e pres comiat; e aquells en plorant, cascú besà-li lo peu e les mans; e aprés besaren les mans al senyor infant en Frederic. E con açò fo fet, cascun pres comiat d'ells, e tornà-se'n cascun en son lloc, ab gran enyorament que es donaren del senyor rei; emperò havien tuit gran goig del creximent que li era vengut, e així mateix del bon cap que els havia lleixats, ço és a saber, lo senyor infant en Frederic.

176

E com açò fo fet, lo senyor rei en Jacme pres comiat de tota la universitat de Messina, e aquell manament los féu que havia fet a aquells de Calàbria. E aprés anà-se'n a Palerm, on així mateix hac fets venir tots los barons de Sicília e cavallers e síndics de ciutats e de viles; e con foren tuit ajustats, dix-los moltes bones paraules, e així mateix con havia dit als altres, e aquell mateix manament los féu. E con açò hac fet, pres comiat de tuit, e anà-se'n a Tràpena. E entretant l'almirall fo vengut ab les galees, e madona la reina e el senyor infant en Frederic foren aquí, e tots los barons de Sicília. E aquí lo senyor rei pres comiat de madona la reina, que li donà la sua benedicció; e puis pres comiat del senyor infant en Frederic, e el besà més de deu vegades, així con aquell qui ell amava molt per moltes raons, ço és a saber: per ço con era son frare de pare e de mare; e altra, que el senyor rei son pare lo li comanà; l'altra, per ço con ell lo s'havia nodrit, e ell qui tots temps li era estat obedient, e és vui en dia, així con bon fill deu ésser a bon pare. Per què l'havia molt coral en son cor e molt car; e així lleixà-lo governador e senyor en tot lo regne. E pres comiat, així, de tuit, e recollí's ab la gràcia de Déu, e el comte d'Empúries e els altres ambaixadors ab ell, e l'almirall, qui d'ell no es partí.

E meteren-se en mar, e Déus donà'ls bon temps, sí que en pocs dies foren en Catalunya. E preseren terra a Barcelona, ab la gràcia de Déu; que ben fo gràcia de Déu qui venc als pobles dessús, con lo senyor rei en Jacme los venc per rei e per senyor; que aquell dia intrà pau e bona volentat per tots los regnes e terres. Que el senyor rei, que així con fo graciós e benaventurós al regne de Sicília, així és estat e és benaventurós e plen de totes gràcies al regne d'Aragon, e a tota Catalunya, e al regne de València e a tots los altres llocs seus.

E con hac presa terra en Barcelona, no em cal dir la festa que li fo feta; emperò, abans que la festa començàs, ell féu ajustar tothom als Frares Menors, e reté son deute, així de plorar con de misses e benificis que féu dir e fer, sobre el cos del senyor rei n'Anfòs, son frare. E con açò hac fet, qui durà quatre jorns, la festa se començà tan gran, que tot lo món paria que en vengués. Aquesta festa durà ben quinze jorns; e con aquesta festa hac durat, partí de Barcelona e anà-se'n per Lleida a Saragossa; e en cascun lloc li feien gran festa. Mas emperò, con fo eixit de Barcelona, e'l primer lloc on anà, anà a Santes Creus, e aquí ell reté així mateix son deute al cos del senyor rei son pare e puis tenc son camí, així con ja us he dit, a Saragossa; e lla fo la festa sens comparació la major qui anc se fos feta; e aquí pres la corona en la bona hora.

E puis, con la festa fo passada, de la coronació, veé's ab don Alfonso de Castella, qui el venc veure en Aragon; e el senyor rei donà-li del seu, e lo pregà que fos de gràcia e de mercé sua que no el desemparàs, e que era son desastre con lo senyor rei n'Anfòs era mort, que si ell hagués més viscut dos anys, que li hagra fet senyorejar tota Castella; per què, si d'ell no havia ajuda, que tenia tot son fet perdut. E lo senyor rei confortà'l, e li dix que sabés per cert que ell no el desempararia, ans li faria tot aquell secors que fer-li pogués.

E con açò fo fet, don Alfonso partí molt alegre e pagat del senyor rei e se'n tornà en Castella, a Seron e als altres llocs seus.

177

E lo senyor rei anà visitant tot Aragon, e puis venc-se'n a la ciutat de València, e puis anà visitant tot lo

regne. E dementre que ell anava visitant ses terres, al se-
nyor rei vengren missatges molt honrats del rei don
Sanxo de Castella, cosí germà seu, e saludaren molt
devotament lo dit senyor rei en Jacme de part del rei don
Sanxo de Castella; e feia-li saber que havia gran alegre
de la sua venguda, e que el pregava, així con a car cosín
e qui ell molt amava, que li plagués que hagués pau ab
ell, e que ell que era aparellat que li valgués contra tots
hòmens del món, e que lo rei n'Anfòs qui l'havia guerre-
jat e l'havia mès en punt de tolre sos regnes e els volia
donar a sos nebots, que no li atenyien tant con ell, de que
era estat molt meravellat, e que no paria que ab ell hagués
deute negun. E així, que pregava ell que no guardàs ço
que lo rei n'Anfòs, son frare, havia fet, mas que pensàs
lo gran deute qui era entre ells.

E lo senyor rei d'Aragon respòs als missatges molt
cortesament, així con aquell senyor qui és estat e és lo
pus cortés e el mills nodrit de totes coses que anc senyor
negú fos. E ell dix que ben fossen venguts, e puis dix-los
que el rei don Sanxo no es devia meravellar de res que el
rei n'Anfòs li hagués fet, que el rei n'Anfòs, con a bon
fill, que volia venjar la gran falla que ell havia feta al se-
nyor rei son pare.

— E dic-vos que d'aquell cor mateix nos n'érem nós;
mas pus ell demana pau, a nós plau que la haja.

E los missatges respongueren:

— Hoc, senyor, ab una cosa: que es profer que a
coneguda vostra farà esmena a vós de tot ço que ell
hagués fallit al senyor rei vostre pare; e l'esmena sia
aquella que vós, senyor, vullats, vullats-vos que us en dó
ciutats, o castells, o viles o llocs, e fer tota aquella honor
que vós conegats que fer-vos-en deja.

E lo senyor rei respòs que pus tan bé ho deia que ell
se'n tenia per satisfet, e que d'ell no volia ciutats, ne cas-
tells, ne viles ne altres llocs que, la mercé de Déu, que ell
havia tals realmes e tan bons, que no li feien fretura sos

llocs, mas bastava-li que ell se'n penedís d'açò que fet havia; emperò volia que ell feés e donàs part de la terra de Castella a aquells dos intants sos nebots, ço és a don Alfonso e a don Ferrando, que ell per res no els desempararia. E los missatges digueren que sobre açò se n'irien.

E així tornaren-se'n al rei de Castella, e contaren-li tot ço que el senyor rei los hac dit, e li digueren la gran bonea e saviesa que era en ell. E lo rei de Castella fo molt pagat, e manà que tornassen a ell, e que ell era aparellat que totes coses feés que ell manaria. Què us en diria? Que tantes vegades anaren missatges entre ells, que la pau fo atorgada de cascuna de les parts; que don Alfonso e don Ferrando de Castella volien haver pau ab llur avoncle lo rei don Sanxo, e que es tenien per pagats d'açò que el senyor rei d'Aragon havia tractat que el rei de Castella los donàs, e que renunciarien al regne.

E així fo empresa vista del senyor rei d'Aragon e del rei de Castella, que fossen a Calataiú, qui és del senyor rei d'Aragon, e fossen a Sòria, qui és del senyor rei de Castella; e cascuns esforçaren-se d'ésser a la vista con pus honradament pogués. Sí que con lo rei fo a Calataiú ab gran gent de rics-hòmens, prelats, cavallers, ciutadans, sabé que el rei de Castella era a Sòria; així mateix, que hi havia amenada la reina, e era-hi l'infant en Joan, frare del rei don Sanxo, e molts d'altres rics-hòmens. E lo senyor rei d'Aragon, qui sabé que la reina era a Sòria, per sa cortesia e per honor de la reina volc anar a Sòria abans que ells venguessen a Calataiú; e anà a Sòria. E el rei de Castella, qui sabé que ell venia, eixí-li a carrera més de quatre llegües; e aquí fo acollit lo senyor rei d'Aragon ab molt gran honor, e totes les sues gents, que aitant con estegren a Sòria, no s'hi féu mas festa e alegre.

E con la festa fo passada, lo senyor rei d'Aragon volc-se'n tornar, e pregà lo rei de Castella e la reina que venguessen a Calataiú, e ells digueren que ho farien volenters; e així tots ensems vengren-se'n a Calataiú, on lo senyor rei los féu llurs ops, al rei de Castella e a la reina, e a tots aquells qui ab ells eren, d'aquell jorn que entraren en Aragó entrò al jorn que entraren en Castella. E segurament que de totes quantes coses haguessen, que anomenar se poguessen, de tot feia donar ració a tothom lo senyor rei d'Aragon, tan bastant que per res no ho pogren menjar negun; ans pògrets veer per les places donar dues dinades de pa per un diner, e un porcell, o un cabrit, o un moltó, o gallines o civada, o peix fresc e salat, que ço que us costara en altra saó dos sous, havíets per sis diners; e de tot açò trobàrets totes les places plenes d'aquells qui ho venien, així que tots los castellans, e gallegos, e altres gents moltes que hi havia, se'n meravellaven. E un dia menjava lo senyor rei d'Aragon a la posada del rei de Castella ab lo rei e ab la reina, e altre dia menjaven ells ab ell a la sua posada. Sí que la festa era tan gran que a tots jorns se feia, que açò era una gran meravella a veer. Sí que en Calataiú estegren tots ensems tretze jorns, e dins aquests dies fo feta la pau, e refermada, entre ells. E encara fo feta pau del rei de Castella ab sos nebots; e els donà en Castella tantes de terres, que ells se'n tengren per pagats, e ho graïren, e ho pogren graïr, al senyor rei d'Aragon, e que d'altrament si no fos per ell, res no n'hagren haüt.

E així, con hagren estats tretze dies en Calataiú, ab gran concòrdia e pau e amor partiren-ne. E el senyor rei d'Aragon acompanyà lo rei de Castella e madona la reina de Castella estrò foren fora de tot Aragó. E per tot lo senyor rei féu a tots sos ops, així con davant vos he dit, estrò foren fora de tots sos regnes; que anc un dia no poc hom conéixer que les racions se minvassen de res, ans creixien e melloraven tots dies. E con foren al departiment dels regnes, preseren comiat los uns dels altres, ab gran concòrdia, amor e gràcia que Déus hi havia tramesa. E lo senyor rei de Castella e madona la reina sa muller anaren-se'n pagats e alegres per la pau que havien feta ab lo senyor rei d'Aragon, e encara per la pau de sos nebots; de què era estat en gran paor que el regne no li tolguessen, con hagren fet si lo senyor rei d'Aragon s'hagués volgut; mas lo senyor rei d'Aragó volc tractar abans entre ells pau e amor, per lo gran deute que havien ells ab ell així mateix.

Ara vos lleixaré a parlar del rei de Castella, e tornarvos he a parlar del senyor rei d'Aragon e de Sicília.

178

E com lo senyor rei d'Aragon se fo partit del rei de Castella, ell se n'anà deportant e visitant tots sos regnes e terres alegrement e pagada, així que en breu de temps hac mesa tota la terra en pau e en concòrdia; que depuis ell fo rei coronat d'Aragon, e de Catalunya, e del regne de València, ha tenguda e té la sua terra així en pau e en concòrdia, que de nits e de jorn pot hom anar carregat de moneda, que no trobarà qui enuig ni dan li faça. E així mateix mès pau e concòrdia entre tots sos barons, qui tots temps havien acostumat de guerrejar; e encara esquivà bandos que no pogués haver en la ciutat de Barcelona, ne en les altres, ne en totes les viles. Que a Tortosa havia durat bando gran entre los Garidells, e els Carbons e els Puigs; que per ço que ho pogués castigar, s'avenc ab en Guillem de Montcada, qui havia lo terç en Tortosa, e li'n donà canvi e al Temple atretal. E con tota la ciutat fo sua, adobà lo dit bando, qui per grat, qui per força, en tal manera que ara està pus pla que ciutat que sia en Catalunya. E així mateix se féu de molts altres llocs.

Ara vos lleixaré a parlar del senyor rei qui va així endreçant sos regnes, e vull dir una raon de la taula redona e de la gran honor que féu Déus a l'almirall, a Calataiú, con los reis hi eren, que fo de les grans honors de taula redona que Déus féu a negun ric-hom ne cavaller.

Veritat és que con los reis foren a Calataiú, així com davant havets oït, los castellans tots demanaven:

— Qual és l'almirall del rei d'Aragó, a qui Déus ha feta tanta d'honor?

E hom mostrava'l-los; així, que així li anaven darrera cent o dos-cents cavallers e altres con a altra persona feeren dos o tres, que no es podien sadollar de la sua vista. E l'almirall, per honor del rei de Castella e de la reina, féu cridar taula redona en Calataiú, e mès la tela per júnyer, e hac fet fer, al cap del camp, un castell de fusta on ell eixís con cavaller vengués. E lo primer jorn que la taula se tenc, ell tot sol volia tenir aquell jorn la taula a tothom qui júnyer volgués. E fo aquí lo senyor rei d'Aragon, e el rei de Castella, e l'infant don Joan, frare del rei de Castella, e don Joan, fill de l'infant en Manuel e don Diego de Biscaia, e d'altres barons de totes les terres e regnes del rei de Castella, e rics-hòmens d'Aragó, e de Catalunya, e del regne de València, e encara de Gascunya, de la terra del rei d'Anglaterra, e tota altra gent qui eren venguts a veure les juntes, e senyaladament per veure l'almirall què faria, de què tot lo món parlava tant. Així, que tot aquell plan de Calataiú on la taula redona se feia, era tan ple de gent, que a penes hi podia hom estar; així que, si no fos que era hivern, no hi pogra hom aturar. Sí que aquella hora ploc un poc.

E així, con estaven los reis e tota la gent, un cavaller d'aventura, venc molt gent arreat e ab bon continent e aparellat de júnyer; e tantost con aquells de castell lo veeren, tocaren la trompeta, e tantost l'almirall eixí del castell, així mateix ben arreat e gentilment, e parec bé cavaller de gran avantatge. E si negun me demanava qui era lo cavaller d'aventura, jo dic que era en Berenguer Arnau d'Algera, de la ciutat de Múrcia, qui era molt valent e ardit e dels pus bells cavalcadors d'Espanya, e era de la companya del rei de Castella, e era gran e soberg e de bell tall. E així mateix vos pusc dir de l'almirall, que era dels bons cavalcadors del món e dels bells cavallers del món. Què us diré? Los feels portaren dues astes molt grosses al dit Berenguer Arnau d'Algera, e pres aquella que li plac, e l'altra donaren a l'almirall; pus los feels meteren-los al mig de la tela, e feeren senyal a cascun que moguessen. E pensaren de moure la un contra l'altre; e qui veé venir aquells dos cavallers, pogra dir que no eren cavallers, mas foldre e tempesta, que jamés cavallers no pogren venir mills ab tot ço del llur, ne pus baronívolment. E en Berenguer Arnau d'Algera ferí l'almirall per lo cortó davant de l'escut, sí que l'asta n'anà en peces; e l'almirall ferí'l per l'elm, que l'elm volà del cap més de dues astes de llança lluny, e la llança féu més de cent peces. E al ferir que féu l'elm, avantà tan fort a la cara del dit en Berenguer Arnau, que tot lo nas li fonyà, en tal manera que null temps puis no en fo adret; e encara per lo mel de la cara e per les celles, que tot correc en sang, sí que tothom se cuidà que fos mort. E, però, bé féu bona cavalleria, que si tot s'hac pres tan gran colp, anc no es desmaià de res. Sí que los reis abdoses conegren-lo qui l'amaven molt e hagren paor que no fos mort, e veeren-lo tot cobert de sang, e lo nas tot trencat e afollat; digueren-li con se sentia, e ell dix que bé e que no havia mal. E llevaren l'elm de terra, e los reis manaren que la taula se llevàs e que no volien que pus se n'hi fessen, per paor que brega no n'eixís. E així l'almirall, ab les sues trompes e nàcares tornà-se'n així guarnit a la posada, e tota la gent, així castellans com altres, anaven-li darrera e deien que bé era digne que Déus li hagués feta aquella honor que feta li havia en molts llocs, que dels bons cavallers del món era. E ab aquella honor ell romàs, e aquella fama qui anà per tota Castella.

E així lleixar-vos he estar l'almirall, e parlaré dels afers del senyor rei d'Aragon e de Sicília.

Con lo senyor rei d'Aragó hac endreçats los fets de
Castella e endreçada tota sa terra, ell manà a l'almirall
que s'entornàs en Sicília, e que estegués prop del senyor
infant en Frederic, e que tota hora tengués cinquanta
galees adobades e aparellades, que no calgués mas mun-
tar la gent, si ops hi era; e que anàs, ab l'infant en
Frederic, visitant tota Calàbria e altres terres del regne, e
que tenguessen la terra en veritat e en justícia. E així con
lo senyor rei ho manà, així es complí: l'almirall anà e'l
regne de València, visitant totes les sues terres, ço és,
viles e castells, e puis venc-se'n a Barcelona per mar ab
totes aquelles galees que pendre volc de València; e a
Barcelona ell se recollí, e pres comiat aquí del senyor rei,
e anà-se'n en Sicília. E passà per Mallorca e per
Menorca; e puis costejà la Barbaria, e pres naus e llenys
de sarraïns, e hi barrejà viles e llocs; e ab gran guany e ab
gran alegre, ell se'n tornà en Sicília; e trobà a Palerm
madona la reina e l'infant en Frederic, qui el reseberen ab
gran goig e ab gran alegre, e ell donà'ls les cartes que
tenia del senyor rei; e con hagren vistes les cartes e sabe-
ren la pau que havia feta ab lo rei de Castella, foren-ne
molt pagats. E l'almirall ab lo senyor infant en Frederic,
anà visitant les terres per tota Sicília, e puis passaren en
Calàbria e feeren atretal.

E con foren en Calàbria venc-los missatge que Carles
Martell, lo fill major del rei Carles, era passat d'aquesta
vida; per què en fo fet gran dol per tots aquells qui ben li
volien, per ço con era bon senyor. E romàs de Carles
Martell un fill qui fo, e és encara, rei d'Hongria, e una
filla per nom madona Climença, qui fo puis reina de
França. E la mort de Carles Martell féu saber lo senyor
infant en Frederic al senyor rei d'Aragon. Ara vos lleixa-
ré a parlar d'ells e tornaré a parlar del rei Carles.

E com lo rei Carles sabé la mort de son fill, fo'n molt despagat; e dec-ho ésser, que molt era bo e valent. E segurament, així con era bon crestià, posà en son cor que Déus li donava aitals verguntades per ço con soferia que hagués guerra entre ell e la casa d'Aragon. E així pensà de tractar que en totes maneres pogués fer pau ab lo senyor rei d'Aragó e de Sicília; e anà-se'n al papa, e dix-li que el pregava que ell de tot en tot tractàs e ordonàs que pau hagués entre la santa Esgleia e la casa de França ab lo rei d'Aragó, que, quant per ell, tota res hi faria que fer-hi pogués. E lo papa respòs que ell deia bé e gran saviea, que qui pensava lo poder de Déu e con Déus havia donat poder al senyor rei d'Aragon, que tot lo món era ço que ell feia, part ço que havia tota Espanya a son manament, e així mateix hauria lo rei d'Anglaterra a la sua part si es volia, e encara tota la Llenguadoc, per què de tot en tot era mester que la pau se tractàs. E així lo papa féu-se venir misser Bonifaci de Calamandrana, e manà-li que ell que ho treballàs; e ell respòs que ho faria volenters. E així lo papa tramés, ab lo rei Carles ensems e ab misser Bonifaci, un cardenal que anàs en França al rei, e que el pregava e el consellava que ell que degués fer pau ab la casa d'Aragon, ab lo rei Carles ensems, que ell era aparellat que hi faria de part de la santa Esgleia tot ço que plagués a ells. E així lo rei Carles, e el cardenal e misser Bonifaci partiren del papa e anaren al rei de França, e trobaren-lo a París, e monsènyer Carles, son frare, ab ell, qui es feia apellar rei d'Aragon.

E con hagren parlat ab lo rei de França e ab monsènyer Carles son frare, lo rei de França respòs que li plaïa molt la pau, e que tota res hi soferria que soferir hi pogués. Mas monsènyer Carles respòs lo contrari, que dix que ell no lleixaria lo regne d'Aragó per res; sí que sobre açò fo gran contrast entre lo rei Carles e ell. E a la fin avengren-se així, ab lo rei de França que hi fo bo: que el rei Carles li donà tot lo comtat d'Anjou, que ell havia en França, qui és molt honrat comdat e bo, e cascú se pot pensar que honrat comdat e bo deu ésser, con son pare, lo rei Carles, qui era fill del rei de França, nat en la casa de França, ne fo heretat. E monsènyer Carles donà al rei Carles tot lo dret que havia en lo regne d'Aragon, qui per lo papa Martí li era donat, que lo rei ne pogués fer a totes ses volentats. E així se complí e així es féu, per què açò era aquella cosa qui més contrastava la pau que res. E així negun no diga que al rei Carles costàs poc la pau que féu ab lo senyor rei d'Aragó, segons que a avant oirets: ans li costà lo dit comdat, qui és molt honrada cosa.

E con açò fo fet, ab tot lo poder del rei de França e de monsènyer Carles, lo rei Carles e el cardenal e misser Bonifaci vengren en Proença, e de Proença trameteren misser Bonifaci en Catalunya, al senyor rei d'Aragon, ab la missatgeria. Què us en diria? Que tant anà e venc dels uns als altres, que hac acabat tot son enteniment, que la pau fo atorgada per cascunes de les parts. E la manera de la pau fo aquesta, en summa; que qui tot ho volia re-contar, major llibre se'n faria que aquest. La pau fo així tractada: Que el papa revocava la sentència que papa Martí havia donada contra lo rei d'Aragon, e absolvia lo senyor rei d'Aragon, e tots aquells qui eren estats ni eren sos valedors, de tota mort d'hòmens e de tot ço que haguessen pres, per qualque manera fos, de llurs enemics, a tot lo mellor enteniment que entendre se volgués; e d'al-tra part, monsènyer Carles de França, e el rei Carles per ell, renunciava aquella donació que a ell era estada feta del regne d'Aragon; e d'altra part, que hagués pau e concòrdia ab lo rei de França e ab sos valedors lo senyor rei d'Aragó, e ab la santa romana Esgleia e ab lo rei Carles; e encara, que lo rei Carles donà sa filla, madona Blanca, que era la major filla que el rei Carles havia, per muller al senyor rei d'Aragon; e lo senyor rei d'Aragon renunciava a tot lo regne de Sicília en esta manera: que el papa li donava Sardenya e Còrsega en esmena, e que no era tengut que el retés al rei Carles ne a l'Esgleia, mas que el desemparava, e emparàs-se'n l'Esgleia si es volia, e el rei d'Aragó d'alre no era tengut; d'altra part, retia al rei Carles sos fills, que havia en presó, e les altres recenes.

E així los missatges a la fi vengren al senyor rei d'Aragon ab aital pau, e que açò li farien, e ell açò que damunt és dit; e que n'hagués son consell, que àls fer no hi podien. E sobre açò lo rei féu ajustar corts a Barcelona. E estant així lo parlament aquest, lo rei en Sanxo de Castella morí de malautia, e lleixà tres fills: lo primer, que lleixà rei de Castella e havia nom don Ferrando; e l'altre, don Pedro; e l'altre, don Felip; e lleixà una filla. E con lo senyor rei sabé la mort del rei de Castella, hac-ne desplaer, e féu-ne universari, així con tanyia fer a ell.

182

E com la cort fo ajustada, lo senyor rei hac son consell ab sos barons, prelats, e cavallers, ciutadans e hòmens de viles; e a la fi la pau fo atorgada en aital manera con davant havets entés. E los missatges tornaren-se'n al rei Carles e al cardenal, que atrobaren a Montpesller, e fee-ren llur fermetat de totes les paus. E tantost tots ensems, ab la infanta madona Blanca, que amenaren molt honra-dament e bé acompanyada, vengren a Perpinyà; e con foren a Perpinyà, lo senyor rei d'Arago, e l'infant en Pere ab ell, e molt honrat cabdal de Catalunya e d'Aragon, ab ell foren a Gerona. E lo senyor rei tramés lo noble en Bernat de Sarrià, tresorer seu e conseller, a Perpinyà, ab tot poder per refermar totes les paus e el matrimoni, e que veés la donzella. E con lo dit noble fo a Perpinyà, fo bé acollit per lo rei Carles, e per lo senyor rei de Mallorca e per tots; e con hac vista la donzella, tenc-se'n fort per pagat, sí que tantost fermà per lo senyor rei d'Aragó totes coses, així de les paus com del matrimoni.

E con açò fo fet, lo senyor rei d'Aragon tramés a Siurana, e amenaren los fills del rei Carles e les altres recenes totes; e con foren a Gerona, lo senyor rei, ab ells e ab tota la cavalleria sua, e dones e donzelles totes quantes honrades n'havia en Catalunya, venc-se'n a Figueres. E d'altra part, lo rei Carles, e el cardenal, e la donzella e tota l'altra gent qui ab ell venien, vengren-se'n a Peralada; e posà, ell e sa companya, entre Peralada e Cabanes, e e'l monestir de Sent Feliu. E lo senyor rei tramés al rei Carles sos fills e les recenes totes; e lo senyor infant en Pere acompanyà'ls estrò foren a llur pare. E sí anc veé's gran goig, aquí fo entre lo rei Carles e sos fills; e cascuns dels barons de Proença e de França feeren atretal de llurs fills qui eren en recenes, que recobraren; mas sobre tot fo lo goig que madona Blanca fó a sos germans, e ells a ella. Què us diré? Tanta de gent havia de la una part e de l'altra, que Peralada e Cabanes e Sent Feliu, e Figueres e Vilabertran e el Far, e Vilatenim e Vilasèquer e Castelló d'Empúries e Vilanova e tota aquella encontrada era plena de gent. E lo senyor rei d'Aragon feia donarració complida a tothom, de totes coses, així a estranys com a privats. E el solaç e el deport se moc entre ells, que el senyor rei d'Aragon anà veure lo rei Carles e la infanta muller sua; e li posà lo senyor rei la corona al cap, la pus rica e la pus bella que anc reina portàs en testa; e d'aquella hora a avant hac nom regina d'Aragon. Què us diré? Les joies foren grans qui es donaren de les unes parts a les altres; e fo ordonat que ab la gràcia de Déu, que la missa oïssen al monestir de Vilabertran, e que feessen llurs noces; e lo senyor rei féu-hi fer una casa de fusta, la pus bella que anc fos feta de fusta. E lo monestir és honrat lloc, e bell e bon.

E així con ho hagren ordonat, així es complí; que al dit monestir de Vilabertran foren tuit, e aquí hac gran alegre e gran festa per moltes raons. La una raó per lo matrimoni qui a la bona hora se féu, que ben pot hom dir que anc tan bell parell de marit e de muller no s'acostaren null temps; que del senyor rei vos pusc dir que és lo pus graciós senyor, e lo pus cortés, e el pus ensenyat, e el pus savi e mellor d'armes qui anc fos, e dels bons crestians del món; e de madona la reina Blanca pot hom dir, així mateix, que fo la pus bella dona, e la pus sàvia, e la pus graciosa a Déu e a sos pobles que anc regina neguna, e la mellor crestiana; que ella era fontana de gràcia e de totes bonees. Per què Déus hi traès la sua gràcia, que anc no fo marit ne muller de neguna condició qui tant s'amassen; per què a ella pot hom dir lo mot que les gents de Catalunya e d'Aragó e del regne de València li dixeren: que l'apellarien "la santa reina dona Blanca, de santa pau"; que pau santa e bona ventura venc per ella a tota la terra. E segons que per avant oirets, eixiren-ne molts fills e filles, qui tots foren bons a Déu e al món.

E con lo matrimoni fo complit, durà la festa ben vuit jorns, que estegren tuit ensems. E aprés preseren comiat los uns dels altres, e lo rei Carles, ab sos fills, tornà-se'n. E con fo al coll de Panissars, lo rei de Mallorca eixí-li a carrera, e anaren-se'n as Veló, e depuis des Veló a Perpinyà; e lo senyor rei de Mallorca tenc-los aquí ben vuit jorns. E dins aquells vuit jorns intrà tanta de priva-dea entre monsènyer Lluís, fill del rei Carles, e l'infant en Jacme, fill major del senyor rei de Mallorca, que diu-se que entre ells se prometeren que la u fes ço que l'altre faria; així que s'acordaren que cascun renunciassen als regnes que els devien pervenir, e que es mesessen en l'or-de de monsènyer sant Francesc. Sí que a pocs de temps s'hi mès monsènyer Lluís, fill del rei Carles, e renuncià al regne, e puis fo bisbe de Tolosa mal son grat, e puis morí, e fo canonitzat per lo papa per molts miracles que Déus féu per ell, e en sa vida e en sa mort, e vui se'n són fets altars per tota crestiandat, e se'n fa festa. E així mateix com l'infant en Jacme, fill del senyor rei de Mallorca, qui era lo major e devia regnar, se reté frare menor e renuncià al regne, e con fo passat d'esta vida, així mateix creu que serà sant en paradís. Que qui més fa per Déus, major mèrit par que en deja esperar; per què qui regne jaqueix en aquest món per Déu, par que el regne celestial ne deja haver per esmena, pus la sua vida vaja continuant estrò a la fin, a tot bé a dir e a fer.

Ara vos lleixaré estar aquests dos senyors, frares menors sants e benignes, e tornar-vos he a parlar del rei Carles, qui es partí del senyor rei de Mallorca e se'n tornà a les sues terres ab sos fills. E així mateix lo senyor rei d'Aragon, ab madona la reina, anà-se'n a Gerona, e de Gerona a Barcelona, e puis per tots los regnes. E la glòria e el goig qui es feia en cascuns dels llocs, no us ho cal contar, que pensar-vos-ho podets; que qui havia cobrada pau e havia cobrats los sagraments de santa Esgleia, així con misses e tots altres oficis, de què aquelles gents eren molt desijoses, quin goig e quin alegre devien haver!

183

E així com lo senyor rei se n'anava deportant ab madona la reina per sos regnes, lo senyor infant en Pere no es partia de madona la reina; per què madona la reina pregà lo senyor rei que degués percaçar honor a son frare l'infant en Pere, e que li donàs de què pogués tenir honrada casa, e així mateix que li percaçàs muller, aquella que li pertangués. E lo senyor rei, obeint ses pregàries, que l'heretà molt honradament, e donà-li per muller de les honrades donzelles que filla de rei no fos, qui fos en Espanya, ço és a saber, madona Guillema de Montcada, filla d'en Gastó de Biern, ab grans riqueses; que sol en Catalunya havia, en bons castells e viles e llocs, tres-centes cavalleries. Sí que les noces se feeren molt honrades e bones, e fo-hi lo senyor rei e madona la reina. E lo senyor infant en Pere ab madona na Guillema de Montcada anaren-se'n deportant per los regnes.

E lo senyor rei d'Aragon tramés missatges en Sicília, a en Ramon Alemany, qui era maestre justicier de tot lo regne, e a en Vilaragut, qui era maestre portolà, e puis a tots altres, que desemparassen castells e ciutats e viles que fossen en Sicília, e en Calàbria e per les altres parts del regne, e que guardassen que a persona neguna no lliurassen castell negun, mas, con lo castell haurien desemparat, que cridassen a la porta del castell ab les claus en la man:

— Ha-hi null hom de part del sant pare apostoli que vulla reebre aquest castell per part d'ell e de la santa Esgleia?

E que ho cridassen tres vegades, e si dins aquelles tres vegades no hi aparia negun qui pendre ne reebre lo's volgués, que lleixàs les portes obertes, e les claus als forrellats, e anassen-se'n. E així se complí e es féu, que anc null hom del pare sant ne de la santa romana Esgleia no hi comparec. E així anaren-se'n, e con se n'eren anats, les gents del lloc emparaven-se'n, de part de l'infant en Frederic, de cascun castell o lloc. E així desempararen, en Ramon Alemany, e en Vilaragut, e tots los altres qui per lo senyor rei d'Aragon hi eren, tota Sicília; e recolliren-se en naus e en galees, e vengren-se'n en Catalunya al senyor rei, qui els acollí molt ben e féu a cascun bona esmena de tot ço que havien desemparat, qui era llur, en Sicília, e li plagué ço que fet hagren. E així lo senyor rei d'Aragó hac complides totes ses covinences de la pau, que en res no hi hac fallit; de què la santa Esgleia e lo papa se'n tengren per pagats e per alegres.

E així, lleixar-vos he a parlar del senyor rei d'Aragon, e tornar-vos he a parlar del senyor infant en Frederic, son frare.

185

Con lo senyor infant en Frederic, e l'almirall, qui no es partia d'ell, e misser Joan de Pròixeda, e los altres barons, e cavallers, e ciutadans e hòmens de viles de Sicília e de Calàbria saberen con lo senyor rei d'Aragon los havia desemparats, digueren al senyor infant en Frederic que ell que pensàs d'emparar la terra, que la illa de Sicília e tot lo regne era vinclat a ell segons lo testament del senyor rei en Pere, son pare.

— E si lo senyor rei en Jacme ho havia desemparat, havia-hi desemparat lo dret que ell hi havia, mas lo dret que vós, senyor, hi havets, ell no ha lloc de desemparar, ne creem que li sàpia greu que vós vos n'emparets; que basta-li a ell que ell haja atès ço que promés a les paus.

Què us diré? Així fo acord de tuit, e atrobaren ab doctors e altres savis que ell podia justament emparar ço que el senyor rei son pare li havia lleixat per vincle. E sobre açò tramés tantost per tota Sicília e en Calàbria e als altres llocs dels regnes, e emparà's dels castells, e ciutats, e viles e llocs; e féu entre tant donar dia que tots, cabdals, cavallers e síndics de ciutats e de viles, fossen a dia cert a Palerm, que ell se volia coronar rei e volia que tuit lo jurassen.

E lo jorn que els fo donat hi foren tuit, e aquí hac grans gents de catalans, e d'aragoneses, e de llatins e de calabreses e dels altre llocs del regne. E tantost foren ajustats al palau reial, ço és a saber, en la Sala Verd de la ciutat de Palerm, e l'almirall preïcà'ls, e els dix moltes de bones paraules que feien al temps que tenien entre mans. E entre les altres coses que els dix, mostrà-los per tres raons que aquest senyor era aquell terç Frederic que les profetes deien que devia venir a ésser rei de l'Emperi e de la major part del món. E les raons eren aquestes: que era cert que ell era lo terç fill que el senyor rei en Pere havia; e d'altra part, que ell era lo terç Frederic qui havia senyorejada Sicília; d'altra part, que seria lo terç Frederic qui és estat emperador d'Alemanya. Per què per nom dret li podia hom dir Frederic terç, rei de Sicília e de tot lo regne. E sobre açò tuit se llevaren e a una veu cridaren:

— Déus dón vida a nostre senyor lo rei Frederic terç, senyor de Sicília e de tot lo regne!

E tantost llevaren-se tots los barons, e feeren-li sagrament e homenatge, e puis tots los cavallers e ciutadans e hòmens de viles.

E con açò fo fet, tantost, ab gran solemnitat, així con és costuma, anà-se'n a la seu de la ciutat, e ab gran benedicció reebé la corona. E així, ab la corona en testa, e ab lo pom en la man sinestra, e la verga en la man dreta, ab vestedures reials, anà-se'n cavalcant de l'esgleia major de Palerm al palau, ab los majors jocs e solaces que anc se feessen en coronació de negun rei qui e'l món fos. E con foren al palau, los menjars foren aparellats, e aquí tothom menjà. Què us diré? Que quinze jorns durà la festa, que null hom no féu res en Palerm mas solaçar, e ballar, e cantar, e fer jocs de diverses maneres. E tota hora les taules eren meses al palau, a tothom qui menjar volgués. E con tot açò fo passat e cascuns se'n foren tornats en llurs llocs, lo senyor rei Frederic terç anà per tota Sicília visitant, e puis per Calàbria e per tots los altres llocs.

E madona la reina fo absolta per lo papa, e tots aquells qui eren de sa companya; sí que tots dies oïa missa, que així ho hac a fer lo papa per covinença a les paus que lo senyor rei d'Aragon féu ab ell. Per què madona la reina partí de Sicília ab deu galees, e se n'anà en Roma en peregrinatge, e pres comiat del senyor rei de Sicília, e el senyà e el beneí, e li donà la sua benedicció, tal con mare pot donar a fill. E con fo en Roma, lo papa li féu molta d'honor e li atorgà tot ço que ella li demanà. E estec lla, e anava tots jorns cercar les perdonances, així con aquella dona qui era la mellor crestiana que en aquell temps sabés hom e'l món. E misser Joan de Pròixeda no es partia d'ella. E estec tant en Roma, e guanyà les perdonances, estrò que el senyor rei d'Aragó venc a veure lo papa e per tractar pau entre lo rei Carles e el rei de Sicília, son frare, així con avant entendrets. E ella s'entornà en Catalunya, e con fo en Catalunya, madona la reina fóu molt de ben per l'ànima del senyor rei en Pere e per la sua, e féu molts monestirs e molts d'altres béns. E en Barcelona ella fení, e lleixà's a la casa dels frares menors, ab son fill lo rei n'Anfòs; e morí menoreta vestida, e segurament que cascun pot haver sa fe que és ab Déu en glòria.

Ara lleixaré a parlar del senyor rei de Sicília e de madona la reina, e tornaré a parlar del senyor rei d'Aragon.

186

Com lo senyor rei d'Aragon veé que havia pau ab tot lo món, pensàs's que fos bon que retés les illes de Mallorca e de Menorca e d'Ivissa al senyor rei de Mallorca, son avoncle. E con ja us he dit, lo senyor rei d'Aragon anà una vegada veure lo papa en Roma, depús les paus foren fetes, e lo papa e els cardenals feeren-li molta d'honor, e tots los romans; e encara li fo feta molta d'honor en Gènova e en Pisa. E en aquella venguda no poc acabar res de la pau que es feés del rei Carles e del rei de Sicília, son frare; sí que se'n tornà en Catalunya, així con ja us he dit davant.

E puis, per temps a avant, lo senyor rei d'Aragó tramés missatges a l'almirall, en Sicília, que vingués en Catalunya; e l'almirall encontinent venc a ell. E puis no anà a molt de temps que el senyor rei, ab gran estol, partí de Catalunya per anar al papa, per tractar de tot en tot la pau del senyor rei de Sicília e del rei Carles. E con fo espeegat, a Palamós hom se recollí. E tramés al senyor rei de Mallorca, son avoncle, que el trobàs a Coblliure, que ell se veuria ab ell; e lo senyor rei de Mallorca venc-hi encontinent. Així que lo senyor rei partí de Palamós ab cent cinc galees, e a les Parades de Coblliure ell se veé ab lo senyor rei de Mallorca, son avoncle; e en aquella vista féu gran festa la u a l'altre. E lo senyor rei d'Aragon reté-li les illes de Mallorca, e de Menorca e d'Ivissa; e refermaren llurs paus e llur amor així con de pare a fill; de què fo gran alegre de tots aquells qui ben los volien. E lo senyor rei lleixà son lloc al noble en Ramon Folc e al noble en Bernat de Sarrià, que li retessen les illes per ell; e així es féu e es complí. E lo senyor rei anà e treballà en aquell viatge que anc pau no poc endreçar que es feés entre el rei Carles, son sogre, ni el rei de Sicília son frare, ans se'n tornà en Catalunya; de què les gents hagren plaer gran con Déus l'hac tornat sans e viu, e madona la reina atretal.

E així lleixar-vos he a parlar dels fets de Sicília, e tornar-vos he a parlar del rei don Ferrando de Castella, qui per son mal consell desafià lo rei d'Aragon, con les paus foren fetes del rei Carles, no anà a llong de temps a avant. E alscuns diran: "Con se'n passa en Muntaner així sumàriament d'aquests fets?" E si a mi ho deien, jo diria que paraules hi ha qui no han respost.

187

Com lo senyor rei d'Aragó se posà en son cor dels desafiaments que el rei de Castella li hac trameses, donà-se'n gran honta, e dix que mester era que el ne feés penedir; e manà al senyor infant en Pere que s'aparellàs ab mil cavalls armats e ab cinquanta mília hòmens de peu, e intrassen nou jornades en Castella per Aragó, e lo senyor rei entraria per lo regne de Múrcia així mateix ab gran poder. Què us en faria pus noves? Que així con lo senyor rei ho dictà, així es complí; que el senyor infant en Pere intrà ab mil hòmens a cavall armats, de catalans e d'aragoneses, en Castella, e ab ben cinquanta mília almogàvers; e intrà ben nou jornades intre Castella, així que assetjà la ciutat de Lleon, e hi trasc ab trabucs.

Ara vos lleixaré a parlar del senyor infant, qui té

assetjada la ciutat de Lleon, qui és dintre Castella ben a vuit jornades d'Aragó, e tornar-vos he a parlar del senyor rei d'Aragó, qui se n'intrà per lo regne de Múrcia, ab grans gents per mar e per terra.

188

E en lo primer lloc on ell venc del regne de Múrcia fo Alacant, e combaté la vila e la pres; e puis muntà al castell, quí és dels bells castells del món, e pensà'l de combatre tan fort, que sus per la muntanya a amunt el senyor rei, son cos, se'n muntà, ab molts cavallers a peu, estrò a la porta del castell; e un poc llunyet de la porta hac un tros de mur qui era enderrocadís, e per aquell lloc, per força d'armes, esvaïren lo castell. E siats cert que lo senyor rei, son cos, fóra estat lo primer que hi fóra intrat, si no fos un cavaller bo e expert, de Catalunya, per nom en Berenguer de Puigmoltó, qui tirà lo senyor rei e cridà:

— Ah, senyor! Què serà açò? Lleixats-nos entrar primers.

E lo senyor rei sol no l'escoltà, ans se mès avant; e lo dit en Berenguer de Puigmoltó saltà avant; e un altre cavaller. E aquells de dins van-se aquí defendre, així que per cert aquells dos cavallers foren morts si no fos lo senyor rei, son cos, qui ab l'espaa en la mà e ab l'escut abraçat, donà salt dins; e així lo terç que hi entrà dins fo.

E con lo senyor rei fo dins, e en Berenguer de Puigmoltó e l'altre veeren lo senyor rei que els fo de prop, pensaren-se d'esforçar, e lo senyor rei mès-se davant l'escut; e un cavaller qui era dins, companyó d'en Nicolàs Peris, qui era alcaid del castell, qui era gran e valent, tramés una ascona muntera, que tenia en la mà, al senyor rei, e donà-li tal colp per lo quarter primer de l'escut, que més de mig palm la passà dins. E lo senyor rei saltà dins, avant, qui era jove e trempat, e va-li tal donar per mig del cap, de l'espaa, que el capmall que portava

398

no li valc un diner, que entrò en les dents lo fené; e puis va-li trer l'espaa del cap, e va'n ferir altre, que el braç ab tot lo muscle n'avallà en terra. Què us diré? Lo senyor rei, de la sua man n'espeegà cinc en aquell lloc.

E entretant les gents atenien, e entraven per aquell portell; e en Berenguer de Puigmoltó no es partia del senyor rei, e així mateix feia d'armes que meravella era. Què us diré? Que ab molta cavalleria qui fo entrada aprés del senyor rei, se n'anà lo senyor rei a la porta del castell, on era en Nicolàs Peris, l'alcaid, ab l'espaa en la man dreta e ab les claus del castell en la mà sinestra, e aquí ell se defensà; mas poc li valc son defensar, que aquí fo tot especejat. E així lo castell fo pres, qui és dels reials castells del món.

E con lo castell fo pres, lo senyor rei manà que l'alcaid no fos soterrat en cimenteri, ans lo donà per mal e féu gitar lo cos als cans. Per què, en veritat, senyors qui oïts aquest llibre, guardats-vos, con empararets castells per senyor, que qui castell empara per senyor, la primera cosa en què li deu anar lo cor és que li salve lo castell a son senyor, e l'altra, que en pusca eixir a honor de si e de son llinatge. E no els va lo cor així a molts qui ara reeben castells, ans la primera cosa en què pensen, pensen: "Aitant he de guàrdia del castell, e per aitant trobaré un escuder qui el me tendrà, e aitant me'n sobrarà cascun any". Per què aquells qui açò pensen fan foll pensament; per què en són molts cavallers, e altres bons hòmens, estats morts e consumats, e llurs senyors los han donats per traïdors. Que aquest cavaller, alcaid d'Alacant, per nom Nicolàs Peris, hi morí e el defensá mentre vida li bastà, a ell ni a aquells qui ab ell eren; mas per ço con no hi tenia tanta companya con tenir-hi devia e de què prenia sou del rei de Castella, e no hi havia mès en obra ço que en prenia cascun any del rei de Castella, e per cascuna d'aquestes coses fo donat per traïdor. E així dic-vos que dels grans perills del món és tenir castell per senyor, per gran pau que sia; que en un dia o en una nit ve ço que jamés no es cuida hom que venga.

E així, con lo dit senyor rei hac pres lo castell, comanà'l a en Berenguer de Puigmoltó; e féu gran raó, que ben li ho havia servit. E puis anà-se'n a la vila e en Ramon Sacoma, e en Jacme Bernat e en Saverdum, qui eren del mellors d'Alacant, ab tots los altres feeren sagrament e homenatge al senyor rei. Que avallaren a ell a la vila d'avall con veeren que el castell era perdut, e coneixien que no es podien pus tenir en la vila, dintre, vella; que per cert, si el castell no fos estat pres, ells null temps no foren estats retuts al senyor rei. Per què Déus e el rei de Castella e tot lo món los ne tenc per escusats; e lo rei de Castella, con ho sabé, los donà per bons e per lleials, e donà per traïdor en Nicolàs Peris, així con lo senyor rei d'Aragó havia fet; e conec que el senyor rei d'Aragó havia fet con a bon senyor e cavallerós, qui per mal l'havia donat.

E con lo senyor rei hac ordonat Alacant, anà-se'n a Elx, e posà setge a Elx, e hi trasc ab trabucs. E dins aquell temps que el setge se tenia, hac tota la Vall d'Etla e de Noetla, e Nampot, Asp, Petrer, la Mola. E hac Criveleny, que l'arrais de Criveleny se'n venc a ell e es féu son hom e son vassall. E puis hac Favanella, Callosa e Guardamar. Què us diré? Tant tenc assetjat Elx, que l'hac, e es reté a ell. E puis hac Oriola e lo castell, que li reté Pero Roís de Sant Cebrià, qui n'era alcaid, que el li reté con veé que la vila d'Oriola hac haüda; e hac gran raon que li retés lo castell sens colp e senes costada, e un dels pus forts castells e dels pus reials és d'Espanya; e així podets entendre aquell cavaller con féu gran bondat e gran cortesia, que així reté lo dit castell al senyor rei. E aprés hac lo castell de Muntagut, e la ciutat de Múrcia, e Cartagènia, e Llorca, e Molina e molts d'altres llocs, los quals és ver que la major part pertanyien que devien ésser per just títol del dit senyor rei, segons que ja davant havets pogut entendre, en lo temps de la conquesta del regne de Múrcia.

E con lo senyor rei hac haüda la ciutat de Múrcia e la major part del regne, establí la terra, e lleixà-hi per procurador lo noble en Jacme Pere, son frare, ab molta bona cavalleria que hi lleixà ab ell; e venc-se'n al regne de València.

189

E con fo tornat al regne de València, a ell vengren noves que l'infant en Pere, son germà, de malaltia era mort al setge de Lleó, e en Guillem d'Angleola. E lo senyor infant en sa malautia féu així ben tota sa orde con a bon crestian pertanyia, que tots los sagraments de santa Esgleia pres molt devotament, així con a bon crestian e net e pur que ell era, que anc no hac coneguda dona carnalment mas madona Guillema de Montcada, sa muller. E con ell passà d'aquesta vida, féu així bona fi con crestià del món pogués fer; e pregà a tuit que dol no es feés d'ell entrò la host fos tornada en Aragon ab lo seu cos, e que als seus peus fos enterrat lo dit en Guillem d'Angleola, així con aquell qui en mort e en vida li havia tenguda bona companyia. E així la host llevà's del Lleó, e ab lo cos del senyor infant e d'en Guillem d'Angleola tornaren-se'n en Aragon. E con foren en Aragon e lo senyor rei ho sabé, fo molt despagat de la sua mort, e féu-hi retre son deute així con bon senyor deu fer a son car frare e bo; sí que el dit senyor infant fo molt plant per totes les gents. Déus per sa mercé haja la sua ànima, així con de bon senyor e just e dreturer deu haver.

Ara vos lleixaré a parlar del senyor rei d'Aragon, e tornaré a parlar dels fets de Sicília.

190

Com lo senyor rei d'Aragon fo vengut, la segona vegada que anà al papa, e a Nàpols e en Sicília, e no poc haver feta pau entre lo rei de Sicília son frare e el rei Carles son sogre, el duc Robert, fill major del rei Carles, fou romàs en Sicília, en la ciutat de Catània; que ser Virgili e en Napoleon, dos cavallers de Catània, li hagren retuda la ciutat, e puis així mateix li fo retut Paternò, e Adernò e d'altres llocs. La guerra era molt gran en Sicília, que el duc hi havia gran poder de cavalleria, que bé hi havia tres mília cavalls armats; e lo rei de Sicília no n'hi havia pus de mil cavalls armats, de catalans e d'aragoneses, e tots dies aquells del senyor rei de Sicília guanyaven sobre ells.

191

E esdevenc-se que tres barons de França vengren en Sicília en ajuda del rei Carles, per venjar la mort de llurs parents qui eren estats morts en la guerra de Sicília en temps del senyor rei en Jacme. E aquests tres barons amenaven ab si tres-cents cavallers de França, tots triats, qui eren dels mellors de França, e meteren-los nom "los cavallers de la mort"; e vengren en Catània ab cor e ab volentat que de tot en tot se combatessen ab lo noble en Guillem Galceran, comte de Catancer, e ab don Blasco d'Alagó, qui eren de part del senyor rei de Sicília. E açò juraren, sí que con foren a Catània, tothom los deia "los cavallers de la mort", així com ells s'havien mès lo nom.

Què us diré? Ells saberen un jorn que el comte Galceran e don Blasco eren en un castell de Sicília qui ha nom Gallano, e tots tres-cents cavallers, ab molta gent arreats e d'altres qui els volgren acompanyar, anarense'n a Gallano. E lo comte Galceran e don Blasco saberen-ho, que en aquell pla de Gallano eren venguts; e regonegueren la gent que havien, e trobaren que no tenien mas dos-cents hòmens a cavall e estrò a tres-cents de peu; e hagren llur acord que de tot en tot los eixissen a batalla. E a alba de dia eixiren de Gallano, batalla arrengada, les trompes e les nàcares sonant; e els cavallers de la mort, qui els veeren, així mateix regonegueren quants eren, e atrobaren que tota hora eren ben cinc-cents hòmens a cavall, de bona gent, e molts hòmens de peu, de llur país.

E con cascuna de les hosts se veeren, los almogàvers del comte Galceran e de don Blasco cridaren:

— Desperta, ferres! Desperta!

E tots a colp van ferir dels ferres de les llances en les pedres, sí que el foc ne feia cascun eixir, així que paria que tot lo món fos llumenària, e majorment con era alba. E los francesos, qui veeren açò, meravellaren-se'n e demanaren què volia allò dir; e cavallers qui hi havia, qui ja s'eren atrobats ab almogàvers en Calàbria en fet d'armes, digueren-los que açò era costuma d'ells, que tota hora que entraven en batalla despertaven los ferres de les llances. Sí que dix lo comte de Brenda, qui era un dels comtes de França:

— O Déus! —dix ell—, què serà açò? Ab diables nos som atrobats, que aquell qui ferre desperta, par que en cor haja de ferir. E creu que nós hajam trobat ço que anam cercant.

E llavors senyà's e comanà's a Déu, e, batalla arrengada, van-se ferir los uns e'ls altres.

E lo comte Galceran e don Blasco no volgren fer davantera ni saguera, ans tots plegats, la cavalleria de la banda sinestra e los almogàvers de la dreta, van ferir la davantera d'aquells, en tal manera que parec que tot lo món ne vingués. E la batalla fo molt cruel, e los almogàvers van trametre los dards que endiablia fo ço que ells ne feeren; que a l'entrar que ells feeren en ells, més de cent hòmens a cavall, qui mort lo cavaller, o el cavall, n'anaren en terra, dels franceses. E puis van trossejar les llances e esbutllar cavalls, que així anaven entre ells con si anassen per un bell jardí. E lo comte Galceran e don Blasco van-se faixar ab les senyeres dels franceses, en tal manera que a terra les gitaren totes. E llavors veérets fets d'armes, e colps pendre e donar, que anc de tan poca gent no fo tan gran batalla e tan cruel; sí que açò durà estrò a hora de migdia, que null hom no pogra conèixer quals n'havien lo mellor, sinó tan solament en les senyeres dels francesos qui eren totes abatudes, salvant aquella del comte de Brenda, que ell llevà con lo seu senyaler fo mort e la comanà a altre cavaller. E con los catalans e aragonesos veeren que aquells se tenien tan fort, moc-se un crit entre ells, e cridaren:

— Aragó! Aragó!

E llavors aquell nom escalfà'ls tots, e van tan règeu ferir, que açò fo la major meravella del món, així que dels cavallers francesos no en foren romases pus de vuitanta, e foren-se'n pujats en un cabeçó, e llavors lo comte Falceran e don Blasco, rompent, van ferir en ells. Què us diré? Que tots s'emportaren lo nom que havien aportat de França, que ells s'havien mès nom "los cavallers de la mort", e tots moriren; que de tots tres-cents, ne encara dels altres qui ab ells eren, no n'escaparen mas solament cinc hòmens a cavall alforrats, qui eren de Catània, qui anaven ab ells per pilots, los quals fugiren.

E com tots foren morts, la companya del comte Galceran e de don Blasco llevaren lo camp, e podets dir que hagren tant guanyat, que per tots temps ne foren rics aquells qui en aquella batalla foren. E regongueren quanta gent havien perduda, e trobaren que havien perduts estrò a vint-e-dos hòmens a cavall e trenta-e-quatre hòmens de peu. E així alegres e pagats, con hagren llevat lo camp, entraren-se'n en Gallano, e feren ben pensar dels nafrats. E la novella anà al senyor rei de Sicília, qui era a Nicòsia, e hac-ne gran plaer, ell e tots aquells qui ab ell eren. E quatre jorns depuis fo feta la batalla, lo comte Galceran e don Blasco corregueren Paternò e Adernò, e llevaren gran presa de francesos qui eren venguts de Catània, al bosc, per llenya e per herba; e havia-hi ben dos-cents cavallers de francesos qui hi eren anats per guarda d'aquelles azembles, qui tots foren morts e preses. E així, en aquella saó, hagren gran dol a Catània per la mort dels cavallers de la mort e dels altres; e així mateix n'hac gran dolor lo rei Carles e el papa con ho saberen, sí que el papa dix:

— Nós cuidàvem haver fet, e res no havem fet; que par-nos que la Sicília així la'ns defendrà aquest con son pare e son frare han fet; e si ben s'és fadrí, ell mostrarà de qual casal és eixit. Per què creu que a la fi, si per pau no l'havem, jamés no n'haurem res sinó damnatge.

192

E con lo rei Carles sabé açò, féu aparellar a Nàpols son fill, lo príncep de Tàranto, e lliurà-li mil dos-cents cavallers, entre franceses e proençals e napoletans, tots de bona gent; e féu aparellar cinquanta galees, totes obertes per popa, e recolliren-se. E lo rei Carles manà a son fill, lo príncep, que de tot en tot se n'anàs dretament a la platja de Cabo d'Orlando, per ço con era llur la Nogata, e la Figuera, e el Cabo d'Orlando, e lo castell de Sent Marc, e Castelló e Francavila; e així, que valia més que presés terra lla en salvu, en llur terra mateixa, que si en altra part feia host per si mateix; que lla havia gran cavalleria del duc, qui tantost serien ab ell, e, encara, que n'haurien gran refrescament dels llocs qui es tenien per ells; e que d'aquell lloc tota hora podien anar a Catània per llur terra e qui per ells se tenia.

E segurament lo rei Carles deia la dreta via, a qui creure'l en volgués; mas lo jovent no s'acorda a vegades volenters ab la saviea, ans s'acorda més ab la volentat. E així lo príncep, ab tota aquella gent, recollí's a Nàpols, e pres comiat del rei Carles son pare, qui el senyà e el beneí, e el somoní de bé a fer, ell e tots aquells qui ab ell eren; e tuit besaren-li les mans, e recolliren-se, e feeren la via de Tràpena. Veus con los membrà bé ço que el rei los havia dit, que tuit digueren al príncep:

— Senyor, al pus lluny que puscam del duc, prengam terra, e puis, senyera llevada, irem-nos-en a Catània, afogant e cremant tot ço que davant nos trobarem: que vergonya seria a vós e a nós que tantost vos mesclàssets ab lo duc, e parria que per vós mateix no gosàssets res fer.

E així lo príncep, cresent aquest consell, e no membrant ço que el rei Carles li havia manat, venc-se'n a Tràpena.

E con les veles passaren davant cap de Gall, les guàrdies veeren que feien la via de Tràpena, e tantost anà'n missatge al senyor rei de Sicília, qui era a Castrojoan; que per ço estava en Castrojoan con és enmig de la illa e que tantost pogués acórrer ça o lla. E con sabé que el príncep feia la via de Tràpena, tramés per sos barons, per tota Sicília, que atenessen a ell a Calatafim, on trobarien ell; e així mateix ho tramés a dir a n'Huguet d'Empúries, qui era a Rèjol, en Calàbria. E con cascun hac lo missatge, pensaren d'atendre al senyor rei. E el príncep hac haüt tan bon temps, que abans que el senyor rei hagués tota la gent aplegada, hac presa terra a les Seques de Tràpena, entre Tràpena e Marsara; e aquí posà los cavalls e tota sa gent en terra. E venc-se'n a Tràpena, e combaté-la, e no hi poc res fer, ans hi pres damnatge; e així llevaren-se'n e anaren-se'n a Marsara. E lo senyor rei fo-li davant ab aquella gent, qui eren tro a set-cents hòmens a cavall e quatre mília almogàvers; e era ab lo senyor rei lo comte Galceran, e don Blasco d'Alagó, e en Ramon de Montcada, e en Berenguer d'Entença, e d'altres cavallers molts e bons.

E con les hosts se veeren, cascuns se meseren en orde de batalla; e el comte Galceran, e en Guillem Ramon de Montcada e don Blasco d'Alagó hagren la davantera del senyor rei de Sicília, e meteren la peonada a la banda dreta, e la cavalleria a la sinestra. E con los almogàvers veeren que eren prop de ferir, cridaren tuit:

— Desperta, ferres!

E tuit donaren dels ferres de les llances per les péres, sí que paria que fos una gran llumenària; de què fort s'espaventaren tots aquells de la host del príncep con saberen la raon, així con saberen los cavallers de la mort davantdits. E així, les senyeres de les davanters de cascunes parts s'acostaren, e van-se ferir tant fortment, que açò fou una gran meravella.

E con la davantera del senyor rei de Sicília hac ferit, lo senyor rei, qui era bé arreat e sobre bon cavall, e ell qui era nin e jove, e bon d'armes e coratjós, no volc pus esperar, ans se n'anà tot dret lla on viu la senyera del príncep, e va ferir tan vigorosament, que ell, son cos, donà tal de la llança al banderer del príncep, que en terra mès ell e la bandera. E llavors veérets fets d'armes al príncep, que així mateix era gran, e soberg, e nin e jove, e del bons cavallers del món; que meravella era ço que feien lo senyor rei e ell, cascun de sa persona. Què us diré? Que a la pressa que el príncep volc llevar la sua senyera, s'ajustaren de la una part e de l'altra tota la bona cavalleria; e lo senyor rei no es partia de la pressa, ans contrastava que la senyera del príncep no es llevàs, e defenia la sua que no pogués caer. E en aquella pressa encontrà's lo senyor rei ab lo príncep, e conegren-se, de què cascun hac gran plaer; e llavors veérets-los abdosos combatre cos per cos, que segurament que cascun podia dir que havia trobat ben son companyó; sí que en tal manera s'adobaren, que cascun després sobre l'altre totes quantes armes havia. E a la fin lo senyor rei donà tal de la maça al cap del cavall del príncep, que el cavall fo fora de tot son seny e va caure en terra; e tantost con fo caüt lo príncep, un cavaller, per nom Martí Peris d'Eros descavalcà, que conec que era lo príncep, e volc-lo matar; e el rei dix:

— No sia! No sia!

Sí que lo senyor rei volc davallar, e llavors en Martí

Peris d'Eros cridà.

— Senyor, no avallets, que jo el guardaré que no muira, pus vós ho volets.

E així lo senyor rei pot dir que fo bon padrí aquell dia al príncep, que per Déu e per ell hac vida restaurada. Déus vulla que li'n reta bon mèrit, jatsessia que sia raon justa que gentil sang deu guardar sa par.

E con lo príncep conec que aquí era lo rei, e encara que tant s'era ab ell combatut, reté's a ell; e el senyor rei comanà'l al dit Martí Peris d'Eros, e a son germà en Pere d'Eros e a en Garcia Eixemenis d'Aibar. E con los hac comanat, anà per lo camp ab la maça en la mà e lla on veia la major pressa; e féu tant d'armes aquell dia, que tothom pot conèixer que el fill era del bon rei en Pere e nét del bon rei en Jacme. Què us diré? Així gai anava per lo camp, abatent cavallers e a enderrocar cavalls, con fo lo lleon entre les bèsties.

E dels almogàvers vos he dir què colp s'hi féu per un almogàver qui havia nom Porcell, qui fo puis de ma companya en Romania; que ab coutell de tall donà tal a un cavaller francés, que la gambera e la cama n'anà en un colp, e encara ne mès ben mig palm per la illada del cavall. Dels dards no us ho cal dir, que colp de dard hi hac qui passà lo cavaller que el feria, per l'escut; que l'escut e el cavaller guarnit passava ultra. E així la batalla fo vençuda, e tota aquella gent del príncep qui en terra eren, foren morts e preses.

E lo senyor rei, con la batalla fo vençuda, tramés a Tràpena, e a Marsara, e a Calatafim e a Calatamaure que tothom aportàs pa e vi, que ell volia tot aquell jorn estar al camp, e que la sua gent llevassen lo camp, e que fos de tothom ço que hauria guanyat; que ell no en volia mas lo príncep e tot senyor de senyera qui fos pres; los altres fossen de qui els havia guanyats o preses. E així lo refrescament venc gran al camp, e tothom menjà e bec a sa volentat, e lo senyor rei mateix hi féu metre les sues tendes, e aquí ell menjà ab tots sos rics-hòmens. E així mateix, en una bella tenda ell féu reposar lo príncep, e el desarmaren, e feeren-li venir metges que li adobaren una gran ferida de bordó que tenia per la cara, e d'altres nafres; e aparellaren-li molt ricament a menjar, e manà lo senyor rei que fos ben pensat.

E aquell dia reposaren tuit al camp, en les tendes; e la gent llevaren lo camp, sí que no hi havia negun que no hagués guanyat sens fin. E a la nuit lo senyor rei, ab tota sa host, alegres e pagats, e ab lo príncep e ab los altres presons, ell se n'entraren en Tràpena e aquí estegren quatre jorns. E puis lo senyor rei manà que el príncep fos amenat al castell de Xifal·ló, e lla que fos ben guardat e ben pensat; e los altres presons, rics-hòmens, féu així mateix departir per los castells, e els comanà a diverses cavallers. E així con ho manà, així es complí; que feent poques jornades, lo príncep fo amenat a Xifal·ló, e li fo ordonada la guàrdia aital con tanyia a senyor. E con tot açò fo fet, lo senyor rei e els cavallers, cascun en son lloc, tornaren-se'n a la frontera.

E així lleixar-vos he a parlar d'ell, e tornaré a parlar del duc e del rei Carles.

193

Com lo duc sabé la presó de son frare, e el desbarat que havia haüt, e lo gran dan que havia pres, podets pensar con fo despagat; e lo rei Carles sobre tots los altres. E totes les gentils cases de Nàpols foren òrfens de senyors. E així mateix lo papa, con ho sabé, fo molt dolent; e si anc dix res con sabé la mort dels cavallers de la mort, bé en dix ara dos tants; que dix que per consumat tenia lo tresor de sent Pere si ab aquest rei Frederic no havia pau. Sí que tramés un cardenal en França ab missatgers del rei Carles, qui així mateix hi anaren a pregar lo rei de França que trametés son frare, misser Carles, en Sicília en ajuda del duc; que si no ho feia, que fes compte que el duc havia a fer de dues coses la una: o havia a desemparar tot ço que tenia en Sicília, o hi havia ésser mort o pres; e que el papa que es proferia que daria a misser Carles, del tresor de l'Esgleia, aquell sou que a ell plauria a tots aquells cavallers que amenàs; e pregà'l que si fer-ho podia, que amenàs cinc mília cavallers ab ell, que ell lo bastaria de moneda.

E així los missatges del rei Carles e el cardenal anaren en França e posaren lo fet davant lo rei de França e els dotze pers. E a la fi fo acordat que per res lo rei Carles no fo desemparat, ne sos fills, per la casa de França, que la honta e el dan del rei Carles més s'esguardava a la casa de França que a neguna altra. E dic-vos que hagren bon consell; per què, si aital feien los altres reis del món, que ajudassen a aquells qui d'ells serien eixits, mills los estaria e en serien mills dubtats que no són con los desemparen. E així fo acordat que misser Carles, son cos, hi vengués, e que es percaçàs de rics-hòmens e de cavallers, aquells que li plagués, que tot ho pagaria l'Esgleia. E misser Carles pres lo viatge volenters; de què, si li plagués, se pogra estar, que assats li bastava que presés la donació del regne d'Aragó contra lo senyor rei en Pere, son avoncle; e que ara haja pres lo viatge contra lo rei de Sicília, qui és son cosí germá, molt en mal li deu ésser vocat. E per aitals desconeixences cascun pot veure con vénen los fets, que cents anys ha que la casa de França no féu res de què li vengués honor, ans los és venguda tota deshonor; e sí es farà a tots aquells qui no van ab veritat e ab justícia.

Ara vos lleixaré a parlar de misser Carles de França, qui va percaçant la gent qui ab ell deu passar en Sicília, e tornar-vos he a parlar d'un valent hom de pobre afer, qui per sa valentia muntà, a pocs de temps, a més que null hom qui anc nasqués. E per ço vull parlar d'ell en aquest cas, car los afers seus qui avant se seguiran foren fets molt meravelloses e de gran cosa, e qui tots són reputats, e deuen ésser, al casal d'Aragon; e com, en partida, la cosa per què jo em són mogut a fer aquest llibre, és per les grans meravelles qui per ell se són mogudes e esdevengudes, e grans victòries que catalans e aragoneses han haüdes en Romania per lo seu començament. De les quals meravelles null hom no poria recontar la veritat con jo faç, que fui en Sicília, en la seua prosperitat, procurador general seu, e cabí en tots los seus afers majors que ell féu, e per mar e per terra; per què cascuns me'n devets creure.

194

Veritat és que l'emperador Frederic hac un falconer qui era d'Alemanya, qui havia nom ser Ritxard de Flor, e fo molt asalt hom. E donà-li muller, en la ciutat de Brandis, una donzella filla d'un honrat hom de la ciutat, qui era ric hom. E d'aquella dona hac dos fills: lo major hac nom Jàcomo de Flor, e l'altre, menor, gac nom Roger de Flor. E en lo temps que Corralí venc al regne, lo major d'aquests no havia quatre anys, ne aquell Roger no havia mas un any; e llur pare era bon d'armes, e volc ésser a la batalla de Corralí contra lo rei Carles, e en aquella morí. E con lo rei Carles hac lo regne, pres-se tot ço qui fos de negun qui fos estat de família de l'emperador ne del rei Manfré, sí que a aquests fadrins ne a llur mare no romàs mas ço que la mare hi havia aportat en dot; de l'àls foren desheretats.

E en aquell temps les naus de les maisons feien cap a Brandis, e aquí venien eixhivernar aquelles de Polla qui volien trer del regne peregrins ne viandes. E les maisons havien totes grans heretaments, e encara a Brandis, e per tota Polla e per tot lo regne. E així les naus qui eixhivernaven a Brandis, a la primavera carregaven, per anar a Acre, de pelegrins, e d'oli, e de vi, e de tota graixa e de forment. E segurament que és lo pus aparellat lloc per lo passatge d'Oltramar que negun que crestians hagen, e pus abundosa terra de totes gràcies; e és assats prop de Roma, e és lo mellor port del món; e la ciutat, bella, qui risingla tot lo port, que les cases són entrò dins la mar.

E per temps avant, con aquest fadrí Roger hac estrò a vuit anys, esdevenc-se que un prohom del Temple qui era frare sargent, per nom frare Vassall, e era nadiu de Marsella, e era comanador d'una nau del Temple e era bon mariner, e venc eixhivernar un hivern a Brandis ab la nau, e donà llats a la nau e la féu adobar. E mentre feia adobar la nau, aquell fadrí Rogeró anava per la nau e per l'eixàrcia, així con si fos un bugiot, molt lleugerament; e tots dies era ab ells, per ço con l'alberg de llur mare era prop d'allà on la nau tenia llats. E aquell prohom, frare Vassall, aaltà's tant d'aquest fadrí Rogeró, que així l'a-mava con si fos son fill; e demanà-lo a la mare, e dix-li que si l'hi lliurava, que faria son poder que fos bon hom al Temple; e la mare, per ço con li paria prohom, lliurà-l'hi volentera, e ell reebé'l. E eixí lo pus expert fadrí en mar, que meravelles feia de muntar e de totes coses, sí que con hac quinze anys, fo tengut dels bon mariners del món, de la persona e de raon de marinatge; sí que aquell prohom, frare Vassall, li lleixà fer de la nau a totes ses volentats.

E lo maestre del Temple, qui el veé així ardit e bo, donà-li lo mantell e féu-lo frare sargent del Temple. E a poc de temps que fo fet frare, lo Temple comprà de geno-veses la major nau qui en aquell temps fos feta, e havia nom "lo Falcó", e lliurà-la a aquest frare Roger de Flor. E d'aquesta nau navegà molt de temps molt sàviament e ab gran valor, sí que ab la nau s'atrobà en Acre tan bé lo Temple, que entre totes quantes naus havien, no los valien tant con sol aquesta; que aquest frare Roger fo lo pus llarg hom qui anc nasqués, que sol no s'hi féu a com-parar lo rei jove; e tot quant ell guanyava, departia e dava per los honrats cavallers del Temple e per molts amics que en sabia guanyar.

E en aquell temps Acre se perdé, e ell era al port d'Acre ab la nau, e llevà dones e donzelles, ab gran tresor e molta bona gent. E puis així mateix llevà gent a Muntperegrí, així que ell guanyà en aquell viatge sens fi. E con féu desarmar, donà molt al maestre e a tots aquells qui poder havien al Temple. E con açò fo fet, envejosos acusaren-lo ab lo maestre, dient que tenia gran tresor que li era romàs del fet d'Acre; sí que el maestre li emparà tota quanta roba trobà d'ell, e puis volc-lo pendre en persona. E ell sabé-ho, e desemparà la nau al port de Marsella, e venc-se'n en Gènova; aquí trobà misser Tisí d'Òria e d'altres amics que havia sabuts guanyar, e man-llevà d'ells tant, que comprà una bona galea per nom "l'Oliveta", e armà-la molt bé.

E ab la galea se'n venc a Catània al duc, e proferí's a ell que li valria de la galea, en la guerra, e de les persones. E lo duc no l'acollí bé de fet ne de paraula; e sí hi estec tres jorns que un bon respost no en poc haver. E e'l quart jorn ell li tornà davant e dix-li:

— Senyor, jo veig que a vós no plau que jo sia en vostre serviï, per què vós coman a Déu, e iré cercar altre senyor a qui plàcia.

E lo duc respòs-li que anàs a la bona ventura. E tantost ell se recollí, e venc-se'n a Messina, on trobà lo senyor rei Frederic; e venc-li davant, e proferí's a ell així con havia fet al duc. E lo senyor rei acollí-lo molt graciosament e li féu gràcies de la proferta, e tantost féu-lo de sa casa, e li assignà ració bona e honrada. E ell féu-li homenatge, ell e tots aquells qui ab ell eren venguts.

E frare Roger, qui hac vist tan bell acolliment e tan honrat que lo senyor rei li hac fet, tenc-se'n molt per pagat. E con hac estat vuit jorns ab lo senyor rei e hac refrescada tota sa gent, ell pres comiat del senyor rei e féu la via de Polla; e pres una nau carregada de viandes, del rei Carles, qui anava a Catània al duc, e mès-hi de la companya de la galea, e d'aquells de la nau en la galea, e tramés la nau a Saragossa, qui era de tres cobertes, carregada de forment e d'altres viandes. E aprés pres ben deu tarides, així mateix carregades de viandes, que el rei Carles trametia al duc; e ab aquestes tarides ell se'n venc a Saragossa, on havia gran freitura de vianda; e ab la galea així mateix mès-ne e'l castell d'Agosta. Què us diré? Que d'aquella presa forní Saragossa, e el castell d'Agosta, e Lentí e tots los altres llocs qui per lo senyor rei se tenien, que entorn de Saragossa fossen, així con era Vola e d'altres llocs. E pensà de vendre les viandes a gran mercat a Saragossa, e en tramés a Messina. E dels diners ell pagava los soldaners qui eren als castells de Saragossa, e en la ciutat e a Agosta, e a Lentí e als altres llocs; sí que tothom pagà, qui en diners, qui en vianda, de sis mesos; així ho restaurà tot. E con açò fo fet, sobrà-li encara guany, que havia fet ben vuit mília onces; e venc-se'n a Messina, e tramés al senyor rei mil unces en bells carlins, e pagà los soldaners qui eren ab lo comte d'Esquilaix a Rejo, e a Calana, e a la Mota, e al castell de Santa Àgata e a Pendedàtil, e a l'Amandolea, e a Giraix, ço és a saber, en diners e en viandes, així mateix de sis mesos.

E puis armà tantost quatre galees, ultra la sua, les quals pres del darassanal. E con les galees hac armades, tantost féu la via de Polla altra vegada, e pres a Otrento la nau d'en Berenguer Samuntada, de Barcelona, qui era carregada de forment del rei Carles, gran nau de tres cobertes que el rei Carles trametia a Catània, e amarinà-la e tramés-la a Messina. E donà gran divícia a la ciutat, ab d'altres naus e llenys que pres, que hi tramés així mateix carregades de viandes, més de trenta; així que fo infinitat ço que ell guanyà e el bé que ell féu a Messina, e a Rèjol e a tota l'encontrada, que féu gran cosa.

E com tot açò hac fet, comprà ben cinquanta bèsties

totes bones, e encavalcà escuders catalans e aragoneses que reebé de sa companya, e es mès deu cavallers de catalans e aragonesos en son alberg. E ab molta moneda anà lla on lo senyor rei era, e trobà'l a Plaça; e aquí ell li donà més de mil unces en diners, e donà a don Blasco e a Guillem Galceran e a en Berenguer d'Entença sobre tots, ab qui s'acostà de tal amor, que es feeren frares, e que tots temps fos comun ço que ells haguessen. Què us diré? No hi hac ric-hom ne cavaller que no presés sos dons. E en tots los castells que venia, ell quitava los soldaners de sis meses; enaixí que enfortí lo senyor rei, e refrescà així la sua gent, que ell féu que u ne valia dos.

E lo senyor rei, qui hac vista la sua bondat, féu-lo vicealmirall de Sicília, e de son consell, e li donà lo castell de Trip, e lo castell de Licata e les rendes de Malta. E frare Roger, qui veé la honor que el senyor rei li hac feta, jaquí la sua companya de cavall ab lo senyor rei, e lleixà per llur cap dos cavallers, per nom la u en Berenguer de Mont-roig, e l'altre misser Roger de la Macina, e lleixà'ls moneda per messió. E ell pres comiat del senyor rei, e venc-se'n a Messina; e armà cinc galees e un lleny, e pensà de batre tot Principat, e Paltja Romana, e la ribera de Pisa, e de Gènova, e de Proença, e Catalunya, e Espanya e Barbaria. E tot ço que trobava, d'amics e d'enemics, qui fos moneda e bona roba que pogués metre en galees, ell prenia; e als amics feia carta de deute, e deia-los que con pau seria, que els pagaria; dels enemics prenia així mateix ço que bon los trobava, e lleixava-los los llenys e les persones, que a negú no feia mal de la persona, e així cascun se partia pagat d'ell. Així que en aquell viatge guanyà sens fin d'aur, e d'argent e de bones robes, aitant com les galees ne pogueren portar; e així, ab aquell guany tornà-se'n en Sicília, on tots los soldaders, així de cavall con de peu, l'esperaven així com los jueus fan Messies.

E con fo a Tràpena, oí dir que el duc era vengut sobre

Messina e que la tenia assetjada per mar; venc-se'n a Saragossa, e aquí desarmà. E si anc los soldaders l'esperaven ab gran fiança, ell los pensà d'acórrer, que tothom que trobava, així de cavall com de peu, con guàrdies de castells, e en Sicília e en Calàbria, ell quità d'altres sis meses, així que tots los soldaders foren així en bona volentat, que un ne valia més que dos no solien valer. E puis tantost féu-se venir sa companya, e així mateix quità-la; e tramés al senyor rei gran refrescament de moneda, e a tots los rics-hòmens.

195

Ara és ver que el duc sabé que en Messina no havia molta vianda, e pensà's que la podia destrènyer, pus ell ab sa host se n'anàs a la Gatuna e l'estol que estegués aquí, que lleny ne barca ab forment no pogués entrar a Messina ne a Rèjol, e així, que podia dos setges tenir; e assenyaladament podia destrènyer Messina, que per terra no li vengués secors, con ell tenia Millàs, e Montfort, e Castelló e Francavilla e Jais e Catània. E així ordonà les fronteres, que lleixà a Catània, e a Paternò, e a Adernò, e a Tserò e als altres llocs, companya; e venc a Messina ab tot son estol, qui eren més de cent galees, e pres terra a Rocamador. E puis venc-se'n al Burg, lla on s'ajusta lo mercat, e el cremà e l'afogà; e puis venc al darassanal, e cremà-hi dues galees, e les altres li foren defensades. Què us diré? Que tots dies nos donava gran batalla, e jo pusc-vos-ho dir, que jo fui dins lo setge del primer dia entrò al darrer, e havia dejús ma conestablia de la torre de Santa Clara entrò al palau del senyor rei; e segurament que en aquell portàvem més d'afany que en lloc de la ciutat. Què us diré? Que assats nos daven què fer, qui per mar, qui per terra.

E lo senyor rei de Sicília féu aparellar don Blasco e el comte Galceran, e ab set-cents hòmens a cavall, escut a coll, e dos mília almogàvers, ell los tramés acórrer Messina. E ells eren tals que no venien per cor que entrassen a Messina entrò que es fossen combatuts ab lo duc; e no creats que ells guardassen àls, que ab aquell cor venien tots. E con foren a Trip, ells trameteren a nós que al matí, a alba de dia, serien davant Messina, e que nós feríssem d'una part, e ells d'altra, en la host del duc.

E així nós, ab gran alegre, aparellam-nos d'eixir al matí e de ferir. E la nuit lo duc ho hac sabut, e con fo jorn ja se'n foren tots passats en Calàbria, que un no en fo romàs, salvant que jaquiren alcunes tendes que no pogueren llevar, que el jorn los sobreprès. E així, con alba se féu, don Blasco e el comte, ab tota la companya, arreats de la batalla, ells foren en la muntanya sobre Matagrifó. E aquells de la ciutat foren aparellats d'eixir, e con guardaren, no trobaren negun, que tots se'n foren passats en Calàbria, a la Gatuna, e lla ells se posaren.

E així don Blasco e el comte Galceran, ab aquella companya, entraren a Messina, e tots foren molt despagats con no trobaren batalla; sí que n'Eixiverre de Josa, qui portava la senyera del comte Galceran, los tramés a la Gatuna un joglar ab cobles en què els feia a saber que eren aparellats, que si volien tornar a Messina, que els lleixarien pendre terra salvament, e puis que es combatrien ab ells. E res d'açò no volgren fer, que ells dubtaven aquests dos rics-hòmens més que persones qui fossen e'l món; e devien-ho fer, que molt eren bons cavallers e de gran valor e moltes batalles los havien vençudes.

196

E així lo setge durà tant, que Messina fo a ventura de desemparar per fam. E sí hi entrà lo senyor rei dues vegades, que cascuna vegada hi mès més de deu mília bèsties carregades de forment e de farina, e molt bestiar; mas tot era no res, que forment qui venga per terra no res munta, que la cavalleria e les gents qui l'acompanyavem se n'han menjat gran res con se'n són tornats. E així la ciutat estava molt destreta.

E frare Roger, qui sabé açò, havia sis galees a Saragossa, e comprà'n quatre que n'havia entre Palerm e Tràpena, de genoveses, e així hac deu galees. E carregàles a Xaca de forment, e venc-se'n a Saragossa, e esperà que es metés fortuna de xaloc o de migjorn. E con la fortuna fo, que era tan gran que tota la mar n'anava en sang, que null altre hom no s'ho gosara pensar qui no fos així bon mariner com ell, féu vela de Saragossa con hac donat part a la nuit, e en alba de dia ell fo en Boca de Far. E en Boca de Far és la major meravella del món, con res hi ha durada con fortuna de xaloc o de migjorn hi ha, que les carreres hi són tan grans e la mar hi cava tan fort, que res no hi ha durada.

E ell, ab la sua galea primera, pensà d'entrar, ab los artimons bords que havia ferrats. E con les galees del duc les veeren, totes començaren a siular, e volgren llevar los ferres e no pogren. E així les deu galees, ab frare Roger, entraren en Messina salvament e segura, mas no hi hac negun qui hagués fil eixut. E tantost con fo a Messina, féu cridar lo forment a trenta tarins la salma, qui costava a ell més de quaranta tarins ab les messions; e pogra'l vendre a deu unces la salma, si es volgués. E així Messina fo restaurada; e l'endemà lo duc llevà's del setge e tornà-se'n en Catània. E així podets entendre si los senyors del món deuen menysprear negun, que veus aquest gentil-hom quant serviï féu al senyor rei de Sicília, qui per sa cortesia l'hac bé acollit, e quant desservei féu al duc per lo mal acolliment que li féu.

197

E con Messina fo desassetjada, tot Sicília e tota Calàbria fo ab gran goig e ab gran alegre, e el senyor rei e tots sos barons. E lo rei Carles e el papa estegren ab gran reguard e ab gran paor que el duc no s'hi perdés, e tots aquells qui ab ell eren; pensaren de trametre missatges cuitosos a misser Carles que pensàs de venir, e misser Carles venc a Nàpols e amenà ben quatre mília cavallers soldejats per lo papa. E con fo a Nàpols, pensà de muntar en les galees que el duc hi hac trameses, e en altres qui eren en Nàpols, que el rei Carles havia fetes aparellar, e ab llenys e tarides venc pendre terra a Térmens; e a Térmens lo duc, ab tota sa host, venc de Catània, e aquí feeren-se gran festa. E per bon començament, a Térmens moc-se una brega entre llatins, e proençals e franceses, tan gran que hi moriren tota hora més de tres mília persones.

E de Térmens partiren, e anaren assetjar la vila de Xaca, qui és en la façana de fora, e segurament que és la pus feble vila e la menys forts de Sicília; e estegren-hi molt de temps que hi traïen ab trabucs. E assegur-vos que molt sabera greu al senyor rei d'Aragó que aital vila assetjàs, que dins un mes, o per grat o per força, no l'hagués; e ells res no hi pogren fer. Ans lla on lo setge se tenia pus estret, e per mar e per terra, hi entrà de nuit, per la marina, un cavaller de Peralada per nom en Simon de Vallgornera, bé ab dos-cents hòmens a cavall, de catalans e d'aragoneses, e de peu molts; e aprés ell fou dins lo lloc, estegren en tal guisa que poc temeren lo setge, ans los feien gran dan. Què us diré? Lo setge durà tant, que misser Carles e el duc hagren perduts tots quants cavalls havien, per malauties, e de la gent gran partida, així que per cert entre tots no pogren fer cinc-cents hòmens a cavall.

198

E lo senyor rei Frederic estava'ls ab tot son poder a una llegua lluny, en un lloc qui ha nom Calatabel·lot; e aquí era ab ell lo comte Galceran ab sa companya, e n'Huguet d'Empúries, comte d'Esquilaix, e don Blasco, e en Berenguer d'Entença, e en Guillem Ramon de Montcada, e don Sanxo d'Aragon, frare del senyor rei, e frare Roger, e misser Mateu de Térmens, e misser Corral Llança, e molts altres rics-hòmens e cavallers, qui tots dies cridaven al senyor rei:

— Senyor, anem a Xaca, e prengam misser Carles e lo duc, que per cert a nostre salve ho podem fer.

E lo senyor rei deia:

— Barons, no sabets vosaltres que el rei de França és nostre cosí germà, e misser Carles atretal? Doncs, con podets consellar que jo vaja pendre misser Carles? Que cert som que en nostra man s'és; mas ja Déus no ho vulla que nós façam tan gran deshonor a la casa de França ni a ell, qui és cosí germà nostre, que si ara és contra nós, altra vegada per aventura serà ab nós.

Sí que per res àls no li'n podien donar a entendre. Què us diré? A misser Carles venc a saber; e con hac sabut, pensà e dix:

— Ah Déus, que dolça sang és aquesta de la casa d'Aragó! Que si bé em membra, lo rei Felip, mon frare e jo fórem morts en Catalunya si lo rei en Pere, nostre avoncle, se volgués; e havia gran raó, segons que nós li féiem, que li plagués que moríssem. E així mateix me par que el rei Frederic, son fill, fa semblant a mi, que cert són jo que en ses mans és que ens pogra haver morts o preses, e per sa cortesia e per dreta naturalea no li ho sofer lo cor. E així la desconeixença fo gran con jo venguí contra ell; per què, pus axí és la bondat llur e la malvestat nostra, cové que jo no partesca de Sicília entrò jo haja feta pau de la santa Esgleia, e d'ell e del rei Carles.

E és ver que tot era en sa mà, que ell havia poder del papa que alt e baix e tot ço que ell faria, així en guerra con en pau, fos ferm per la santa Esgleia; e semblantment havia poder del rei Carles.

Per què ell tantost tramés sos missatges a Calatabel·lot, e demanà vistes ab lo senyor rei, e que entre Calatabel·lot e Xaca ells se veesen. E la vista fo atorgada; e el jorn que la vista fo ordonada, foren cascuns d'ells a la vista, e van-se besar e abraçar. E tot aquell dia estegren abdós tot sols en parlament; e puis, la nit, tornà-se'n cascun en son lloc, e lleixaren les tendes parades per l'endemà. E l'endemà, per lo matí, foren aquí. Què us diré? Abdós tot sols tractaren de la pau, e puis mesclaren-hi lo duc e aquells que els plagué. E la pau fo així feita, que el rei Carles lleixava la illa de Sicília al rei Frederic, e que li dava sa filla per muller, madona Elionor, qui era e és encara de les pus sàvies creatures e mellor qui e'l món fos, sinó que solament madona Blanca, sa germana, reina d'Aragó; e lo senyor rei de Sicília desemparava-li tot quant tenia en Calàbria e en tot lo regne. E açò es fermà de cascuna de les parts, e que l'entredit que es llevava de Sicília, sí que per tot lo regne n'hac gran goig.

E tantost lo setge se llevà de Xaca, e misser Carles e les sues gents anaren-se'n per terra a Messina, e en cascuns llocs foren bé acollits. E el duc anà desemparar Catània e tots los altres llocs que tenien en Sicília; e vengren-se'n tuit a Messina, e el senyor rei atretal. E el senyor rei féu molta d'honor a misser Carles, e hac fet venir lo príncep, de Xifaló, e el reté a misser Carles, e aquí fo la festa gran. E misser Carles e tots los altres preseren comiat del senyor rei, e anaren-se'n per Calàbria, que el senyor rei los reté.

E a poc de temps lo rei Carles tramés madona la infanta molt honradament a Messina, on fo lo senyor rei, qui la reebé ab gran solemnitat; e aquí a Messina, en l'esgleia de madona Santa Maria la Nova, lo senyor rei la pres per muller. E aquell dia fo llevat l'entredit per tota la terra, per un legat arquebisbe qui hi venc de part del pare sant, e foren perdonats a tothom tots los pecats que en la guerra haguessen fets. E aquell dia fo posada a madona la reina la corona en testa, e fo la festa la major feta a Messina que anc s'hi feés.

199

E mentre aquesta festa se feia tan gran, quisque hagués festa, frare Roger estava en gran pensament; que ell paria que fos testard, e era lo pus savi hom del món per veure a enant. Sí que ell pensà: "Aquest senyor ha's perdut, e els catalans e els aragonesos qui l'han servit atretal, que ell no els porà res donar, e fer-li han soferir gran embarg. E ells són tals con tothom és, que sens menjar no poden viure; e així no hauran res del rei e faran carxena per força, e a la fin destrouiran tota la terra e ells morran tots per partides. E així és mester que pus tant has servit aquest senyor qui tanta d'honor t'ha feta, que tu percaç que li lleus aquesta gent de sus, a honor d'ell e a profit d'ells". E així mateix pensà de si mateix que no el feia bon aturar en Sicília, que pus lo senyor rei havia pau ab l'Esgleia, que el maestre del Temple, ab lo mal que el rei Carles e el duc li volien, que el demanarien al papa, e que el rei hauria a fer de dues coses la una: o n'hauria obeir lo papa, que l'hi donàs, o n'hauria a tornar en guerra de l'Esgleia; e així, que ell ho valria mal, que el senyor rei hagués per ell tan gran afronta.

E com tots aquests pensaments, qui eren vers, ell hac fets, venc-se'n al senyor rei, e mès-lo en una cambra, e dix-li tots aquests pensaments que havia fets. E con li ho hac dit, dix-li:

— Senyor, jo he pensat, si vós ho volets e m'ajudats, que jo daré en aquest fet consell, a vós, e a tots aquells qui servit vos han, e a nós mateix.

E dix-li lo senyor rei que li plaïa molt, e qui li graïa molt, ço que s'havia pensat, e que el pregava que ho proveís en tal guisa, que ell ne fos sens blasme e que fos profit d'aquells qui l'havien servit; e ell que era prest e apa-

422

rellat que hi donàs tota ajuda que pogués.

— Doncs senyor —dix frare Roger—, ab vostra
llicència jo trametré dos cavallers ab una galea armada a
l'emperador de Contastinoble, e fer-li he a saber que jo
són aparellat d'anar a ell ab tanta companya de cavall e
de peu con ell vulla, tots catalans e aragonesos, e que ens
dó acorriment e sou. E jo sé que ell ha gran mester aquest
secors, que els turcs li han tolta més de trenta jornades de
terra; e ell en nulles gents no es fiaria tant con en catalans
e en aragoneses, e majorment en aquests qui han menada
aquesta guerra contra lo rei Carles.

E el senyor rei respòs-li:

— Frara Roger, vós sabets en aquests afers més que
nós; emperò, par-nos que el vostre pensament sia bon. E
així ordonats-hi ço que us plaurà, que de tot ço que vós
hi ordonets, nós tendrem-nos per pagats.

E sobre açò frare Roger va besar la mà al senyor rei,
e partí's d'ell; e venc-se'n a sa posada, e estec tot aquell
jorn a acordar en los afers. E lo senyor rei e los altres
entenien en la festa, e en lo solaç e en lo deport.

E con venc l'endemà, ell féu aparellar una galea, e
hac dos cavallers en què es fiava, e dix-los tot lo fet que
s'havia pensat. E encara los dix que de tot en tot tractas-
sen que ell hagués per muller la neboda de l'emperador,
filla de l'emperador de Latzaura; e encara, que fos mega-
duc de l'emperi; e encara, que l'emperador feés paga a
tots aquells que ell menaria, de quatre meses, a raon de
quatre unces per mes, per sou de cavall armat, e per hom
de peu una unça lo mes, e que en aquell sou los manten-
gués tots temps que estar-hi volguessen; e que la paga
trobassen a Malvasia. E de totes aquestes coses los donà
capítols, així d'aquests fets con de tot ço que haguessen
a fer; e per ço sé jo aquestes coses, con jo mateix fui a
dictar e a ordonar los dits capítols. E donà-los poder ab
procuració ben bastant que totes coses poguessen per ell
fermar, així matrimoni con tots altres fets. E segurament

que els cavallers eren bons e savis, e pus hagren oïda la manera, ab pocs capítols hi hac assats; mas emperò tot anà per orde. E així, con foren espeegats, preseren comiat de frare Roger e anaren-se'n envers l'emperador.

E con foren partits de Messina, frare Roger, qui tenc lo fet per fet, per ço con ell havia gran nomenada en la casa de l'emperador, per aquell temps que ell manava la nau per nom "lo Falcó", del Temple, qui havia molt de plaer fet a naus de l'emperador que trobava en Oltramar, e sabia greguesc assats cominalment, e així mateix havia ja major nomenada en Romania e per tot lo món per l'ajuda que havia feta tan francament al senyor rei de Sicília, percaçà's de companya, així que finalment en Berenguer d'Entença, qui era ab ell germà jurat, li promés que el seguiria, e en Ferran Eixemenis d'Arenós, e en Ferran d'Aunés, e en Corberan d'Alet, e en Martín de Logran, e en Pere d'Eros e en Bernat de Rocafort, e encara molts d'altres cavallers catalans e aragonesos e dels almogàvers ben quatre mília, tots bons, qui del temps del senyor rei en Pere entrò en aquell dia havien menada la guerra de Sicília. Sí que ell fo molt alegre; e entretant acorria a cascun d'açò que havia, que no els lleixava fretura.

E la galea anà tant, que en poc de temps fo en Contastinoble, on trobà l'emperador xor Andrònico e son fill major xor Miqueli. E com l'emperador hac oïda la missatgeria, fo molt alegre e pagat, e acollí ben los missatges. E finalment lo fet venc així con frare Roger havia dictat; que l'emperador volc que frare Roger hagués sa neboda per muller, filla de l'emperador de Latzaura, sí que tantost l'afermà per frare Roger la un dels cavallers; e aprés volc que tota aquella companya que frare Roger amenàs, que fos al sou de l'emperador, a quatre unces per mes per cavall armat, e dues unces per cavall alforrat, e una unça per hom de peu, e quatre onces còmit, e una unça notxer, e vint tarins ballester, e vint-e-cinc tarins proer; e que de quatre en quatre meses foren pagats; e tota hora que alcun n'hi hagués que se n'hagués en cor de tornar a ponent, que comptàs ab la cort e que fos pagat, e puis se'n pogués tornar e hagués paga de dos meses per torna; e que frare Roger que fos megaduc de tot l'emperi. E megaduc és aital ofici que vol aitant dir con gran príncep, senyor de tots los soldaders, e que haja afer sobre l'almirall, e que totes les illes de Romania sien sotsmeses a ell, e encara los llocs de les marines. E d'aquest megaducat tramés privilegi ab bolla d'or, ben fermat per ell e per sos fills, a frare Roger. E li tramés la verga del megaducat, e la senyera e el capell; que tots los oficis de Romania han capell triat, que altre no gosa portar semblant capell d'aquell.

E així mateix hac atorgat que a Malvasia trobarien refrescament de paga e d'açò que ops haguessen con vendrien.

200

E així los missatges, alegres e pagats, ab tota fermetat tornaren-se'n en Sicília, e trobaren frare Roger a la Licata, e digueren-li tot ço que havien feit, e li donaren los privilegis de totes coses, e la verga del megaducat e la senyera e el capell e el segell. E frare Roger, ab gran alegre e pagament, acollí los missatges e reebé lo megaducat; e d'aquí avant haurà nom "megaduc".

E com lo megaduc hac totes coses reebudes, anà-se'n al senyor rei, que atrobà en Palerm ab madona la reina, e dix-li tot lo feit. E lo senyor rei fon molt alegre, e encontinent manà donar al megaduc deu galees del darassanal, e dos llenys, e féu-les-li adobar e aparellar. E el megaduc havia'n ja de sues vuit, e així hac divuit galees e dos llenys; e aprés noliejà tres naus grans e moltes tarides e altres llenys. E tramés en totes parts que tothom qui ab ell degués anar, que vengués a Messina. E lo senyor rei acorrec a tothom d'açò que poc, de moneda, e donà per persona, així a hom, con a dona, con a infant qui ab lo mega-

425

duc se n'anàs, qui fos català e aragonès, un quintar de bescuit e deu peces de formatge, e entre quatre un bacó de carnsalada, e alls e cebes.

201

E així cascun se recollí ab llurs mullers e llurs infants, molt alegres e pagats del senyor rei, que anc no fo senyor qui mills se captengués de gents qui l'haguessen servit com ell féu, en tant com fer podia; e encara mès més de poder, que cascun sabia que el senyor rei no havia tresor, que de tals guerres eixia, que res no li podia bastar. E així mateix recolliren-se los rics-hòmens e cavallers, e havien los cavallers e los hòmens a cavall doble ració de totes coses.

E en Berenguer d'Entença no poc ésser aparellat aquella saó, ne en Bernat de Rocafort; que en Bernat de Rocafort tenia dos castells en Calàbria que no havia volgut retre en les paus entrò fos pagat d'açò que li era degut de son sou, a ell e a sa companya, per què així tost no es poc recollir. Mas recollí's en Ferran Xemenis d'Arenós, e en Ferran d'Aunés, e en Corberan d'Alet, e en Pere d'Eros, e en Martí de Logran, e molts d'altres cavallers, e adalills e almogatens. E així, con foren recollits, foren, entre galees e naus e llenys e tarides, trenta-sis veles, e hac-hi mil e cinc-cents hòmens de cavall per escrit, arreats de totes coses, salvant de cavalls; e hac-hi ben quatre mília almogàvers, e ben mil hòmens de mar de sou, menys dels galiots e dels mariners qui eren del navili. E tots aquests eren catalans e aragoneses, e la major part menaven llurs mullers o llurs amigues, e llurs infants.

E així preseren comiat del senyor rei, e partiren-se en la bona hora de Messina, ab gran alegre e ab gran pagament.

E Déus aprés donà-los tan bon temps, que dins poc temps preseren terra a Malvasia; e aquí los fon feta molta d'honor, e los fo donat gran refrescament de totes coses. E atrobaren aquí manament de l'emperador que dretament se n'anassen en Contastinoble. E així ho compliren, que partiren de Malvasia e anaren-se'n en Contastinoble.

E con foren en Contastinoble, l'emperador, lo pare e lo fill, los reeberen ab gran goig e ab gran plaer, e totes les gents de l'emperi. Mas si ells n'eren alegres, los genoveses n'eren dolents, que ben veien que si aquesta gent hi durava, que ells havien perduda la honor e la senyoria que ells havien en l'emperi; que l'emperador no gosava fer sinó ço que ells volien, e d'aquí avant no els preara res. Què us diré? Les noces se feeren, que el megaduc pres per muller la neboda de l'emperador, qui era de les belles donzelles e de les sàvies del món, e havia entrò a setze anys. E les noces se feeren ab gran alegre e ab gran pagament, e fo feta paga de quatre meses a tothom.

E mentre aquesta festa era tan gran, genoveses, per llur supèrbia, mogren batalla ab los catalans, sí que la brega fo molt gran. E un malvat hom qui havia nom Russo de Finar, trasc la senyera dels genoveses, e vengren d'en Pera davant lo palau de Blanquerna. E los nostres almogàvers e hòmens de mar eixiren a ells, que anc lo megaduc ne els rics-hòmens ne els cavallers no els pogueren tenir; e anaren-se'n defora ab un penó reial, e ab ells anaren solament tro a trenta escuders ab cavalls alforrats. E con foren prop los uns dels altres, los trenta escuders van brocar e van tal ferir lla on era la senyera dels genoveses, que abateren a terra aquell Rosso de Finar, e los almogàvers van ferir en ells. Què us diré? Que aquí morí aquell Rosso de Finar e més de tres mília genoveses. E tot açò veia l'emperador de son palau, e havia'n gran goig e gran alegre, sí que dix davant tuit:

— Ara han trobat genoveses qui abatrà llur ergull. E

és gran raon, que a gran colpa dels genoveses se són moguts los catalans.

E con la senyera dels genoveses fo en terra, e en Rosso mort, e d'altres honrats hòmens, los almogàvers, matant llurs enemics, volien anar barrejar en Pera, qui és una vila triada de genoveses, en què era tot lo tresor e les mercaderies dels genoveses. E sobre açò, con l'emperador veé que se n'anaven en Pera barrejar, clamà lo megaduc e dix-li:

— Fill, anats a aquesta vostra gent, e fèts-los-ne tornar; que si en Pera barregen, l'emperi és consumat, que los genoveses tenen molt del nostre tresor, e dels barons, e de les altres gents del nostre emperi.

E tantost lo megaduc cavalcà en un cavall ab la maça en la mà, ab tots los rics-hòmens e cavallers qui ab ell eren anats, qui el seguiren; e anà-se'n vers l'almogaveria, qui ja volien esvair la vila d'en Pera, e féu-los-ne tornar. E així l'emperador romàs molt pagat e alegre.

E l'endemà fé-los donar altra paga, e que tuit s'aparellassen de passar en Boca d'Aver e anar sobre los turcs, qui en aquell punt havien tolt a l'emperador més de trenta jornades de terra de bones ciutats e viles e castells, e les havia subjugades, que es treütaven a ells. E encara, que era major dolor: que si un turc volgués per muller la filla del mellor hom d'aquelles ciutats o viles o castells qui a ells eren subjugats, que la li havien a donar per muller lo pare o la mare o els parents. E si naixia fill, feien-los turcs e els feien tallar del membre, així que eren sarraïns; e si fos fembra, podia tenir qual llig se volia. Veus en quina dolor ne en quin subjugament estaven e a gran deshonor de tota la crestiandat!. Per què podets conèixer si havia mester que aquesta companya hi passàs, e majorment que en veritat tant havien los turcs conquest, que host feta venien davant Contastinoble, que no hi havia mas un braç de mar al mig, qui no ha d'ample dues milles, e traïen les espaes e menaçaven a l'emperador; e l'emperador tot ho podia veer. Per què veus ab quina dolor devia viure, que si haguessen ab què passassen aquell braç de mar, Contastinoble hagueren haüt.

203

E vejats grecs quines gents són, ne Déus con los ha aïrats, que xor Miqueli, fill major de l'emperador, passà a l'Artaqui, ben ab dotze mília hòmens a cavall e ab cent mília hòmens de peu, que anc ab los turcs no es gosaren combatre, sí que se n'hac a tornar ab gran vergonya. E en aquell lloc de l'Artaqui on ell era estat e se n'hac a tornar, aquí tramés l'emperador lo megaduc ab sa companya, qui no eren mas mil e cinc-cents hòmens a cavall e quatre mília hòmens de peu.

E abans que partissen de Contastinoble, lo megaduc ordonà que l'emperador donàs per muller una sua parenta a en Ferran d'Aunés, e el féu almirall de l'emperi. E tot açò ordonà lo megaduc per ço que les sues galees se mantenguessen ab los hòmens de mar que ell havia menats, e que genoveses ne altres gents no es gosassen contra los catalans moure en tot l'emperi; e així mateix, con ell entraria ab la host dintre terra, que les galees li fossen en lloc sabut, ab viandes e ab tot refrescament. Sí que tot llur fet ordonà tan bé, que null hom no hi pogra res mellorar; e així mateix, ab les galees havia, de les illes de les terres e de les marines, tot ço que li feia ops per si e per sa gent.

E con tot açò fo ordonat preseren comiat de l'emperador, e recolliren-se, e anaren-se'n al cap de l'Artaqui, per ço con los turcs de tot en tot volien haver aquell cap, qui és molt graciós lloc. E tot aquell cap se guarda ab un mur que ha en lo cap de l'Atarqui envers la terra ferma, qui no ha de llong de batalla mig miller de la una mar a la altra; e puis, d'aquell estret a avant, és lo cap molt gran en què ha més de vint mília entre alqueries e mases e casals. E los turcs moltes vegades eren venguts per esvair aquell mur, que si el poguessen esvair, tot lo cap barrejaren.

E així lo megaduc, ab tota sa gent, pres terra aquí, que anc los turcs no en saberen res. E con hagren presa terra, hagueren sabut que els turcs hi havien combatut aquell jorn; sí que el megaduc demanà si eren lluny d'aquí, e els dixeren que n'eren lluny tro a dues llegües, que estaven enmig de dues flumaires. E tantost lo megaduc féu cridar que tothom fos aparellat l'endemà matín per seguir la senyera. E és ver que ell portava la sua senyera e de l'emperador ab la cavalleria, e los almogàvers portaven un penó del senyal del senyor rei d'Aragó en la davantera de la fila, e en la reassaga un penó de senyal del senyor rei Frederic, rei de Sicília. E així s'ho empreseren tots ells con feeren homenatge al megaduc.

E al matí, ab gran volentat e ab gran alegre, llevarense tan gran matí que en l'alba foren a la flumaire on los turcs eren atendats ab llurs mullers e llurs infants. E pensaren de ferir en ells en tal manera, que els turcs estegren meravellats d'aquestes gents qui ab los dards feien tan grans colps que res no hi havia durada. Què us diré? La batalla fo molt forts con los turcs se foren preses a les armes. Mas, què els valia? Que el megaduc ab sa companya de cavall e de peu se metien en tal manera sobre ells, que els turcs no pogueren pus durar. E aquí mateix no volien fugir, per les mullers e per los infants que hi havien, de què los dolia lo cor, ans volien abans morir; sí que jamés no foren hòmens vençuts qui tan grans tornes feessen; mas emperò a la fi tots n'anaren, e llurs mullers e llurs infants foren tots catius. E dels turcs moriren aquell dia més de tres mília hòmens a cavall e més de deu mília a peu.

E així lo megaduc e les sues gents llevaren lo camp, e no tengren a vida null hom qui deu anys amunt fos. E tornaren-se'n a l'Atarqui ab gran goig e ab gran alegre; e tantost meteren los esclaus e les esclaves en les galees, e moltes de belles joies, e tramés-ne lo megaduc la major part a l'emperador, e de les esclaves a l'emperadriu e al fill de l'emperador. E a madona muller del megaduc tramés lo megaduc esclaves e joies moltes, e a madona sogra del megaduc atretal. E açò fo al vuité jorn que foren partits de l'emperador; sí que el goig e l'alegre fo tant per l'emperi, e majorment per l'emperador, e madona sa germana, sogra del megaduc, e madona sa filla ne feeren tant, que tot lo món se'n devia alegrar.

Mas, quisque n'hagués goig, los genoveses n'hagren gran dolor; e així mateix n'hac gran desplaer xor Miqueli, lo fill major de l'emperador, e gran enveja; sí que d'aquell jorn a avant posà sa ira sobre el megaduc e sa companya, que més amara perdre l'emperi, que con aquesta victòria havien haüda, per ço con ell hi havia estat ab tanta gent e era estat desbaratat dues vegades, jatsessia que ell, del cos, era dels bons cavallers del món. Mas sobre los grecs ha Déus tramesa tanta de pestilència, que tothom los confondria; e açò esdevé per dos pecats senyalats qui en ells regnen, ço és: l'un, que són les pus ergulloses gents del món, que no ha gents al món que ells preen res sinó ells mateixs, e res no valen; d'altra part, que han la menys caritat de llur proïsme que gents que sien e'l segle. Que con nós érem en Contastinoble, cridaven "Fam!" les gents qui fugien del Natalín per los turcs, e querien pa per amor de Déu, e jeien per los femers, e no hi havia grec negun qui los volgués res donar; e sí hi havia gran mercat de totes viandes. E los almogàvers, de pietat que n'havien, migpartien ab ells ço que devien menjar; sí que per aquesta caritat que la nostra gent feia, con en lloc hostejaven, més de dos mília pobres grecs que turcs havien desheretats, los anaven darrera, e tuit vivien ab nós. E així podets entendre Déus con ha aïrats los grecs, que diu l'eiximpli del savi que "con Déus vol mal a l'hom, la primera cosa en què el puneix és que li tol lo seny". E així los grecs han la ira de Déus sobre ells, que ells, qui res no valen, cuiden més valer que les altres gents del món; així mateix, que no hagen caritat a llur proïsme, ben par que de tots los ha Déus tolt lo seny.

E com tot açò fo passat, lo megaduc ab tota sa companya s'aparellà d'entrar sobre los turcs per lo Natolí, e trer de catiu les ciutats e els castells e les viles que havien los turcs subjugats. E con lo megaduc e ses gents foren aparellats de partir de l'Artaqui, e era el primer dia de noembre, començà a fer lo major hivern del món, e de pluja e de neu e de fred e de mal temps; sí que les flumaires vengren tan grans, que null hom no les pogra passar. E així hac son consell que eixhivernàs en aquell lloc de l'Artaqui, qui és lloc graciós de totes coses. Que en aquella terra fa lo major fred del món, e les més neus hi caen; que pus hi comença a nevar, entrò a l'abril no fa àls.

E con açò hac acordat, d'eixhivernar en aquell lloc de l'Artaqui, féu lo pus bell pensament que null hom pogués fer: que ordonà sis bons hòmens d'aquell lloc, e dos cavallers catalans, e dos adalills, e dos almogatens, e aquests dotze ordonaren a cascun ric-hom sa posada, e als cavallers atretal, e als adalills e als almogàvers. E ordonaren així: que l'hoste de cascun li devia donar pan, vi e civada e carnsalada e formatges e hortalissa e llit e tot ço que mester hagués; sal, carn fresca e salsa, de totes altres coses los havien a bastar. E en cascuna cosa posaren preu covinent aquells dotze, e ordonaren que l'hoste feés talla ab aquell qui posaria en son alberg, de totes coses, e que açò los complissen del primer dia de novembre entrò per tot març; e com vendria, llavors comptarien cascuns ab llur hoste davant aquells dotze o la u d'aquells; e aitant con haurien pres, los comptaria hom sobre el sou, e al bon hom, senyor de la casa, pagar-li-ho ha la cort. Sí que d'açò foren molt pagats aquells de la host, e los grecs atretal. E així foren ordonats d'eixhivernar.

E lo megaduc tramés en Costantinoble e féu-se venir la megaduquessa, e així eixhivernaren ab gran goig e ab gran alegre. E el megaduc ordonà que l'almirall, ab totes les galees e ab tots los hòmens de mar, anassen eixhivernar a la illa del Xiu, qui és molt graciosa illa, e lla se fa lo màstec, e enlloc més del món no se'n fa. E per ço los féu lla anar, con turcs, ab barques, corrien totes aquelles illes e així ells guardaven tota aquella encontrada e anaven visitant les illes totes. Per què passaren tot aquell hivern ab bona vida, e ab solaç e ab deport, e els uns e els altres.

E con lo febrer fo passat, lo megaduc féu cridar per tot l'Artaqui que tothom hagués comptat ab son hoste per tot març, e que fos aparellat de seguir la senyera lo primer dia del mes d'abril.

204

Així que cascun comptà ab son hoste. E hac-n'hi de tals que tan follament menaren llur prioritat, que per un any de paga havien pres de llur hoste; e aquells qui savis eren, hagren viscut ordonadament, emperò no n'hi hac negun que no hagués pres per molt més que el temps no era que havien estat.

E dementre lo compte se feia en lo mes de març, lo megaduc ab quatre galees, ab la megaduquessa e sa sogra, germana de l'emperador, que havia eixhivernat ab ells, e dos germans de sa muller, anà-se'n en Costantinoble per lleixar la megaduquessa en Contastinoble e per pendre comiat de la persona de l'emperador. E con fo en Contastinoble, fo-li feta gran festa e gran honor, e recaptà ab l'emperador paga de quatre meses, que aportà a la companya; ço que negun no se'n sospitava, per la gran despesa que havien feta a l'hivern, e cascun n'havia molt a tornar a la cort. E així lleixà la megaduquessa en Contastinoble e pres comiat d'ella e de sa sogra e de sos cunyats e de sos amics. E puis pres comiat de l'emperador, e recollí's ab les dites quatre galees, e fo tornat a la companya, a l'Atarqui, al quinzé jorn del mes de març, e tuit hagueren gran goig con lo veeren.

E lo megaduc demanà si tothom havia comptat ab son hoste, e dixeren que hoc. E sobre açò ell féu cridar que tothom fos l'endemà en una plaça que hi havia davant lla on lo megaduc posava, e que cascun aportàs l'albarà d'açò que devia; que el compte fos fet, e ordonat per los dotze bons hòmens que es faessen dos albarans partits per a.b.c, e que en tengués la un l'hoste e l'altre lo soldader; e aquells albarans eren segellats ab lo segell del megaduc. E con venc l'endemà, tothom fo vengut ab son albarà; e atrobà que havien reebut sens nombre, segons lo temps que havien estat en l'eixhivernar. E con tots los albarans hac reebuts e meses en un tapit davant si, ell se llevà e dix:

— Prohòmens, jo us he molt què grair, con a vosaltres plagué que fos cap e senyor vostre, e em volgués seguir lla on vos volguí menar. Jo trob que tuit havets més pres dos tants que no havets estat en l'eixhivernar, e han-n'hi que n'han pres tres tants, e d'altres quatre tants; sí que jo trob que si comptar-vos-ho volia la cort, que vosaltres hauríets a passar gran desaire. Per què, a honor de Déu e a honor de l'emperi, e per l'amor que jo us he, jo de gràcia especial vos dó tot quant havets despés aquest hivern, que no us sia res abatut de vostres pagues. E adés de present, vull que sien cremats tots los albarans que ací m'havets posats, e els grecs porten los llurs als nostres racionals, e fer-los han estar pagats.

E tantost féu venir foc, e féu cremar davant tuit los albarans; e tothom llevà's e anaren-li besar la mà, e li feeren moltes gràcies. E devien-ho fer, que el pus bell don fo justat que senyor feés a sos vassalls, passat ha mil anys; que tota hora fé paga de vuit meses uns ab altres, qui muntaren, sol dels hòmens a cavall, cinquanta mília unces d'or, e dels hòmens de peu quaranta mília. Sí que

tota hora, ab ço que rics-hòmens havien pres, qui munta-
va sis mília unces d'or, fan dos comptes de moneda de
barcelonés o de reials de València. E com açò hac fet,
encara los volc més alegrar, que manà que tothom fos
l'endemà a la dita plaça per reebre en bell aur paga de
quatre meses. E així devets entendre quin goig hac en la
host, ne ab quin cor d'aquí avant lo serviren. E així l'en-
demà féu-los donar la paga de quatre meses:

— E tothom s'aparell bé d'hostejar!

205

E el primer dia d'abril, ab la gràcia de Déu la senye-
ra eixí, e tothom pensà de seguir la senyera, e a la bona
hora entraren-se'n per lo regne del Natolí. E los turcs
foren-se aplegats per contrastar ab ells, ço és a saber, la
gabella de Sesa e de Tin, qui eren parents d'aquells que
la companya havien morts a l'Atarqui; sí que con la com-
panya fo prop d'una ciutat qui ha nom Filadèlfia, que és
noble ciutat e de les grans del món, que ben vogí divuit
milles dretament, aitant vogí con Roma, e con
Costantinoble, prop d'aquella ciutat, a una jornada, les
dites dues gabelles de turcs, qui eren ben vuit mília
hòmens a cavall e ben dotze mília hòmens de peu, ells
arrengaren batalla al megaduc e a sa companya. E la
companya hac-ne gran plaer, sí que aitantost, abans que
no soferissen les fletxes dels arcs dels turcs, van brocar
en ells, los de cavall a aquells de cavall, e los almogàvers
aquells de peu. Què us diré? Que la batalla fo molt fort,
e durà del sol eixit entrò a hora nona; sí que los turcs
foren tots morts e preses, que no n'escaparen de cavall
mil, ne de peu cinc-cents. E el megaduc e sa companya
ab gran alegre llevaren lo camp, que no hagueren perduts
mas entrò a vuitanta hòmens a cavall e entrò a cent de
peu, e hagueren guanyat sens fin.

E con lo camp hagren llevat, que hi estegren ben vuit

jorns que estaven atendats en aquell lloc, qui era molt bon e delitós, ells vengren-se'n a la ciutat de Filadèlfia, on foren reebuts ab gran alegre. E així la novella anà per tot lo Natolí, que la gabella de Sesa e de Tin eren estats desbaratats per los francs; e si hagueren goig no fo meravella, que tots foren estats catius si los francs no fossen estats. E així lo megaduc e la companya estegren a la ciutat de Filadèlfia quinze jorns. E puis partiren d'aquí, e anaren-se'n a la ciutat del Nifs, e puis a Magnèsia, e puis feeren la via de la ciutat de la Tira.

206

E aquells turcs qui eren escapats de la batalla, ab d'altres qui foren aplegats a ells, qui eren de la gabella de Mendeixia, corregren a la Tira entrò a l'esgleia on jau lo cos de monsènyer sant Jordi, qui és una esgleia de les belles que jo anc veés, e és prop de la Tira estrò a dues milles. E a alba de dia corregren a la Tira, e no sabien que els francs hi fossen. E així con ells començaren a córrer, lo via-fora se moc per l'encontrada, e lo megaduc guardà, e viu los turcs, que tots los podien veure, que els turcs eren en lo pla, e la ciutat de la Tira està alt. E manà a en Corberan d'Alet, qui era manescalc de la host, que hi anàs ab aquella companya qui seguir-lo volgués; e la companya pres-se a les armes e pensà's de cuitar. E en Corberan d'Alet, entrò ab dos-cents hòmens a cavall e mil de peu, va entre ells ferir, sí que tantost los mès en veençó. E en matà ben set-cents hòmens a cavall e molts de peu; e hagra-los tots morts, mas la muntanya era prés, e pensaren de lleixar los cavalls, e a peu pensaren de fugir per la muntanya. E en Corberan d'Alet era molt bon cavaller, e per massa volentat pensà així mateix d'avallar del cavall, e pensà de muntar a peu per la muntanya; e los turcs, qui veeren que els muntaven darrera, pensaren ab les sagetes de trer, e per desastre una sageta va ferir en

Corberan, qui s'hac desarmat lo cap per calor, per lo pols. E aquí ell morí, de què fo gran tala, sí que los crestians s'aturaren aquí ab ell, e los turcs anaren-se'n.

E con lo megaduc ho sabé, fo'n molt despagat, per ço com ell l'amava molt e l'havia fet manescal, e li havia afermada per muller una filla que havia haüda d'una dona de Xipre e era romasa ab madona la megaduquessa en Costantinoble, e devia fer les noces con foren tornats a Contastinoble. E així, a l'esgleia de Sant Jordi, ab gran honor, soterraren lo dit en Corberan, entre altres deu crestians qui eren morts ab ell. E féu-los hom fer bells moniments; que vuit jorns s'hi aturà lo megaduc, e la host, per ço que la tumba d'en Corberan fos feita rica e bella.

E de la Tira lo megaduc tramés missatge a l'Esmira, e de l'Esmira al Xiu, a l'almirall en Ferran d'Aunés, que vengués a la ciutat d'Ània, ab totes les galees e els hòmens de mar ab ell; e així ho féu l'almirall. E quan l'almirall fo aparellat de partir del Xiu, en Rocafort ab dues galees venc en Costantinoble, e amenà dos-cents hòmens a cavall, ço és a saber, ab tot llur arreu, salvant cavalls, e amenà ben mil almogàvers. E veé's ab l'emperador, e l'emperador tantost manà-li que anàs lla on sabés lo megaduc. E així venc-se'n a l'illa del Xiu, e ab l'almirall ensems partí del Xiu e vengren-se'n a la ciutat d'Ània. E con aquí hagueren estat tro a vuit jorns, saberen noves que el megaduc venia, he hagren gran goig; e trameteren dos missatges al megaduc, e trobaren lo megaduc a la ciutat de la Tira; e lo megaduc, qui ho sabé, fo molt alegre, e volc que jo anàs a Ània, e que menàs en Bernat de Rocafort estrò a la ciutat d'Altoloc, qui altrament apella l'Escriptura Èfeso.

E e'l dit lloc d'Èfeso és lo moniment en què monsènyer sent Joan Evangelista se mès con hac pres comiat del poble, e puis veeren una nuu en semblança de foc, d'on és openió que en aquella se'n muntà al cel en cos e en ànima. E par-ho bé en lo miracle qui en lo moniment seu se demostra cascun any; que e'l jorn de sant Esteve, a hora de vespres, comença a eixir del moniment aquell, qui és de quatre caires, al peu del moniment de l'altar, e ha-hi una bella pedra de marbre dessús, qui ha bé dotze palms de llong e cinc palms d'ample, e e'l mig de la pedra ha nou forats fort pocs, e d'aquells nou forats, con les vespres comencen a dir lo jorn de sent Esteve e de sent Joan, ix manna d'arena trida de cascun, qui munta bé un palm en alt sobre la pedra, així con una dou d'aiga ix. E aquella manna comença a eixir, així con vos he dit, així con les vespres comencen de sent Joan a dir, lo jorn de sent Esteve, e dura tota la nuit, e puis tot lo dia de sent Joan entrò al sol post; sí que és tanta aquella manna con al sol post és cessada d'eixir, que tota hora són bé tres quarteres de Barcelona.

E aquella manna és bona meravellosament a moltes coses, ço és a saber: que qui en beu con se sent febre venir, que jamés la febre aquella no li torna; d'altra part, si dona va en part e no pot haver la criatura, que en bega ab vi: tantost és delliurada; encara, que si és fortuna gran de mar, e en gita hom en la mar tres vegades en nom de la santa Trinitat e de madona santa Maria e del benauirat sent Joan Evangelista, tantost cessa la fortuna; e encara, qui ha mal de veixigues e en beu en nom del sobredit nom, tantost és guarit.

207

E així jo tantost presí companya, e mené vint cavalls a ops d'en Rocafort; e ab grans perills que passé, de molts assaltejaments que haguem de turcs, jo venguí a la ciutat d'Ània. E diguí a en Rocafort que pensàs de cavalcar e vengués ab mi a la ciutat d'Èfesso, qui d'altrament se diu Teòloco en greguesc, e nosaltres, francs, li deïm Altoloc; e en Rocafort tantost donà los dits vint cavalls a la companya sua, e pensà de cavalcar e de venir ab mi a

438

la ciutat d'Altoloc. E vengren ab ell cinc-cents almogà-
vers; los altres romaseren a la ciutat d'Ània ab l'almirall
en Ferran d'Aunés, per raon dels turcs, que tots dies hi
corrien.

E com fo a la ciutat d'Altoloc, lo megaduc, ab tota la
host, a cap de quatre jorns fo aquí, e reebé bé lo dit
Bernat de Rocafort, així que ell lo féu manescal de la
host, així con era en Corberan d'Alet, e li afermà sa filla
per muller, aquella que el dit en Corberan havia aferma-
da. E tantost ell entrà en possessió de l'ofici, e el mega-
duc donà-li cent cavalls, e tantost féu-li donar paga de
quatre meses, a ell e a tots aquells qui ab ell eren venguts.
E així estec lo megaduc en la dita ciutat vuit jorns e puis
venc-se'n ab tota la host a la ciutat d'Ània, e lleixà en
Pere d'Eros per capità en la ciutat de Tira; e el dit en Pere
d'Eros romàs a la dita ciutat de Tira ab trenta hòmens a
cavall e ab cent de peu. E con lo megaduc entrà en Ània,
l'almirall e tots los hòmens, e tots aquells qui eren ven-
guts ab en Rocafort, l'eixiren a carrera a reebre, ab llurs
armes; sí que el megaduc n'hac gran plaer, per ço con li
hagren refrescada la host. E dementre que el megaduc era
en Ània, ell refrescà de paga tota la companya.

E un jorn lo via-fora se moc que els turcs qui eren de
la gabella de Tira corregren la horta d'Ània. E la host eixí
en tal manera que aconseguiren los turcs e van ferir en
ells, sí que en aquell jorn mataren ben mil hòmens de
cavall, de turcs, e ben dos mília hòmens de peu. E los
altres fugiren, que el vespre lo los tolc; si no, tots foren
estats morts o preses. E així tornà-se'n la companya a la
ciutat d'Ània ab gran goig, e ab gran alegre e ab gran
guany que hagueren fet.

E així lo megaduc estec ab la host en la ciutat d'Ània
ben quinze jorns, e puis aprés féu eixir la senyera e volc
complir de visitar tot lo regne del Natolí. Sí que la host
anà entrò a la Porta del Ferre, que és una muntanya en què
ha un pas qui s'apella la Porta del Ferre, qui és en lo des-

partiment del regne del Natolí e del regne d'Armínia. Sí que con fo de prop la Porta del Ferre, los turcs d'aquella gabella d'Ània qui eren estats desconfits en la horta d'Ània, e tots los altres turcs qui eren trameses de les altres gabelles, foren tots aplegats a una muntanya, e foren tota hora ben deu mília hòmens a cavall e ben vint mília de peu. E batalla arrengada, una alba de dia, qui fo lo jorn de madona santa Maria d'Agost, ells vengren contra lo megaduc. E tantost los francs foren aparellats ab gran goig e ab gran alegre, que paria que Déus los tengués, con se feia en aquella saó. E los almogàvers cridaren:

— Desperta, ferres! Desperta!

E tantost lo megaduc ab la cavalleria va ferir als hòmens a cavall, e en Rocafort ab l'almogaveria als hòmens de peu, e aquí veérets fets d'armes, que jamés tal cosa no veé null hom. Què us diré? La batalla fo molt fort e cruel, mas a la fi tots los francs llevaren un crit e cridaren:

— Aragon! Aragon!

E sí preseren tan gran vigoria, que els turcs se venceren; e així, matant e encalçant, durà l'encalç entrò a la nuit, e la nuit hac-los a tolre l'encalç. Emperò tota hora hi romaseren, dels turcs de cavall, morts més de sis mília, e de peu ben dotze mília. E així aquella nuit la companya hagren bona nuit, e l'endemà llevaren lo camp; així que tota hora estec la host en aquell lloc vuit jorns per llevar lo camp, e lo guany que hi feeren fo sen fin.

208

E aprés lo megaduc féu cridar que tothom seguís la senyera, e anà-se'n a la Porta del Ferre, e aquí estec tres jorns. E puis pensà-se'n de tornar envers la ciutat d'Ània.

E dementre que ell se'n tornava en Ània, missatges li vengren de l'emperador en què li feia a saber que totes coses lleixades, que ell se'n tornàs en Contastinoble ab tota la host, per ço con l'emperador de Latzaura, qui era pare de la megaduquessa, era mort e havia lleixat l'emperi a sos fills, qui eren dos infants germans de la megaduquessa e nebots de l'emperador, e el germà de llur pare qui s'era alçat ab l'emperi. E per ço l'emperador de Contastinoble, per ço con l'emperi de Latzaura pertanyia a sos nebots, ell tramés missatge a l'avoncle de sos nebots que s'era llevat emperador, que lleixàs l'emperi a aquells infants qui eren sos nebots, a qui es pertanyia. E fo-li fet cruel respost; sí que la guerra començà entre l'emperador de Contastinoble e aquell qui s'era fet emperador de Latzaura, molt gran; sí que l'emperador de Contastinoble perdia tots dies en la guerra, e per ço tramés missatge al megaduc que li vengués acórrer.

209

E el megaduc fon molt despagat con en aquella saó havia a desemparar lo regne del Natolí, que havia tot guanyat e restaurat dels turcs e de dolor.

E sobre la missatgeria que hac haüda e els precs que l'emperador li feia molt expresses, féu ajustar consell què faria. E finalment lo consell fo aital donat: que de tot en tot anàs acórrer a l'emperador, e que l'hivern venia a dors, e que en aquell hivern farien compliment a l'emperador d'açò que ops hauria, e puis a la primavera tornarien al Natolí. E açò tenc lo megaduc per bon consell, e conec que la companya l'havia ben consellat. E aitantost aparellaren les galees e hi meteren tot ço que havien en la host; e la host pres lo camí de la marina, en guisa que les galees eren tots jorns aprés de la host. E lo megaduc lleixà en cascun lloc bon recapte, jatsessia que ab poc recapte hi havia assats, que en tal guisa havia escombrats los turcs, que quaix un no en gosava aparer en tot lo regne aquell; així que de tot en tot era aquell regne restaurat.

E con tota la terra hac ordonada, ell se'n venc per ses

jornades en Boca d'Aver. E con fo a la Passàquia, ell tramés un lleny armat a l'emperador, què volia que feessen. E com l'emperador sabé que la host dels francs era a la Passàquia, fo molt alegre e pagat, e féu gran festa fer en Contastinoble; e tramés a dir al megaduc que pensàs de passar a Gal·lípol, e que al cap de Gal·lípol donàs posades a les sues gents. E aquell cap té de llong tota hora ben quinze llegües e no ha d'ample en negun lloc pus d'una llegua, que de cada part lo resingla la mar; e és lo pus graciós cap del món, així con ha de bons pans, e de bons vins e de totes fruites gran abundància. E en l'entrada del cap, en la terra ferma, ha un bon castell qui ha nom Hexamilla, qui vol aitant dir con sis milles; e per ço ha així nom, per ço con en aquell lloc no ha mas sis milles d'ample, e e'l mig està aquest castell per guardar tot lo cap. E de l'una part del cap és la mar de Boca d'Aver, e de l'altra lo golf del Mergarix; e dins lo cap és puis la ciutat de Gal·lípol, e el Pòtemo, e el Sisto e el Mèdito, qui cascuns d'aquests són bons llocs; e menys d'aquests llocs hi ha molts casals bons e honrats.

E així lo megaduc partí tota la sua host per aquests casals, qui són basts de totes coses, e ordonà que cascú pagés donàs a son hoste ço que li fos mester, e que cascú ho escrivís, o ab talles tenguessen llur compte.

210

E con tota la host hac assetjada, anà-se'n ell ab cent hòmens a cavall en Contastinoble a veure l'emperador, e madona sa sogra e sa muller; e com entrà per Contastinoble, fo-li feta gran honor. E dementre que ell fo en Contastinoble, lo frare de l'emperador de Latzaura, qui guerrejava ab l'emperador, així con davant havets entés, qui sabé que el megaduc era vengut ab tota la sua host, tenc son fet per perdut, e tantost tramés sos missatges a l'emperador e féu tot quant l'emperador volc. E així l'emperador, per los francs hac son enteniment de tot ço que ell volc d'esta guerra.

E con aquesta pau fo feita, lo megaduc dix a l'emperador que donàs paga a la companyia, e l'emperador dix que ho faria. E féu batre moneda en manera de ducat venecià, qui val vuit diners de barcelonés; e ell féu-ne qui havien nom "basílios", e no valien tres diners, e volc que correguessen per lo preu d'aquells qui valien vuit diners; e manava que cascú presés dels grecs cavall, o mul, o mula, o viandes o altres coses, e que pagassen d'aquella moneda. E açò feia ell per mal, e que entràs oi e mala volentat entre los pobles e la host; que tantost que ell hac son enteniment de totes les sues guerres, volgra que els francs fossen tots morts o fossen fora de l'emperi.

211

E lo megaduc contradí de pendre aquella moneda. E dementre que eren en aquell contrast, en Berenguer d'Entença venc en Romania e amenà ben tres-cents hòmens a cavall e bé mil almogàvers. E con fo a Gal·lípol, trobà que el megaduc era en Contastinoble, e tramés-hi dos cavallers, e què volia que feés; e el megaduc tramés-li a dir que vengués en Contastinoble ab tota sa companya, e així ell anà en Contastinoble. E con fo en Contastinoble, l'emperador l'acollí molt bé, e sobre tot lo megaduc. E con hac un dia estat, lo megaduc venc a l'emperador e dix-li:

— Sènyer, aquest ric-hom és dels nobles hòmens d'Espanya qui fill de rei no sia, e és dels bons cavallers del món, e és ab mi així con a frare. E és vengut servir-vos per honor vostra e per amor de mi, per què és mester que jo li faça plaer senyalat; e així ab llicència vostra jo li daré la verga e el capell del megaducat.

E l'emperador dix-li que li plaïa; e con veé la franquea del megaduc, que ell se volia despullar del mega-

443

ducat, dix en si mateix que era mester que la sua franquea li valgués. E així, l'endemà, davant l'emperador e la cort plena, lo megaduc se llevà del cap lo capell del megaducat, e posà-lo e'l cap d'en Berenguer d'Entença; e puis li donà la verga e el segell e la senyera del megaducat, de la qual cosa tothom se meravellà.

212

E tantost con açò hac fet, l'emperador, davant tuit, féu-se asseure de prop frare Roger, e donà-li la verga, e el capell, e la senyera e el segell de l'emperi, e el vestí de les robes qui tanyien a l'ofici, e féu-lo cèsar de l'emperi. E cèsar és aital ofici que seu en una cadira qui és prop d'aquella de l'emperador, que no és mas mig palm pus baixa. E pot fer de l'emperi tot aitant con l'emperador; que ell pot donar dons perpetuals, e pot metre la mà e'l tresor, e pot fer questes, e penjar e rossegar; e finalment, tot quant l'emperador pot fer, pot fer ell. E encara s'escriu "Cèsar del nostre emperi", e l'emperador li escriu "Cèsar del teu emperi". Què us diré? Que d'emperador a cèsar no ha tan solament negun departiment mas que la cadira és pus baixa mig palm que aquella de l'emperador, e l'emperador porta capell vermell e totes ses robes vermelles, e el cèsar porta capell blau e totes ses robes blaves, ab fres d'or estret. E així fo creat frare Roger cèsar; e trobà's que quatre-cents anys havia que cèsar no havia haüt en l'emperi de Contastinoble, per què fo la honor molt major. E con tot açò fo fet ab gran solemnitat e ab gran festa, d'aquí avant hac nom en Berenguer d'Entença "megaduc", e frare Roger "cèsar".

E ab gran alegre tornaren-se'n a Gal·lípol, a la companya. E el cèsar menà-se'n madona sa sogra, e madona sa muller e dos germans de la muller, qui era, lo major, emperador de Latzaura. E con foren a Gal·lípol, pensaren d'ordonar de l'eixhivernar, que ja era passat "Omnia

444

Sanctorum". E ab gran alegre eixhivernà lo cèsar ab madona sa muller, e ab sa sogra e ab sos cunyats, e el megaduc atretal.

E con venc que hac tenguda festa de Nadal, lo cèsar anà en Contastinoble per acordar ab l'emperador què farien, que la primavera s'acostava; e lo megaduc romàs ab la companya a Gal·lípol. E com lo cèsar fo en Contastinoble, acordaren que el cèsar e el megaduc passassen a la primavera e'l regne del Natolí. E avenc-se així lo cèsar ab l'emperador: que l'emperador li donà tot lo regne del Natolí e totes les illes de Romania; e que passassen al Natolí, e que el cèsar partís ciutats, viles e castells per sos vassalls, e que cascun li hagués a fer cavalls armats sabuts, sí que no hi calgués donar sou a negun; e així que pensassen de passar, e que d'aquella hora avant l'emperador no fos tengut de donar sou a negun dels francs, mas que lo cèsar los proveís; emperò l'emperador havia a fer de present paga de sis meses, que així fo retengut a la covinença. E així lo cèsar pres comiat de l'emperador, e donà-li d'aquella mala moneda ab què feés la paga. E el cèsar pres-la, e féu compte que pus passava al Natolí, que no li feia força el desgrat de les gents qui romanien en Romania; e així ab aquella moneda venc a Gal·lípol, e començà a donar paga d'aquella moneda, e d'aquella pagà cascun son hoste.

213

E dementre la paga se feia, lo cèsar dix a madona sa sogra e a madona sa muller que ell volia anar pendre comiat de xor Miqueli, fill major de l'emperador. E la sogra e la muller dixeren-li que per res no fos, que elles sabien que ell era fort enic, e havia'n tanta d'enveja d'ell, que per cert si ell venia en lloc on ell hagués major poder que ell, que ell lo destrouiria, e tots aquells qui ab ell fossen. E finalment lo cèsar dix que per res no se n'estaria, que gran vergonya li seria; que ell partís de la Romania e entràs e'l regne del Natolí, per cor d'habitar tots temps lla contra los turcs, e que no en presés comiat, seria-li a mal notat. Què us diré? Que sa sogra, e sa muller e sos cunyats eren tan dolents, que aplegaren tot lo consell de la host e li feeren dir que per res no anàs al viatge; e debades li ho dixeren, que ell per tot lo món no se n'esteguera que ell no hi anàs. Sí que con sa sogra e sa muller e els cunyats veeren que per res no se'n volia estar, digueren que els lliuràs quatre galees e que se'n volien anar en Contastinoble; e lo cèsar apellà l'almirall en Ferran d'Aunés, e dix-li que portàs en Contastinoble sa sogra, e sa muller e sos cunyats. E per ço la muller del cèsar no passava ab ell al Natolí car era prenyada ben de set meses, e així la mare volia que infantàs en Contastinoble. E així preseren comiat del cèsar, e recolliren-se en les galees, e anaren-se'n en Contastinoble. E fo ordonat que com la dona hagués infantat, que ab deu galees anàs lla on lo cèsar fos; e així la dona estec en Contastinoble, e a son temps hac un bell fill, qui encara era viu con jo comencé aquest llibre.

E així, lleixar-vos he a parlar de la dona e de son fill, e tornar-vos he a parlar del cèsar e de la host.

214

Veritat és que, con ja us he dit, la host estava a Gal·lípol. E Gal·lípol vull que sapiats que és cap del regne de Macedònia, d'on Alexandri feu senyor e hi nasc; e així Gal·lípol en la marina és cap del regne de Macedònia, així con Barcelona és cap de Catalunya en la marina e en la terra ferma Lleida. E així mateix ha una altra bona ciutat e'l regne de Macedònia, qui ha nom Andrinòpol; e ha de Gal·lípol a Andrinòpol cinc jornades. E a Andrinòpol era xor Miqueli, fill major de l'emperador. E encara vull que sapiats que el cap de Gal·lípol és en la una banda de Boca d'Aver, de ponent; e de l'altra banda, de llevant, és lo lloc de l'Atarqui, on lo megaduc —qui llavors s'apellava— eixhivernà l'altre any ab la host. E aquell lloc de l'Atarqui era una porta de la ciutat de Troia; e l'altra porta era un port qui és enmig Boca d'Aver, en què ha un castell molt bell, lo qual féu fer Paris, lo fill del rei Parian, con hac presa per força d'armes Elena, muller del duc d'Atenes, a la illa del Tènedo, qui és prop de Boca d'Aver a cinc milles.

En aquella illa —en aquell temps— del Tènedo, havia una ídola, e venien-hi un mes de l'any tots los honrats hòmens de Romania, e honrades dones, a romeria; e així fo, en aquell temps, que Elena, muller del duc d'Atenes, hi venc a romeria ab cent cavallers qui l'acompanyaven. E Paris, fill del rei Parian de Troia, així mateix era-hi vengut a romeria, e havia-hi ab si tro a cinquanta cavallers; e veé la dona Elena, e aaltà's tant d'ella, que dix a sos hòmens que mester era que l'hagués e que la se'n menàs. E així con s'ho mès en son cor, així es féu; que guarní's ab tota sa companya, e pres la dona e volc-la-se'n menar; e aquells cent cavallers qui eren ab ella, volgren-la-li defendre, e finalment tots cent moriren, e Paris menà-se'n la dona; de què puis se moc tan gran guerra, que a la fi la ciutat de Troia, qui vogia tres-centes milles, ne fo assetjada tretze anys, e puis fo ahontada, presa e destrouida.

E al cap de Boca d'Aver, defora, ha un cap que hom apella lo cap de l'Endremite, qui era altra porta de la ciutat de Troia. E així veus Boca d'Aver con era bé acompanyat de bons llocs e de gracioses de totes parts, que de cascuna part trobàrets que havia molta bona vila e molt bon casal en lo temps que nós hi anam, qui tot és estat destrouït e deshabitat per nós, segons que a avant entendrets, a gran tort de l'emperador e a gran dret nostre.

Ara tornaré a parlar del cèsar, qui s'aparellà ab tres-cents hòmens a cavall e ab mil hòmens de peu per anar a Andrinòpol a veer xor Miqueli, fill major de l'empera-dor, malgrat de tots sos amics e sos vassalls. E açò feia ell per gran llealtat que havia en son cor e per fina amor de dreta raon que havia a l'emperador e a son fill; e cui-dava's que així con ell era ple de tota lleialtat, que l'em-perador e sos fills fossen aitals; e era tot lo contrari, e provar s'ha a enant.

Com lo cèsar partí de Gal·lípol, de la host, ell lleixà per cap e per major lo megaduc en Berenguer d'Entença, e en Bernat de Rocafort per manescal de la host; e així anà per ses jornades tant, que venc a la ciutat d'Andrinòpol. E el fill de l'emperador, xor Miqueli, eixí-li a carrera e el reebé ab gran honor; e açò féu lo malvat per ço que veés ab quina companya venia. E con fo entrat a Andrinòpol, lo fill de l'emperador estec ab ell, ab gran goig e ab gran alegre que el cèsar féu d'ell; e xor Miqueli feia d'ell atretal.

E con hac ab ell ensems estat sis jorns, al setén jorn xor Miqueli hac fets venir a Andrinòpol Girgon, cap dels alans e Melic, cap dels turcloples, així que foren entre tots ben vuit mília hòmens a cavall. E aquell dia ell con-vidà lo cèsar e con hagren menjat, aquell Girgon, cap dels alans, entrà en lo palau on estava xor Miqueli ab sa muller e el cèsar, e van trer les espaes e van tot especejar lo cèsar e tots aquells qui ab ell eren; e puis per la ciutat mataren tots quants ab lo cèsar eren venguts, que no n'es-caparen mas tres qui se'n muntaren en un campaner. E d'aquells tres era la u en Ramon Alquer, fill d'en Gisbert Alquer, cavaller de Castelló d'Empúries; e l'altre, fill de cavaller de Catalunya, per nom Ramon de Tous; e l'altre, Bernat de Roudor, de Llobregat. E aquests foren al cam-paner combatuts, e ells defensaren-se tant, que el fill de l'emperador dix que pecat seria si morien, e així assegurà'ls. E aquests tres solament n'escaparen.

E encara féu major malvestat lo dit xor Miqueli: que ordonat hac que els turclopes, ab partida dels alans, hac trameses a Gal·lípol, e hac ordonat que aquell dia que el cèsar morria, que ells correguessen a Gal·lípol e per tots los casals. E nós havíem meses los cavalls en herba, e estava la gent per los casals. Què us diré? Que així ens vengren descuidats, que ens tolgueren tots los cavalls que teníem per los casals, e més de mil persones que ens mataren; així que no ens romangueren mas dos-cents e sis cavalls, e nós no romanguem mas tres mília tres-cents set hòmens d'armes, entre de cavall e de peu, e de mar e de terra. E tantost van-nos posar setge davant, e venc tanta de gent sobre nós que foren més de deu mília hòmens a cavall, entre turclopes e alans e grecs, e ben trenta mília hòmens de peu. E el megaduc, ço és a saber, en Berenguer d'Entença, ordonà que feéssem vall, e que metéssem dins lo vall tot lo raval de Gal·lípol; e així ho fém. Què us diré? Ben quinze jorns esteguem així, que tots dies havíem torneigs ab ells dues vegades lo dia; e cascun jorn era nostre desastre, que perdíem nós ab ells.

E estant així assetjats, en Berenguer d'Entença féu aparellar cins galees e dos llenys, e, malgrat de tots quants eren, ell dix que volia anar fer una ferida perquè pogués consell donar a la companya, e de vianda e de diners. E tuit dixeren-li que per res no feia a fer, mas que valia més que es combatessen tots ensems ab ells, qui els tenien assetjats. E ell, així con a cavaller savi e bo que era, veia lo perill de batalla e per res no s'hi acordava, mas pensà que anàs fer una ferida vers Contastinoble, e con la ferida hauria feita, que tornàs tantost vers Gal·lípol; sí que, a la fi, a fer s'hac ço que ell volc. E ab ell recolliren-se tanta de gent, que en Gal·lípol no romanguérem mas en Bernat de Rocafort, qui era manescal de la host, e jo Ramon Muntaner, qui era capità de Gal·lípol. E no hi romaseren ab nós mas sis cavallers, ço és a saber:

la un, en Guillemí de Siscar, cavaller de Catalunya; e en Ferran Gorí, un cavaller d'Aragó; e en Joan Peris, portagalés; e en Guillem Peris de Caldes, de Catalunya; e n'Eiximén d'Albero. E regoneguem quants érem con en Berenguer d'Entença fo partit de Gal·lípol, e no atrobam que fóssem, entre de cavall e de peu, mas mil quatrecents seixanta-dos hòmens d'armes; dels quals n'hi havia de cavall dos-cents sis, que no havíem pus cavalls, e mil dos-cents cinquanta-sis hòmens de peu. E així romanguem en tal dolor, que tots dies teníem del matí a vespre lo torneig dels de fora a nós.

Ara vos lleixaré a parlar de nós, de Gal·lípol, que ben m'hi sabré tornar, e parlar-vos he d'en Berenguer d'Entença.

En Berenguer d'Entença pres les cinc galees e se n'anà aprés la ciutat de Recrea, qui és a vint-e-quatre milles prop de la ciutat de Contastinoble, e lla guanyà tant que sens fi fo. E aquella ciutat és aquella on Herodes estava, qui féu matar partida dels Innocents; e contar-vos n'he un miracle qui és visible. Que en aquell lloc de Recrea ha un golf qui va a la illa de Màrmora e estrò a l'Atarqui; e és un bell golf qui té de llong entrò a vint milles, e atretant d'ample; que ell té del cap de la ciutat de Recrea estrò al cap del Gano e estrò al Màrmora, qui és una illa on se talla tot lo marbre de Romania. E dins aquell golf ha dues bones ciutats: la una ha nom lo Panido e l'altra lo Rodistó.

E en aquesta ciutat del Rodistó fo feta a nós la major malvestat qui anc fos feta a negunes gents; e per ço que sapiats la malvestat quina fo, la us diré.

216

Veritat és que com lo cèsar fo mort e ens hagren corregut e ens tenien assejats, nós haguem d'acord que abans que feessém mal a l'emperador, que el desafiàssem e el reptàssem d'açò que fer-nos havia fet; e que aquest desafiament, e puis lo reptament, se feés en Contastinoble en presència del batlliu del comun de Venècia, e del comun de Pisa e del capità del comun de Gènova, e tot ab cartes públiques. E ordonam en Siscar, cavaller, e Pero Llopis, adalill, e dos almogatens e dos còmits, qui ab una barca de vint rems hi anassen per part d'en Berenguer d'Entença e de tota la companya. E així fo fet: que anaren en Contastinoble, e en presència del batlliu del comú e de les dites comunes desafiaren l'emperador, e puis lo reptaren e proferiren que deu per deu, o cent per cent, que eren aparellats de provar que alment e falsa havia fet matar lo cèsar e les altres gents qui ab ell hi eren anats, e havien corregut a la companya sens desafiar, així que en valia menys sa fe, e que d'aquí avant que es deseixien d'ell. E d'açò llevaren cartes públiques, partides per a.b.c. que se n'aportaren, e altres ne lleixaren en feeltat de les comunes. E l'emperador escusà's que ell no ho havia fet fer. E veus con se'n podia escusar, que aquell dia mateix féu matar tots quants catalans e aragoneses havia en Contastinoble, ab en Ferran d'Aunés, almirall.

217

E con açò fo fet, partiren-se de l'emperador e demanaren-li que els lliuràs un porter qui els tengués guiats entrò que fossen a Gal·lípol. E ell lliurà'ls lo porter, e con foren a la ciutat del Rodristó, lo porter los féu tots pendre, vint-e-set persones que eren de catalans e d'aragoneses, e tots esquarteraren-los, e en la carnisseria a quarters ells los penjaren. E podets entendre qual crueltat fo aquesta que féu fer l'emperador, d'aquests qui eren missatges. E vaja-us lo cor que d'açò fo feta avant tan gran venjança per la companya, ab l'ajuda de Déu, que jamés tan gran venjança no fo feta.

E en aquest golf és aital miracle, que tots temps hi trobarets unes tals planures de sang qui són tamanyes com un cobertor, e ha-n'hi de majors e de menors, e aquell golf va tots temps ple d'aitals plates de sang viva, e pus que ixcats d'aquell golf no en trobarets gents. E d'aquella sang cullen los mariners, que s'emporten de l'un cap del món entrò en l'altre per relíquies. E açò esdevén per la sang dels Innocents qui en aquell lloc fo escampada; e així, d'aquell temps a ençà, hi és e hi serà tots temps. E açò és vera veritat, que jo de la mia man ne colleta.

218

E com en Berenguer d'Entença hac barrejada la ciutat de Recrea, qui fo un dels grans fets del món, ell s'entornava a la companya ab gran guany. E així con ell s'entornava a Gal·lípol, divuit galees de genoveses, venien en Contastinoble e devien entrar en Mar Major, e atrobaren-se ab ell en una platja qui és entre Panido e el cap del Gano. E en Berenguer d'Entença féu armar sa gent, e donà la proa en terra, e estec ab la popa de fora de les cinc galees. E els genoveses saludaren-lo, e puis ab una barca anaren a ell e asseguraren-lo; e lo capità de les divuit galees convidà-lo a dinar en la sua galea, e en Berenguer d'Entença, mala a sos ops, fià-s'hi e anà a la galea del capità. E mentre menjaven e la gent fo desarmada, d'en Berenguer d'Entença, anaren-los al dors, e preseren les quatre galees e hi mataren més de dues-centes persones. E en la una galea, en què era en Berenguer d'Entença, qui era ja pres, era-hi en Berenguer de Vilamarí e d'altres cavallers, e no es volgren desarmar; e sobre aquesta galea feu tan gran la batalla, que bé hi moriren quatre-cents genoveses, e aquells de la galea foren tots morts, que no n'escapà un.

E així veus quin convit saberen fer genoveses a en Berenguer d'Entença, que el se'n menaren pres en Contastinoble, ell e tots aquells qui eren seus qui eren

romases vius, e hagueren tot ço que en Berenguer
d'Entença havia guanyat a la ciutat de Recrea. Per què és
foll tot senyor e altre hom qui es fia de negun hom de
comuna; que hom qui no sap què és fe, no la pot guardar.
E així amenaren-se'n en Berenguer d'Entença pres, e tots
los seus, e els tengren en gran desaire en Pera, qui és vila
de genoveses davant Contastinoble, ben un mes, estrò les
galees foren entrades e eixides de Mar Major. E puis
menaren-se'n en Berenguer d'Entença en Gènova, e pas-
saren per Gal·lípol; e jo entré'l veure, e volguí donar deu
mília perpres d'aur per ell —qui val deu sous perpra, de
barcelones— e que el lleixassen, e no ho volgren fer. E
pus viu que ho volien fer, donam a ell, que hagués què
despendre, mil perpres d'aur. E amenaren-lo-se'n en
Gènova.

E lleixar-vos he a parlar d'en Berenguer d'Entença,
que bé hi sabré tornar con lloc e temps sia, e tornar-vos
he a parlar de nosaltres, qui érem romases en Gal·lípol.

219

Veritat és que con nós sabem que en Berenguer
d'Entença fo pres, e tots aquells qui ab ell eren o morts o
preses, fom molt desconhortats. E con sabem així mateix
la mort d'en Siscar e dels altres missatges que havíem
tramesos a l'emperador, un dia ajustam consell què farí-
em. E con ja us he dit, trobam que no érem romases mas
dos-cents sis hòmens de cavall e mil dos-cents cinquan-
ta-sis hòmens de peu. E l'acord què faríem fo en dues
partides: que los uns deien que ens n'anàssem ab tot ço
del nostre a la illa del Metolí, qui és bona illa e profito-
sa; que encara havíem quatre galees e ben dotze llenys
armats, e moltes barques, e una nau de dues cobertes, e
així, que a nostre sau nos podíem recúller; e pus, con en
aquella illa seríem, feéssem guerra ab l'emperador. E
l'altres consell era aquest: que gran vergonya seria nostra

que haguéssem perduts dos senyors e tanta bona gent que ens havien morta a tan gran tració, e que no els venjàssem, o moríssem ab ells; que no havia gents e'l món que no ens deguessen alapidar, e majorment que fóssem gent d'aital fama con érem e que el dret fos de la nostra part; e així que més valia morir a honor que viure a deshonor. Què us diré? La fin fo del consell que de tot nos combatéssem ab ells, e presem la guerra, e que tothom morís que àls hi digués; e a major fermetat, que tantost llevàssem de les galees, e dels llenys, e de les barques e de la nau, dues taules del pla de cascun vaixell, per tal que negun no pogués fer compte que per mar pogués escapar; e així que cascun pensàs de fer con a bon. E açò fo la fin del consell.

E jo tantost e tots los altres anam fer esfondrar tots los vaixells. E sí fiu fer jo una gran senyera de sant Pere de Roma, qui estegués a la torre maestra, e fiu fer una senyera reial del senyor rei d'Aragon, e altra del senyor rei de Sicília, e altra de sant Jordi; e aquestes tres que portassen a la batalla, e aquella de sent Pere que estegués a la torre maestra. E així, entre aquell dia e l'endemà foren fetes.

220

E com venc un divendres a hora de vespres, vint-e-tres dies abans de la festa de sant Pere de juny, nós nos aplegam tuit ab nostres armes davant la porta ferrissa del castell. E en la torre maestra jo fiu muntar deu hòmens e un mariner, per nom Bernat de Ventaiola, qui era de Llobregat; e cridà lo llaus del benauriat sant Pere de Roma, e tuit responseren-li ab les llàgremes en los ulls. E con hac dit lo llaus, així con la senyera de sent Pere se llevà, començarem tuit a cridar "Salve Regina". E feia bell temps e clar, que e'l món un núul no havia; e així con la senyera se llevà, un núul se mès sobre nós, e va'ns cobrir tots d'aigua així con estàvem agenollats, e durà aitant con la "Salve Regina" durà a cantar. E con açò fo fet, lo ceel tornà així clar con d'abans era, e tuit haguem gran goig.

E ordonam que aquella nuit tothom confessàs, e al matí en l'alba que combregàs, e al sol eixit, que els enemics vendrien per donar torneig, que tuit fossen aparellats de ferir. E així ho feem. E comanam la senyera del senyor rei d'Aragó a en Guillem Peris de Caldes, cavaller qui era antic de Catalunya, e la senyera del senyor rei de Sicília a en Ferran Gorín, cavaller, e la senyera de sant Jordi comanam a n'Eixemèn d'Albero; e en Rocafort comanà la sua senyera a un fill de cavaller, per nom Guillem de Tous. E així ordonam nostra batalla en aquesta manera: que no fém davantera, ni mijania, ne reassaga, mas que els hòmens a cavall fom tots a la banda sinestra, e metem los peons a la man dreta. E així con ho haguem ordonat, així ho saberen los enemics. E és ver que la host dels enemics estaven atendats prop de nós en una muntanya tota llaurada de terra, qui ens era prop tro a dues milles.

E con venc al matí, que fo dissabte, a vint-e-dos jorns abans de la festa de sant Pere de juny de l'any mil tres-cents sis, ells vengren a nós; e jaquiren-ne dos mília ab los hòmens de peu ab les tendes, que ells tenien que fet guanyat era. E con lo sol fo eixit, nós fom fora dels valls, tots arreats de combatre, ordonats així con davant és dit. E ordonam que null hom no es mogués estrò la bona paraula fos dita, que dix lo dit Ventaiola; e con seria dita, que les trompes e les nàcares tocarien, que tuit ensems feríssem. E així se féu. E los enemics estegren ab les llances a les cuixes, arreats de ferir.

E con los senyals foren fets qui ordonats eren, pensam de ferir tots ensems en un burs. E donam tal en mig d'ells, que parec que tot lo castell ne vengués en terra; e ells feriren així mateix molt vigorosament. Què us diré? Que, per pecat llur e per lo bon dret que nós havíem, van-se vençre; e pus la davantera fo vençuda, tuit giraren a colp. E nós pensam de ferir en ells, que null hom no en llevava man que no en ferís en carn; e així vengren entrò a la muntanya on era la llur host; e si anc gent veés ab bon continent venir a reebre los seus, aquells de la host sí feeren, de cavall e de peu, enaixí ajudar, que en aquell punt nós cuidam que haguéssem massa a fer. Mas una veu venc entre nós, que tuit cridam, con fom al peu de la costa:

— Via sus! Via sus! Sant Jordi! Sant Jordi!

E així premguem vigoria, e anam tuit ferir fermament en ells, e així mateix venceren-se; e llavors no calc mas ferir. Què us diré? Aitant com lo jorn durà, durà l'encalç, e tota hora durà vint-e-quatre milles, que la nuit fo escura abans que els lleixàssem. E la nuit haguem-nos-en a tornar, e fo mija nuit abans que fóssem tornats a Gal·lípol.

E l'endemà regoneguem nostra companya, e no trobam que haguéssem perdut mas un hom a cavall e dos de peu. E anam llevar lo camp, e segurament que atrobam que tota hora haguem morts ben sis mília hòmens a cavall e més de vint mília de peu. E açò fo bé ira de Déu qui venc sobre ells, que nós per res no ens podíem pensar que tanta gent hi hagués morta, ans nos pemsam que la un aufegàs l'altre. E així mateix morí molta gent en barques, que havia moltes tretes en terra per la marina, qui eren totes esventades, e varaven-les, e puis metien-se dedins tanta de gent, que con eren en mar, tantost feien sotsobre e negaven; e enaixí s'hi perdé molta gent. Què us diré? Que el guany fo tan gran que en aquella batalla fém, que nombre negun no s'hi poria metre; que vuit jorns jurcam a llevar lo camp, que no calia llevar mas aur e argent, que les cintes totes dels hòmens a cavall, e les espaes, e les selles, e los frens e totes llurs armadures són guarnides d'or, e cascun qui portava moneda, e los hòmens de peu atretal; e així fo sens fi ço que es guanyà. E així mateix hi haguem ben tres mília cavalls vius; los altres trobàrets morts; los altres, qui anaven per lo camp tirant los budells; e així haguem tants de cavalls, que tres n'hi havien a cascun.

E com lo camp fo llevat, jo haguí preses quatre grecs a mercé, que trobé en una casa, e eren hòmens pobres qui eren estats de Gal·lípol; e dix-los que los faria molt de bé si em volien ésser espies, e ells ab gran goig atorgaren-m'ho. E jo vestí-los a la greguesca molt ben, e los doné a cascun un rossí dels nostres, que nós n'havíem ja, e juraren-me que bé e lleialment me servirien. E tantost jo tramís los dos a Andrinòpol per veer lo fill de l'emperador què feia, e los altres dos tramís en Contastinoble. E a pocs dies tornaren aquells qui anaren envers lo fill de l'emperador, e dixeren que el fill de l'emperador nos venia dessús ab disset mília hòmens a cavall e ben cent mília hòmens de peu, e que era ja mogut d'Andrinòpol.

221

E sobre açò ajustam-nos tots a consell, e dixem què faríem. E finalment, que el consell fo aital: que Déus, e el benauirat monsènyer sant Pere, e sant Paul, e sant Jordi, qui aquella victòria nos havia donada, que ens farien haver victòria d'aquell malvat qui tan gran tració havia feita; e que per res no ens aturàssem a Gal·lípol, que Gal·lípol era forts lloc e nós havíem tant guanyat que ens poria flacar lo cor; e que per res no ens lleixàssem assetjar; e encara, que el fill de l'emperador, qui venia, no podia venir ab tota la host plegat, ans covendria que feés davantera, e que nós que ens trobaríem ab la davantera, e que pensàssem de ferir; e si la davantera arrencàvem, que tots serien desbaratats. E així, que nós al ceel no hi podíem pujar, ne en abís no hi podíem entrar, ne per mar anar-nos-en podíem; doncs covenia que per llurs mans havíem a passar. E així era bon que el cor no ens flaquejàs per res que haguéssem guanyat ne per força que ens veéssem davant, e així que pensàssem d'anar envers ells. E així fo emprès d'acord.

E lleixam al castell cent hòmens, ab les fembres, e pensam d'anar. E con haguem tres jornades fetes, així com a Déu venc en plaer, nós dormim al peu d'una muntanya, e de l'altra part dormiren ells; que los uns no sabien res dels altres estrò que fo mija nuit, que nós veem gran claror de focs que ells feien. E trametem escoltes qui ens aportaren llenga —dos grecs que presem—, e sabem que en aquell lloc posava lo fill de l'emperador ab sis mília hòmens a cavall, e que bon matí se devia metre e'l camí per venir envers Gal·lípol, e que l'altra host era entrò a una llegua lluny d'ell, que venia, e que lo fill de l'emperador jaïa en un castell que havia en aquell pla, que havia nom Apro, qui era bon castell e fort e ab gran vila. E nós fom fort alegres con sabem que castell e vila hi havia, que fém compte que la viltat d'aquella gent era tanta, que tantost guardarien com porien atendre al castell e a la vila d'Apro.

E com fo alba de dia, nós tuit confessam e combregam, e metem-nos tuit ab nostres armes, batalla arrengada, a pujar la muntanya, qui era llaurada. E com fom sus, lo jorn se féu, e aquells de la host veeren-nos, e cuidaren-se que ens venguéssem a mercé d'ells metre. Mas lo fill de l'emperador no s'ho tenc a joc, ans se guarní molt ben, e ell qui era molt bon cavaller, que res no li fallia mas com no era lleial. E així, gint arreat de son cos, ab tota aquella gent venc envers nós, e nós envers ells.

E con fom al ferir, gran res dels nostres almogàvers avallaren dels cavalls, que més s'atrevien a peu que a cavall; e pensam tuit de ferir molt vigorosament, e ells així a nós. Què us diré? Que plac a Déu que la davantera se vencé, així con de l'altra batalla, salvant lo fill de l'emperador, qui entrò ab cent cavallers se contornava entre nós; així que anà ferir, en una entrada que féu, un mariner per nom Bernat Ferrer, qui era sobre un bon cavall que havia guanyat en la batalla primera, e portava així mateix unes bones cuirasses molt belles que així mateix havia guanyades, e no portava escut per ço con no es sabia ben règer sobre el cavall. E lo fill de l'emperador cuidà's que fos home de gran afer, e donà-li de l'espaa al braç sinestre, sí que l'afollà de la man; e aquell, qui es veé afollat, qui era macip ben temprat, anà'l abraçar, e ab una brotxa donà-li ben tretze coutellades, sí que de la una lo ferí per la cara, que tota la li gastà. E llavors perdé l'escut, e caec del cavall, e los seus llevaren-lo de la pressa, qui era gran; e nós no ho sabíem, e meteren-lo al castell d'Apro.

E puis la batalla durà, molt fort e molt aspra, entrò a la nuit. E Déus, qui tot bé fa, adreçà'ns així, que per lo castell d'Apro foren tots desconfits, que cascun fugien lla, aquells qui atendre hi podien. Mas emperò tants no en fugiren, que aquell jorn no en morissen d'ells més de deu mília hòmens a cavall, e de peu sens fin; e dels nostres no hi moriren mas onze hòmens a cavall e vint-e-set hòmens de peu.

E així, la nuit, tots guarnits esteguem al camp. E l'endemà, que ens cuidam encara que ens donassen batalla, no trobam null hom d'ells viu e'l camp; e anam al castell e combatem-lo, e esteguem-hi ben vuit jorns. E llevam lo camp, e portam-nos-en ben deu mília carros, qui cascun càrrou tiraven quatre brúfols. E de bestiar tant, que tota la terra cobrien. E haguem guanyat sens fin, molt més que a la primera batalla. E d'aquella hora avant fo vençuda tota Romania; e los haguem mesa així la paor al cos, que no podia hom cridar: "Francs! Francs!", que tantost no pensassen de fugir.

E així, ab gran alegre tornam-nos-en a Gal·lípol; e puis, tots jorns feiem cavalcades, que entrò a les portes de Contastinoble corríem. Que un jorn s'esdevenc que un almogàver de cavall, per nom Peric de Na Clara, hac perdut a joc, e ab dos fills que havia, pres ses armes, sens altra companya, e anà-se'n en Contastinoble caminant; e

en un jardí de l'emperador ell trobà dos mercaders geno-
veses qui caçaven a caça de guatlla, e pres-los, e los se'n
menà a Gal·lípol, e n'hac rescat tres mília perpres d'or e
val perpra deu sous de barceloneses. E de semblants
cavalcades s'hi feien tots jorns moltes.

222

E con açò fo passat e la terra era correguda tots dies,
mès-se la companya en cor que anàs barrejar la ciutat de
Redristó, lla on los nostres missatges havien morts e
esquarterats, e posats en la carnisseria a quarters; e així
con s'ho meteren en cor, així es féu. E anaren lla, e pre-
seren en alba de dia aquella ciutat, e de totes quantes per-
sones hi atrobaren, hòmens e fembres e infants, ne feeren
ço que ells havien fet dels missatges, que anc per hom del
món no se'n volgren estar. E fo per cert gran crueltat,
mas emperò aquesta venjança ne feeren. E con açò
hagueren fet, anaren pendre altra ciutat, qui és a mitja lle-
gua prés d'aquella, la qual ha nom Panido. E con aques-
tes dues ciutats hagren, tengren per bé que tuit se mudas-
sen lla ab llurs mullers o llurs amigues, salvant jo, que
romangués a Gal·lípol ab los hòmens de mar, e cent
almogàvers e cinquanta hòmens a cavall. E així ho fee-
ren, que mudaren-se entre lo Rodristó e el Panido, per ço
con eren prop de Contastinoble a seixanta milles.

E com la companya fo així assentada, en Ferran
Xemenis d'Arenós, qui s'era partit del megaduc a
l'Atarqui lo primer hivern, per noves que hac ab ell, e
era-se'n anat al duc d'Atenes, qui li féu molta d'honor, e
sabé que nós érem així victoriosos de nostres enemics,
així con a bon cavaller e expert que ell era, pensant que
nós havíem mester companya, venc a nós de la Morea en
una galea, e amenà entrò a vuitanta hòmens entre cata-
lans e aragonesos. E tuit haguem-ne gran plaer, e fom-ne
molt refrescats; e tuit donam-li tant, que ell e sa compa-

460

nya s'encavalcaren molt bé, e los arream de totes coses,
con nós hàgrem fet mil si hi venguessen.

223

E con ell fo ordonat, un dia pres estrò a cent cinquan-
ta hòmens a cavall e entrò a tres-cents de peu, e anà
córrer estrò prés de la ciutat de Contastinoble. E al tornar
que se'n feia, ab presa que amenava, de bestiar e de
gents, l'emperador hac-li tramés, a un pas que havia a
passar, bé vuit-cents hòmens a cavall e ben dos mília de
peu. E en Ferran Xemenis, qui els veé, preïcà la sua gent
e els amonestà de bé a fer, e tuit ensems van ferir. Què us
diré? Que entre morts e preses n'hagren més de sis-cents
hòmens a cavall, e de peu més de mil cinc-cents; e fo bon
fet e honrat. E així guanyà tant, ell e sa companya, en
aquella cavalcada, que ab aquell guany anà assetjar un
castell qui és a l'entrant de Boca d'Aver, qui ha nom lo
Màdito. E sapiats que ell al setge no era mas ab vuitanta
hòmens de cavall e dos-cents de peu, e dins havia més de
set-cents hòmens d'armes, de grecs. E en veritat que el
ric-hom era pus assetjat, a dreta raon, que aquells de dins;
que tot lo pa que menjaven los trametia jo de Gal·lípol; e
així tot lo fet del refrescament los havia jo a trametre. E
així tenc lo setge ben vuit meses, e hi traïa de nits e de dia
ab un trabuc, e jo havia-li trameses deu escales de cordes
ab rampagolls; e moltes vegades, de nuit, cuidaven-lo
emblar, e no es podia fer.

E contar-vos he la pus bella ventura, que li n'esde-
venc, qui anc fos feita. Un jorn de juliol, que feia molt
gran sesta, tots aquells del castell eren qui per ombres,
qui dormien, qui estaven en parlament. E així com la
gran sesta era, que tot lo món bullia de calor, en Ferran
Xemenis, quisque dormís, ell vetllava, així com aquell
qui tenia gran càrrec a costes, e guardà envers lo mur, e
no hi viu parlar negun, e negun no hi parlava ne hi paria;

e anà's acostar al mur, e féu semblant que acostàs escales, e null hom no hi parec. E llavors ell s'entornà a les tendes, e féu tothom de man en mà aparellar, menys de tot brogit; e hac cent hòmens jóvens e temprats, e ab les escales acostà's al mur. E van arborar les escales, sí que quatre escales ab los rampagolls meteren e'l mur; e puis van muntar en cascuna escala cinc hòmens, un aprés altre, e tot suau muntaren-se'n al mur, que anc no foren sentits; e pus muntaren-hi altres vint, e així foren quaranta, e van-se emparar de dues torres. E en Ferran Xemenis venc a la porta del castell ab tota l'altra companya, ab destrals per trencar les portes; e així con aquests matarien aquells qui eren e'l mur, e el via-fora seria dins, e tuit correrien a aquells, e ells trencarien les portes. E així se seguí, que con aquells quaranta foren sus, pensaren de donar sobre aquells qui eren al mur, que dormien; tota la gent correc envers aquells. E en Ferran Xemenis fo a la porta, e pensà de trencar lo portal, que anc no trobà qui li ho contrastàs; e con les portes foren trencades, pensaren d'entrar, e d'ouciure e de destrouir tot ço que davant se trobaren. Així que preseren lo castell e tota la gent, e s'hi guanyà tanta de moneda, que d'aquella hora avant en Ferran Xemenis ne sa companya no hagueren fretura, ans foren tots rics. E així podets haver entesa la pus bella ventura que jamés oíssets dir: que de mig del jorn s'emblàs castell qui vuit meses hagués estat assetjat.

E com tot açò fo passat, e tota la companya estec partida en tres parts, qui tots eren uns aprés altres, ço és a saber: en Ferran Xemenis al Màdito; e jo, Ramon Muntaner, a Gal·lípol ab tots los hòmens de mar e d'altres terrassans, que Gal·lípol era cap de tots, e aquí venien tots quants res hi havien mester, e de vestir e d'armadures e de totes altres coses; que Gal·lípol era la ciutat que tuit trobaven ço que havien ops, e aquí estaven e venien tots los mercaders de qualque condició fossen. E al Rodistó e al Panido estava en Rocafort ab tota l'altra companya. E tots estaven rics e bastats, e res no sembraven, ne llauraven, ne cavaven vinya, ne podaven; e sí collien cascun any aitant con volien de vi e aitant forment e civada, així que cinc anys visquem de renadiu. E les cavalcades se feien pus meravelloses que jamés se pogués hom pensar, sí que si totes les vos deia hom, no hi bastaria a hom escriptura! Mas emperò dir-vos n'he una bella ventura qua a nós, qui érem a Gal·lípol, venc.

224

Veritat és que un baró qui era e'l realme de Salònic, qui havia nom ser Cristòvol Jordi, venia del realme de Salònic en Contastinoble a l'emperador. E con foren en l'encontrada de Gal·lípol, ell dix a sa companya, qui eren tro a vuitanta hòmens a cavall, ben aparellats e ben encavalcats, que pus aquí prop de Gal·lípol era, que ell volia córrer; que ell sabia que no hi havia hòmens a cavall, ne de peu gaire, e així que n'hauria les atzembles e els càrreus que trametien defora a llenya. Sí que tuit ho tengren a bé. E així, a hora de tèrcia foren prop de Gal·lípol.

E jo tots jorns trametia dos càrreus e dues atzembles defora a llenya; e anava ab ells un escuder qui ab mi estava, qui era ballester a cavall, qui havia nom Marc. E con foren lla on devien haver la llenya, aquests carregaren, e aquells corregren envers ells. E l'escuder, qui els veé, manà a quatre hòmens de peu que hi havia, que s'en muntassen en una torre que hi havia menys de portes, e que ab pedres se defensassen, e que ell correria a Gal·lípol, e que tantost haurien secors; e així ho feeren. E els grecs preseren tantost los càrreus e les atzembles, e l'escuder correc a Gal·lípol e mès via-fora, e nós pensam d'eixir; e en veritat no eixim mas sis cavalls armats e vuit alforrats, que l'altra companya a cavall havíem tramesa en cavalcada ab en Rocafort. E aquells vengren entrò a

les nostres barreres; e nós tuit, de cavall e de peu, aple-
gam-nos, e ells atretal. E així con havíem fet en les altres
batalles, pensam tuit de ferir ensems en ells, de cavall e
de peu; així que plac a nostre senyor ver Déus que los
vencem. E haguem-ne trenta-set hòmens a cavall, qui
morts, qui preses, e los altres encalçam entrò a la torre on
los meus quatre hòmens estaven, qui eren ab los càrreus
e ab les atzembles; e recobram-les, e puis lleixam-los
anar a la mala ventura, e tornam-nos-en a Gal·lípol.

E l'endemà fém encant dels cavalls e dels presons e
d'açò que haguem guanyat. E partim de guany per cavall
armat divuit perpres d'aur, e per cavall alforrat catorze, e
per peó set; e així hac cascun la sua part. E per ço vos he
dita aquesta tan bella aventura, que cascun entenats que
res no és mas lo poder de Déu; e açò no es feia per bon-
dat de nós, mas per vertut e per gràcia de Déu.

225

E dementre açò se féu, en Rocafort era anat córrer
dellà Contastinoble una jornada, en un lloc qui és a l'en-
trant de la Mar Major, qui ha nom l'Estenyaire, on se fan
totes les naus, e llenys, e tarides e galees qui es fan en
Romania. E havia-hi en l'escar més de cent cinquanta
llenys entre uns e altres, e tots los cremaren; e encara,
que preseren tots los maestres, e afogaren tota la vila e els
casals d'aquell lloc. E tornaren-se'n ab gran presa, e
guanyaren tant, que fo sens fi.

E aprés pocs de jorns mesem-nos tuit en cor, en
Rocafort, e en Ferran Eixemenis, e jo e els altres, que tot
quant havíem fet no valia res, si no ens anàvem comba-
tre ab los alans, qui havien mort lo cèsar. E finalment l'a-
cord fo emprès, e així tantost començam a metre en obra;
que així fo ordonat: que la companya, ab llurs mullers e
ab llurs infants, qui eren al Panido e al Redistó, tornassen
tuit a Gal·lípol, ab llurs mullers e amigues, e ab llurs

infants e ab tot açò del llur, e que aquí lleixassen llurs mullers o llurs amigues, e llurs infants, e tota llur companya e ço del llur, e que de lla isquessen les senyeres. E així se complí.

Que Gal·lípol era cap de la host, e a Gal·lípol estava jo ab mon alberg e tots los escrivans de la host. E jo era capità de Gal·lípol, que con la host era a Gal·lípol, tuit havien a fer dret en mon poder, del major al menor. E jo era canceller e maestre racional de la host, e los escrivans de la host estaven tots temps ab mi; sí que null hom no sabia de la host nulla hora, per nombre, quants eren, mas jo solament. E jo tenia per escrit quant cascun prenia per cavall armat e alforrat, e dels hòmens de peu atretal; sí que ab lo meu llibre s'havien a partir les cavalcades, e jo havia les quintes d'aquelles, així de mar con de terra. E encara tenia jo lo segell de la companya; que tantost con lo cèsar fo mort e en Berenguer d'Entença pres, féu fer la companya un gran segell, en què era lo benauirat monsènyer sant Jordi, e les lletres deien així: "Segell de la host dels francs qui regnen lo regne de Macedònia." E així tota hora feu Gal·lípol cap de la companya, ço és a saber, set anys que el tinguem depuis lo cèsar fo mort. E los cinc anys visquem de renadiu, que anc res no sembram, ne plantam ne cavam. E com tota la companya fo a Gal·lípol, la sort vengué sobre mi que jo romangués a guardar Gal·lípol, e les mullers e los infants e tot ço de la companya, e que em lleixassen dos-cents hòmens de peu e vint hòmens de cavall de ma companya. E fo ordonat que em donassen lo terç de la quinta d'açò que guanyarien, e l'altre terç se partís per aquells qui ab mi romanien, e l'altre terç hagués en Rocafort.

226

E així, ab la gràcia de Déu la host pensà d'eixir de Gal·lípol. E sapiats que tota hora havia dotze jornades entrò lla on los alans eren, de Gal·lípol, així que fora eren de la terra de l'emperador e eren en la terra de l'emperador de Latzaura. E si negun me demana la quinta com se partia així, que dos-cents hòmens qui devien romandre ab mi a Gal·lípol n'haguessen lo terç, jo us dic que per ço se feïa com negun no trobàvem qui romandre volgués; e així mateix, aitampoc ne podíem trobar negun. E què us diré? Que de nuit se n'anaren d'aquells qui romandre devien, enans que no romangueren ab mi mas cent trenta-quatre hòmens de peu, qui de mar, qui d'almogàvers, e set cavalls armats, qui eren de casa mia; que als altres haguí a donar per força llicència que se n'anassen. E prometeren-me de partir mig per mig, de tot guanya que Déus los donàs, ab aquells set cavalls armats. E així romanguí mal acompanyat d'hòmens e bé acompanyat de fembres, que tota hora hi romangueren ben dues mília fembres.

E així la host se n'anà a la bona hora. E anaren tant per llurs jornades, que entraren en l'emperi de Latzaura, en un bell plan. Girgon, cap dels alans, qui de les sues mans havia mort lo cèsar a Andrinòpol, era aquí; e havia ab ell entrò a tres mília hòmens a cavall e entrò a sis mília hòmens de peu, e tuit hi havien llurs mullers e llurs infants; que los alans ho fan a manera de tartres, que ab tot ço del llur van tots temps, e jamés no posen en ciutat, ne en vila, ne en poblat.

E con los nostres foren de prop ells, aturaren-se un jorn, que no s'acostaren a ells, per referrar e per endreçar llur fet de la batalla; que los alans són tenguts per la mellor cavalleria que sia al Llevant. E con un jorn hagueren reposat, vengren l'endemà albergar prop d'ells estrò a una llegua; e puis llevaren-se matí, e a alba foren ab ells e van ferir per les tendes. E los alans havien-ne haüda llengua, mas no es pensaven que tan prop los fossen; e així, hac-n'hi ja aparellats ben mília de cavall. Què us diré? La batalla fo forts, e durà tot lo jorn, sí que a hora de migdia lo llur cap Girgon fo mort e perdé la testa, e les senyeres sues abatudes; sí que tantost se desbarataren. Què us diré? Que de tots los alans no n'escaparen, qui de cavall, qui de peu, tres-cents hòmens; qui per ço moriren així tuit, con dolia'ls lo cor de llurs mullers e de llurs infants.

Que contar-vos n'he què n'esdevenc a un cavaller alà que se'n menava sa muller, ell en bon cavall e sa muller en altre; e tres hòmens a cavall, dels nostres, anaren-los aprés. Què us diré? Lo cavall de la dona flaquejava, e ell, ab l'espaa, de pla, dava-li, e a la fi los nostres hòmens a cavall aconseguiren. E el cavaller, qui veé que l'aconseguien e que la dona s'havia a perdre, brocà un poc avant, e la dona gità-li un gran crit, e ell tornà envers ella e anà-la abraçar e besar; e con ho hac fet, donà-li tal de l'espaa per lo coll, que el cap ne llevà en un colp. E con açò hac fet, tornà sobre los nostres tres hòmens a cavall, qui ja prenien lo cavall de la dona, e ab l'espaa va tal colp donar a un d'aquells, qui havia nom Guillem de Bellveer, que el braç sinestre li n'avallà en un colp, e caec en terra mort. E los altres dos, qui veeren açò, lleixaren-se córrer sobre ell, e ell a ells; e la un havia nom Arnau Miró, adalill, que era bon hom d'armes, e l'altre en Bernat de Ventaiola. Que us diré? Que faç-vos saber que anc no es volc llevar prop de la dona estrò l'hagren tot especejat; e ell carvené-se tan fort, que hac mort aquell Guillem de Bellveer e nafrats los altres dos malament. E així podets veure con morí con a bon cavaller, e que ab dolor feïa ço que feïa.

E així moriren, per aquesta raon e dolor, la major partida dels alans; així con ja davant vos he dit, no n'escaparen tres-cents hòmens d'armes, que tots moriren. E los nostres preseren les dones, e los infants e tot quant havien, e les bèsties, e els bestiars e llurs tendes. E regonegueren quina gent havien los nostres perduda, e atrobaren que havien perduts, entre cavall e de peu, ben quaranta-quatre hòmens, e molts de nafrats. E així, ab gran

guany, pesaren-se'n de tornar, e ab gran alegre per la ven-
jança que hagren feita de la mort del cèsar. E així mete-
ren-se e'l camín, e ab gran repòs pensaren-se'n de tornar
envers Gal·lípol.

227

Ara vos lleixaré a parlar d'ells, qui se'n vénen e han
haüt afany e treball assats; e parlar-vos he de nós, qui
romanguem a Gal·lípol, que no n'haguem res menys d'a-
fanys que ells.

Que dementre que la companya fo partida de
Gal·lípol per anar sobre los alans, l'emperador ho sabé; e
fo ventura que en aquella saó vengren divuit galees de
genoveses, de què era capità ser Antoni Spíndola, e era
vengut de Gènova en Contastinoble per menar en
Llombardia lo fill menor de l'emperador per ésser mar-
quès de Montferrat. Sí que el dit ser Antoni Spíndola dix
a l'emperador que si ell volia que son fill lo marquès
hagués per muller la filla de misser Opisín Spíndola, que
ell li gitaria los francs de Romania. E l'emperador dix-li
que li plaïa.

E sobre açò lo dit ser Antoni venc ab dues galees a
Gal·lípol e desafià'ns de part del comun de Gènova. E el
desafiament fo aital, que ens manava e ens deia, de part
del comun de Gènova, que nós eixíssem de llur jardí, ço
era l'emperi de Contastinoble, qui era jardí del comun de
Gènova; en altra manera, si no n'eixíem, que ens desa-
fiava per lo comun de Gènova e per tots los genoveses
del món. E jo respòs-li que no pendríem los desafia-
ments, que nós sabíem que el comun era estat, e era enca-
ra, amic de la casa d'Aragon, e de Sicília e de Mallorca,
e així que no hi havia raon que aquells desafiaments ell
feés ne nós deguéssem reebre. E ell féu fer una carta
pública d'açò que hac dit, e jo altra d'açò que haguí res-
post per tota la companya. Puis altra vegada tornà en allò

mateix, e jo així mateix li responguí, e foren-ne fetes altres cartes. E puis, la terça vegada ell s'hi tornà, e jo responguí-li que ell feia mal, qui en aquells desafiaments se fermava, e que jo li requeria de part de Déu e de la santa fe catòlica, que per exalçar aquella érem venguts en Romania, e que ell cessàs aquells desafiaments; e encara que el requeria de part del pare sant apostoli, "de qui nós tenim la senyera", —la qual ell podia veure—, contra l'emperador e les sues gents, qui eren cismàtics e a gran tració havien morts los nostres caps e els nostres frares, vinent-los nós servir contra los infeels. E així, que el requeria de part del pare sant, e del senyor rei d'Aragó e del senyor rei de Sicília e del senyor rei de Mallorca, que ens ajudassen a fer aquesta venjança, e si no ens volien ajudar, que no ens noguessen contra. E en altra manera, si ell no volia revocar los desafiaments, que protestava de part de Déu e de la santa fe catòlica, que sobre ell, qui aquells desafiaments aportava, e sobre tots aquells qui bons hi eren estats ne hi eren, fos la sang qui s'escamparia entre nós e ells per aquell desafiament, e que nós ne romanguéssem sens pecat e sens colpa; que Déus e el món podia veure que nós con a forçats ho havíem a reebre e ens havíem a defendre. E tot açò fiu jo metre en forma pública.

E ell estec en sos desafiaments. E açò feia ell per ço que havia donat a entendre a l'emperador que tantost con lo comun nos desafiàs, que no gosaríem romandre en Romania. E no en sabia bé lo nostre cor: que ab cor no havíem pres, que null temps no n'eixíssem estrò venjança complida n'haguéssem presa. E així, tornà-se'n en Contastinoble, e dix a l'emperador ço que havia fet, e encara li dix que ell adés de present li hauria lo castell de Gal·lípol, e mi e tots quants érem. E tantost féu recollir les divuit galees sues e set de l'emperador, de què era almirall n'Andriol Morisc, genovès, e llevaren lo fill de l'emperador per menar lo marquesat. E vengren-nos un

dissabte a vespre, davant Gal·lípol, totes vint-e-cinc gale-
es, e pensaren tot aquell dia e la nuit obrar escales e gates
per combatre-nos a Gal·lípol, sabent que la companya
nos era lluny, e nós que érem pocs hòmens d'armes
romases.

E així con ells aparellaren llurs batalles que donassen
l'endemà, jo ordoné ma defensó tota la nuit. E la defen-
só fo així ordonada: que jo fiu guarnir totes quantes fem-
bres hi havia, que de les armes havíem assats, e ordoné-
les als murs; e en cascuna part del mur jo ordoné un mer-
cader, d'aquells mercaders catalans qui hi havia, que fos-
sen ordonadors d'elles; e ordoné per tots los carrers mit-
ges bótes de vi temprat, ab vernigat, e molt pa qui menjàs
e begués qui en volgués, que ben sabia que el poder era
tan gran defora, que no ens lleuria d'anar menjar a casa.
E puis ordoné que tothom fos guarnit de cuirasses, que jo
sabia que els genoveses anaven ben bastats de passadors
e que en despendrien molts; que ells han una manera que
no fan sinó trer a la basta, e despendre més cairells en una
batalla que no farien catalans en deu; e així fiu tothom
guarnir. E fiu estar oberts los postigos de la barbacana,
que eren totes les barbacanes enverdescades, per ço que
poguéssem acórrer lla on major ops fos. E d'altra part,
ordoné los metges que havíem, que esteguessen apare-
llats d'adobar cascun con seria nafrat, en guisa que tan-
tost pogués tornar a la batalla. E con açò haguí fet e ordo-
nat cascun on devia estar ne què devien fer, jo ab vint
anava e corria ça e lla, lla on major ops era.

E con jorn se féu, les galees vengren pendre terra. E
jo ab un bon cavall que tenia, mi terç de cavalls armats
ab llorigues e perpunts, contrasté als palomers de pendre
terra bé entrò a mitja tèrcia; e a la fin deu galees anaren
pendre terra lluny. E sobre aquell pendre terra, a mi caec
lo cavall, e finalment un meu escuder avallà e donà'm lo
seu; e anc tant no em cuité, que entre lo cavall qui era en
terra e jo, ab tretze nafres ne llevé. Emperò, con fui pujat

470

sobre l'altre cavall, pugé aquell escuder en les anques del cavall e entré-me'n al castell ab cinc ferides que haguí, de què poc me sentí, salvant d'una que n'havia de llong del peu, d'espaa. E aquella e les altres jo em fiu adobar tantost. E així haguí perdut aquell cavall.

E con les galees veeren que jo fui caigut, cridaren:

— Mort és lo capità! Via a ells! Via a ells!

E llavors preseren terra tots ensems. E hagueren molt sàviament ordonades llur batalles, que de cascuna galea eixia una senyera ab la meitat de la xurma. E fo així ordonat: que si negun d'aquells qui anaven a la batalla hagués fam o set, o fos nafrat, e tornàs a la galeea, que si era ballester, que altre ballester eixís; e si era llancer, atrestal; en guisa que aquells qui daven la batalla, per res no poguessen minvar, ne per anar menjar ne per altra raon, ans de ple en ple donassen la batalla.

E així eixiren ordonadament, e pensaren cascuns de donar batalla lla on cascun era ordonat que combatés ab sa xurma. E pensaren molt vigorosament de combatre e nós a defendre. E ells gitaven tants de cairells que quaix lo ceel tolien hom de veer; e aquest trer de cairells durà entrò bé a horonona, així que tot lo castell n'era plen. Que no us diré que tuit no en fóssem ferits, aquells qui defora anàvem; que un meu coc, qui estava en la cuina, qui coïa gallines per nafrats, que per lo fumeral li venc un passador qui li entrà per lo muscle ben dos dits. Què us diré? La batalla fo molt forts, e les nostres fembres, ab cantals e pedres —que jo havia moltes fetes metre al mur e a la barbacana— defensaven tan règeu que meravella era. Que en veritat, que fembra s'hi trobà que havia cinc cairellades en la cara, que encara se defensava així con si no hagués mal. E així durà aquesta batalla entrò a hora de despertada.

E con venc a hora de despertada, lo capità, per nom n'Antoni Spíndola, davant dit, qui féu los desafiaments, dix:

— Oh vil gent! Què és açò, que tres tinyoses que ha dedins, vos defensen aquella casa? Molt sóts vils!

E llavors ell s'aparellà ben ab tres-cents hòmens de casades qui hi havia, que tots eren de les mellors casades de Gènova, e ab cinc senyeres ell pensà d'eixir de les galees. E tantost a mi ho digueren, e jo munté al mur e viu-los venir; e tantost fiu armar mon cavall e els altres sis cavalls armats que hi havia. E con fom bé arreats e aparellats, que no ens fallia res, jo fiu venir cent hòmens d'aquells qui hi eren dels mellors, e fiu-los desguarnir; que feia gran calor, així con aquells qui érem enmig juliol. E viu que los cairells eren cessats, que negun no en traïen, que tots los havien despeses; e en camisa e en bragues, cascun ab una darga e ab llança en la mà, e ab les espaes cintes e el punyal, jo els fiu tots aparellar. E con lo capità, co és a saber n'Antoni Spíndola, ab tots aquells bons hòmens, ab les cinc senyeres, foren venguts a la porta ferrissa del castell, e hagren donada batalla molt forts una peça, en guisa que la major part traïen la llengua de set e de calor, jo em comané a Déu e a madona santa Maria, e vaig fer obrir la porta. E ab los sis cavalls armats e los hòmens de peu que eixiren així lleugers, anam ferir en les senyeres, sí que al primer colp n'abatem tres. E ells, qui hagren vist que nós així ferim vigorosament, de cavall e de peu, van-se vençre, així que tantost n'haguem les espatlles. Què us en diré? Que tantost n'Antoni Spíndola perdé la testa en aquell lloc on féu los desafiaments, e ab tots los gentils hòmens qui ab ell eren eixits; així que tota hora hi moriren més de sis-centes persones de genoveses. E dic-vos que per les escales de les galees se'n muntaren los nostres mesclats ab ells així que, en veritat, si sol haguéssem haüts cent hòmens frescs, de les galees haguérem retengudes més de quatre. Mas nós érem tuit nafrats e ujats, e així a la mala ventura lleixam-los estar.

E con tots foren recollits, e de negats que n'hi hac

assats al recollir, que caïen armats en mar, a mi venc mis-
satge que en un camp n'havia romases entrò a quaranta;
e correguem lla. E era cap d'aquells lo pus forts hom de
Gènova; Antoni Bocanegra havia nom. Què us diré? Tots
sos companyons moriren, e ell tenia una espaa bordo-
nenca en la mà, e gitava tals estocs que null hom no s'hi
gosava acostar, així que ens matà dos hòmens. E jo, qui
li viu fer tan gran cosa, mané que null hom no el ferís, e
diguí-li que es retés, e el ne pregué moltes vegades; e anc
res no en volc fer. E jo llavors mané a un meu escuder,
qui era a cavall armat, que brocàs sobre ell; e aquell féu-
ho volenter, e va-li tal colp donar del pits del cavall, que
en terra lo mès, e llavors foren-ne fetes cent peces.

E així les galees dels genoveses, desbaratats e morts
e destruïts, ab lo marquès anaren-se'n en Gènova, e aque-
lles de l'emperador anaren-se'n en Contastinoble; e cas-
cun anà ab son mal mandat, e nós romanguem alegres e
pagats. E l'endemà aquells de la companya hagren sabut
que jo era assetjat, e aquells qui eren ben encavalcats
pensaren-se de cuitar, que en una nuit e en un dia anaren
més de tres jornades, així que l'endemà a vespre hi hac
ateses més de vuitanta hòmens a cavall. E puis, a cap de
dos jorns. la host tota venç e atrobarennos tots carafaixats
e nafrats, e foren molt despagats con no hi eren estats.
Emperò alegram-nos tuit los uns ab los altres, e fém
grans professons a retre gràcies a Déu de les victòries que
ens havia donades. E ells feeren-nos a tuit bona pan d'açò
que havien guanyat, així que tuit, la mercè de Deu, érem
sobre-rics.

228

E con tot açò fo fet, los turcs, que nós havíem gitats
del Natolí, saberen la mort del cèsar e la presó d'en
Berenguer d'Entença, e saberen les victòries que Déus
nos hac donades e que érem tan poca gent, tornaren per

lo Natolí, e sotsmeteren-se totes les ciutats e viles e castells de grecs, e els estrengueren més que d'abans, con nós hi anam, no eren. Veus quin bé esdevenc per les males obres de l'emperador e per la tració que ens feeren; que tot lo Natolí se'n perdé, qui era restaurat, que hagren turcs, e nós qui consumam tota la Romania; que salvant la ciutat de Contastinoble, e d'Andrinòpol, e de Cristòfol e de Salònic, no hi hac vila ne ciutat que no fos afogada e cremada per nós, ne lloc negun, si doncs castells de muntanya no eren.

Si que los turcs vengren davant Gal·lípol; e un cap, per nom Xemelic venc e demanà parlament, e dix que si ens plaïa, que ell volia passar a Gal·lípol a parlar ab nós. E jo tramís-li un lleny armat, e ell venc ab deu cavallers, qui tots eren sos parents. E aquí ell posà davant en Rocafort, e en Ferran Xemenis e mi, que ell era aparellat ab sa companya, e ab llurs mullers e llurs infants, de passar a nós, e que ens faria sagrament e homenatge que serien ab nós con a frares, ell e tota sa companya, e que ens valrien contra totes les gents del mon, e que metrien en poder nostre llurs mullers e llurs infants, e que volien estar en tot e per tot al nostre comandament, així con lo pus sotil de la companyia, e que ens darien la quinta de tot ço que guanyarien.

E d'açò haguem nostre consell ab tota la companya, e tuit tenguem per bé que els reebéssem. E així reebem aquest Xemelic qui passà a nós estrò ab vuit-cents hòmens a cavall; e puis venc-li un seu frare ab quatre-cents hòmens de cavall e ab dos-cents de peu, e així mateix lo reebem. E si anc negunes gents foren obedients a senyor, ells ho foren a nós; e si anc neguns hòmens foren lleials ne vertaders, ells ho foren a nós tots temps. E foren molt bons hòmens d'armes e de tots fets; e així estegren ab nós con a frares, e tota hora ells estaven, host feta, per ells mateixs, prop de nós. E així, con aquests foren venguts a nos, a l'emperador eren romases tro a mil hòmens a cavall de turclopes. qui eren soldaders seus, qui ben solien ésser quatre mília hòmens a cavall, mas en la primera batalla ne matam nós ben tres mília; e així romaseren-ne aquells mil, qui així mateix se meseren al nostre poder, ab llurs mullers e ab llurs infants, con havien fet los turcs, e així mateix foren bons e lleials tots temps a ops de nós, e obedients. E així nós nos fom crescuts de dos mília dos-cents hòmens a cavall, e haguem morts e llevats a l'emperador tots quants soldaders havia. E així senyorejàvem e cavalcàvem l'emperi a nostra guisa, que con los turcs e els turclopes anaven en cavalcades, anaven-hi dels nostres aquells qui anar-hi volien, e feien-los molta d'honor, e feien en guisa que tota hora venien ab dos tants de guany que ells. E així jamés no es poc trobar que entre nós e ells hagués contrast.

229

Ara vos lleixaré de nós a parlar, e tornar-vos he a parlar d'en Berenguer d'Entença, que els genoveses se'n menaren en Gènova, e a la fi lo senyor rei d'Aragon trasc-lo de la preson. E con fo fora de la presó, lo ric-hom anà al papa e al rei de França per ordonar que la companya hagués secors d'ells; e assats pogra treballar, que el papa ne la casa de França no li donaren secors negun, ans li'n digueren del tot de no. E con al senyor rei en Pere ne dix de no lo papa, con era a Alcoll, asmar podets con volrien que la casa d'Aragó anàs molt avant per llur secors. E així lo ric-hom, sens secors que no poc haver del papa ne de la casa de França, tornà-se'n en Catalunya, e empenyorà e vené gran res de les sues terres; e noliejà una nau d'en Pere Solivera, de Barcelona, e hi mès, entre hòmens de paratge e altres, ben cinc-cents hòmens, e anà-se'n en Romania.

E con fo a Gal·lípol, jo reebí-lo molt honrament, així con aquell que devíem tenir per cap e per major. Mas en

Rocafort no el volc reebre per cap ne per major, ans entès que ell era cap e devia ésser cap; així que el contrast fo gran entre abdós. E jo e els dotze consellers de la host adobam-los, així que tots fóssem con a frares, e si en Berenguer volia fer cavalcada per si mateix, que l'acompanyàs qui es volgués, e en Rocafort atretal, e en Ferran Xemenis així mateix. E en Rocafort, així con aquell qui era molt savi, acosta's així ab l'almogaveria, que tuit guardaven a ell, e los turcs e los turclopes atretal, per co con eren venguts en temps que en Rocafort era major e mellor de la host; sí que d'aquí avant negun senyor no conegueren contra ell. E d'aquesta pau e concòrdia a tractar, soferí jo molt afany e treball e molts de perills, per ço con me covenia anar dels uns als altres. E tota hora havia a passar per castells dels enemics, on estaven frontalers.

Què us diré? Que en Rocafort, ab los turcs e ab l'almogaveria la major part, anà tenir setge a la ciutat de Nova, qui era a seixanta milles lluny de Gal·lípol. E en Berenguer d'Entença anà tenir setge a un castell qui ha nom lo Megareig, qui era a la meitat de la vila de Gal·lípol e del setge que tenia en Rocafort. E tota hora en Ferran Xemenis se tenia ab en Berenguer d'Entença e tots quants aragoneses havia en la host, e en partida dels catalans de mar. E així cascun d'ells tenia llur setge, e cascuns havien trabucs ab què trabucaven los llocs que assetjats tenien.

230

E estant així, venc en Romania l'infant en Ferrando, ab quatre galees, qui hi venc per lo senyor rei Frederic, rei de Sicília, qui l'hi trametia ab aquesta covinença qui era entre ells: que el senyor rei féu que el senyor infant no pogués pendre senyoria de la companya, ne encara de ciutats ne de viles, ne de castells, ne d'altres llocs, sinó per lo senyor rei de Sicilia, e, encara, que no pogués pendre muller en Romania sens volentat e sabuda del dit senyor rei de Sicília. E d'aquesta avinença hac lletres en Rocafort del senyor rei de Sicília, e jo atretal; e en tota la host no hac null hom qui açò sabés més.

E així lo senyor infant venc a Gal·lípol, e aportà carta a en Berenguer d'Entença, e a en Ferran Xemenis, e a en Rocafort e a mi, de part del dit senyor rei, que reebessem lo dit senyor infant per senyor, així con la sua persona; e semblant carta ne trames a tota la comunitat de la companya. Sí que jo reebí, e fiu reebre a tots aquells qui eren en Gal·lípol, per cap e per major e per senyor lo dit senyor infant, per part del dit senyor rei de Sicília, e li lliuré tot mon alberg, e aitantost li compré cinquanta cavalls, e atzembles aitantes con ops n'hac e muls e mules per cavalcar a sos ops. E tot quant hac mester jo li doné, e tendes, e armes e totes coses que havia ops a caminar.

E tantost tramís dos hòmens a cavall a en Berenguer d'Entença, qui tenia setge al Megareix, qui era a trenta milles prop de Gal·lípol, e altres dos a en Rocafort, a la ciutat de Nova, que tenia assetjada, que era a seixanta milles prop de Gal·lípol, e a en Ferran Xemenis atretal, qui era al seu castell de Màdito, qui és a vint-e-quatre milles prop de Gal·lípol. E tantost en Berenguer d'Entença venc a Gal·lípol ab sa companya, e lleixà lo setge; e tantost reebé lo dit senyor infant, ell e tots aquells qui ab ell eren, així mateix per cap e per senyor per part del senyor rei de Sicília. E així mateix venc en Ferran Xemenis d'Arenós ab sa companya a Gal·lípol, e reebé lo dit senyor infant per cap e per senyor, per part del dit senyor rei. E així tots nosaltres fom obedients al manament del dit senyor rei de Sicília, e tenguem lo dit senyor infant per cap e per senyor e per major. E d'açò haguem tuit gran alegre e gran pagament, e tenguem lo nostre fet per guanyat, pus Déus nos havia aportat lo dit senyor infant, qui era de la casa dreta d'Aragon, així con aquell qui era fill del senyor rei de Mallorca, e, d'altra part, que era un dels mellors cavallers del món de la sua persona, e dels savis, e qui més volia tenir vera justícia; si que per moltes raons era senyor qui ens venia molt a tall.

E com tuit haguem jurat lo dit senyor infant, haguem missatge d'en Rocafort que ell no podia lleixar lo setge que tenia, mas que suplicava al dit senyor infant que anàs lla, que tota la companya havia gran goig de la sua venguda. E lo dit senyor infant hac consell sobre açò, e tots donam-li de consell que anàs lla e que nós tots lo seguiriem, salvant que en Berenguer d'Entença e en Ferran Xemenis romandrien a Gal·lípol, per ço con cascun estava mal ab en Rocafort; e que tantost com lo senyor infant se fos avengut ab en Rocafort e ab aquella companya, que ells irien a ell. E així lo dit senyor infant, ab mi e ab tota la companya qui en Gal·lípoli erem, salvant pocs qui romangueren ab aquests dos rics-hòmens, anam lla on en Rocafort tenia lo setge, ço és a saber, a la ciutat de Nova. E com ells saberen que el senyor infant venia a ells, ab gran honor reeberen-lo, e ab gran goig e ab gran alegre que tuit hagren.

E con lo senyor infant hac estat dos dies ab ells ab aquella gran festa, ell donà ses cartes a sa companya. E en Rocafort, qui sabia solament la covinença qui era entre lo senyor rei de Sicília e el senyor infant, pensà que el senyor infant venia de tan alt lloc e era així bo e vertader, que per res a la covinença que havia feta al senyor rei de Sicília, ell en res no vendria a menys. E pensà al seu avantatge, e no pensa al profit comun; que ell pensà: "Si aquest senyor roman ací per cap e per major, tu est perdut; que aci és en Berenguer d'Entença e en Ferran Xemenis, qui l'han primer reebut que tu, e cascuns són nobles, e tota hora l'infant los honrarà: així en consells con en tots fets valen més que tu; e ells volen-te mal de mort, e així percaçar t'han tot lo mal que pusquen, e el dan, ab ell. E tu est vui major e senyor d'aquesta host, que tu has la major part dels francs, e de cavall e de peu, d'aquells qui en Romania són; d'altra part has los turcs e els turcoples, que no hic coneixen altre senyor. E així, que tu sies senyor, con te metràs a punt que torns a no res? Mester t'és que prengues via perquè aquest senyor no hic romanga; mas açò hauràs a fer ab gran maestria, que les gents han tuit gran goig de la venguda d'aquest senyor e el volen tuit per cap e per major. Doncs, què faràs? Tu no has mas una via: que ab semblant de ben, faces en guisa que no hic atur." E entendrets quina volta pres; que jamés no creu que null hom fos qui presés tan coberta volta con ell féu.

Lo senyor infant, així con a aquell en qui havia gran fe, li dix tot son fet, e que feés aplegar consell general, que ell volia donar les cartes a la companya, que aportava del senyor rei; que aquelles qui venien a en Rocafort, ja les hi havia trameses. E en Rocafort dix que l'endemà faria aplegar consell general. E en lo demig, en Rocafort aplegà per si mateix tots los caps de companya, així de cavall com de peu, e dix-los:

— Lo senyor infant vol que demà ajustem consell, que ell vos vol donar les cartes que us aporta del senyor rei de Sicília, e us vol dir de boca per què hic és vengut. E així, cascuns siats nodrits, e nodrits vostres companyes, que l'escolten bé; e con ell haurà parlat, negun no li respona, mas jo li respondré que vosaltres havets enteses les cartes e les sues bones paraules, e que se'n pens d'anar a la posada, e nós haurem nostre consell sobre açò que ens ha posat davant.

E així lo senyor infant fo en lo consell, e a tuit ell donà ses cartes, e dix ses paraules bones e sàvies a la companya. E ells resposeren-li ço que en Rocafort hac ordonat, ço és a saber, que es retengren acord; e així lo senyor infant tornà-se'n a sa posada e el consell romàs en la plaça. Què us diré? En Rocafort dix-los:

— Barons, aquests fets no es deuen per tuit manejar.

Elijam cinquanta bons hòmens qui aquesta resposta acorden, e puis, con l'hagen acordada, diguen-la a cascuns de vosaltres si us parrà bona; e si bona vos par, fer-la han; e si mellorament hi ha mester, fer-s'hi ha.

E així tuit tengren en ben ço que en Rocafort hac dit; així que abans que d'aquí partissen, foren elets los cinquanta; e con foren elets, juraren secret. E con ho hagren fet, en Rocafort dix-los:

—Barons: gran amor nos ha Déus feita d'aquest senyor que ens ha tramés, que ja no n'ha e'l món que tant nos valgués; que aquest és de la dreta llinya de la casa d'Aragon, e és dels bons cavallers del món, e d'aquells qui més amen veritat e justícia. Per què jo consellaria que nós, de tot en tot, que nós lo reebéssem per senyor. E ell ha'ns dit que el reebam de part del rei de Sicília per senyor, e açò nós per res no façam; que molt nos val més que ell sia senyor nostre que el rei de Sicília, per ço con aquest senyor no ha res ne terra, per què tots temps serà ab nos e nos ab ell. E el rei de Sicília ja sabets quin guardó nos ha retut del serviï que li fém nós e nostres pares: que tantost con hac pau, nos gità de Sicília ab un quintar de pa per home; e així, açò és cosa que ens deu a tuit membrar. Per que tot clar li respongam que nós per res no el reebríem per part del rei de Sicília, mas que som aparellats que el reebrem per si mateix, així com aquell qui és nat de nostre senyor natural, e que ens tenim molt per honrats, e que som aparellats que li façam fe e homenatge. E d'aço nos sabrà gran grat, e haurem retut nostre deute a ell, e darem a conéixer al rei de Sicília que a nós membra ço que ens féu con hac pau.

E així, finalment, tuit dixeren que bé deia; mas negun no sabia, sinó en Rocafort, les covinences qui eren entre lo senyor rei e el senyor infant. E ell sabia ben que eren tan fort fermades entre ells, que per res l'infant, per si, no podia aquella cosa fer ne reebre senyoria de ciutat, ne de vila, ne de castell ne de lloc; que si la companya ho sabes, per res no el ne lleixaren partir, ans lo reeberen volenters per part del rei de Sicília. Mas en Rocafort los dix:

— Barons, si ell vos en diu de no, que per si no ho pendria, no us haja cura, que tota hora a la fin ho pendrà per si.

Què us en diré? Tot així con hagueren llur acord haüt, ho meteren en consell de la comunitat, e los dixeren llargament tot ço que davant s'és dit; mas emperò no ho dix en Rocafort, ans foren ordonats dos d'aquells cinquanta qui ho digueren per tuit. E tota la companya cridà:

— Ben deïts! Ben deïts!

E així fo feta la resposta al senyor infant.

E com lo senyor infant hac hauda la resposta, fo-li vijares que per gran honor sua li ho diguessen; e ells donaren-li'n de la befa. E què us dire? Que en aital parlament lo tengren quinze dies. E con lo senyor infant veé que en açò estaven, respòs-los que per cert sabessen que si per lo senyor rei de Sicília no el volien reebre, que ell se'n tornaria en Sicília. E con açò fo respost per lo senyor infant e volc pendre comiat, en Rocafort e tota la companya pregaren-lo que no es partís d'ells estrò fossen al realme de Salòniç e que d'estrò lla lo guardarien ells con a senyor. E lla ell hauria haut son acord e ells atretal, e que, si a Déu plaïa, que trametria entre ells concòrdia. E així mateix li dixeren la discòrdia que era entre en Rocafort, e en Berenguer d'Entença e en Ferran Eixemenis, e que plagués a ell que ho adobàs. E ell tot pla respòs que li plaïa.

231

Ara és veritat que nós que havíem estat e'l cap de Gal·lípol e en aquella encontrada set anys depús lo cèsar fo mort, e havíem-hi viscut cinc anys de renadiu, e així mateix havíem deshabitada tota aquella encontrada a deu

481

jornades de totes parts, que haviem tota la gent consu-
mada, sí que res no s'hi collia; per què covenia per forca
que desemparàssem aquell país. E açò era acord d'en
Rocafort e d'aquells qui ab ell eren, així de crestians,
com de turcs, con de turcoples; e així mateix n'era d'a-
quell enteniment en Berenguer d'Entença, e en Ferran
Eixemenis e tots los llurs, e jo mateix ab aquells de
Gal·lípol; mas no ens gosàvem moure per paor de brega
que no es mesclas entre nós, con no havíem què tembre.
E així lo senyor infant parlà ab cascuns, e fo acordat que
tots ensems desemparàssem aquella encontrada, e que jo,
ab vint-e-quatre barques e llenys e quatre galees, tots
armats, ab los hòmens de mar, e ab totes les fembres e
infants que m'emportàs, e que anàs per mar entrò a la
ciutat de Cristòfol, qui és a l'entrant del regne de Salònic
e que lla, si ells hi eren abans que jo, que m'hi esperarien,
e si jo hi era abans que ells, que els esperàs. E fo ordonat
que jo cremàs e enderrocàs lo castell de Gal·lípol, e el
castell de Màdito e tots quants llocs hi teníem.

E així pris comiat d'ells, e venguí-me'n a Gal·lípol e
complí ço que era ordonat. E ab trenta-e-sis veles, entre
galees, llenys e barques, jo eixí de Boca d'Aver e fiu la
via de Cristòfol.

232

E con l'infant e la companya saberen que jo havia
cremats e afogats e enderrocats los castells e llocs, e que
fui eixit de Boca d'Aver salvament, ordonaren llur par-
tença. E lla, ordinació feu lo senyor infant aital que en
Rocafort ab aquells qui ab ells eren, e els turcs e els tur-
coples, que se n'anàs primer d'un jorn, ço és a saber, que
lla on ells jaurien la una nit, que l'endemà lo senyor
infant ab en Berenguer d'Entença e en Ferran Eixemenis
e totes les companyes llurs jaguessen, així que tota hora
anassen una jornada los uns lluny dels altres. E així ana-

ren molt bé ordonats a poques jornades.

E con foren a dues jornades prop de Cristòfol, lo diable, qui no fa sinó mal, ordonà que la host d'en Rocafort se llevà massa gran dia, e la host del senyor infant se llevà massa matí per la gran calor que feia. E aquells d'en Rocafort foren-se llevats gran dia per ço con havien aquella nuit jagut en un plan qui eren tots jardins e que hi havia tots los fruits qui en aquell temps se covenien, e bones aigües, e molt vi que hi trobaren per les cases; e així, per la bona posada, tardaren-se de partir. E los altres havien haüt tot lo contrari, per què es llevaren matín. E així la davantera de la host del senyor infant aconseguí la reassaga de la host d'en Rocafort.

E con aquells d'en Rocafort los veeren, una veu de diable venc entre ells, qui cridaren:

— Armes! Armes! Que veus la companya d'en Berenguer d'Entença e d'en Ferran Xemenis, qui ens venen a matar. Així, de mà en man la veu anà entrò a la davantera; e en Rocafort féu armar los cavalls, e tots aparellaren-se, e els turcs e els turcoples atretal. Què us diré? Lo brogit venc al senyor infant, e a en Berenguer d'Entença e a en Ferran Xemenis; e tantost en Berenguer d'Entença muntà en son cavall, ab una cota vestit, tot desguarnit, ab l'espaa cinta e l'ascona muntera en la man; pensà de cabdellar e de barrufestar los seus, e de fer tornar a endarrer.

E anant cabdellant així con podia, que no es sabia quina rumor s'era, e estant així que ell cabdellava així con aquell qui era molt savi ric-hom e bon cavaller, venc en son cavall, armat de tots punts, n'Humbert de Rocafort, germà menor d'en Bernat de Rocafort, e en Dalmau Sent Martí, llur avoncle, així mateix en son cavall armat; e a junta van venir a en Berenguer d'Entença, qui cabdellava. E cuidaren-se que ell enegàs la companya. E abdosos a junta van-li venir, e en Berenguer d'entença cridà, e dix què s'era; e ells no guar-

daren als, mas abdosos lo van ferir. E trobaren-lo desar-
mat, e passaren-li les llances de l'altra part, així que
abdosos aquí mateix lo mataren; de què fo gran dan e
gran tala, que ell feent bé, lo mataren.

E con l'hagren mort, van cercar los altres, e assenya-
ladament en Ferran Xemenis. E en Ferran Xemenis, així
con a bon cavaller e savi, així mateix al brogit muntà en
son cavall, tot desguarnit, e anava cabdellant. E con veé
que aquells d'en Rocafort hagren mort en Berenguer, e
anaven ab ells los turcs e los turcoples, que feien aitant
con ells los manaven, e veé que tothom moria, estrò ab
trenta hòmens a cavall, anà-se'n a un castell qui era de
l'emperador. Veus en quin perill s'hac a metre, que en
poder de sos enemics s'hac a metre per força. E aquells
recolliren-lo volenters, que veien la brega.

Què us en diria? Que així, matant e firent, vengren tro
lla on era la senyera del senyor infant; e com foren prop
del senyor infant, tothom guardà la senyera e la persona
del senyor infant e sa companya, així que el senyor infant
venc armat sobre son cavall ab la maça en la man, e
anava cabdellant així con podia. E tantost com en
Rocafort e sa companya lo veeren, meteren-se entorn
d'ell per tal que negun hom no li pogués fer damnatge, ne
els turcs ne els turcoples. Què us diré? Que tantost con lo
senyor infant fo ab ells, romàs lo ferir; mas emperò no
romàs tant, que tota hora aquell jorn no matassen dels
nostres mateixs, ço és a saber de la companya d'en
Berenguer d'Entença e d'en Ferran Xemenis, ben cent
cinquanta hòmens a cavall, e ben sis-cents hòmens de
peu. Vejats si fo ben obra de diable, que si la terra fos
poblada de gent qui a batalla los eixissen, ells havien ben
morts aquells e ells mateixs.

E com lo senyor infant venc a la plaça on jaïa mort en
Berénguer d'Entença, avalla, e comencà sobre ell a fer
gran dol, e el besà més de deu vegades, e tots quants n'e-
ren en la host feeren atretal. E en Rocafort mateix se'n

mostrà molt despagat e el plorà, e son germà e son avon-
cle qui mort l'havien, com lo senyor infant los ne reptà;
e escusaren-se que no el coneixien. E així pur, e gran tort
e a gran pecat, lo ric-hom morí, e tots los altres.

E el senyor infant féu aturar en aquell lloc tota la host
tres dies; e en una esgleieta que hi havia ermitana, de
Sant Nicolau, soterraren lo cos e hi feeren cantar misses,
e el meteren en un moniment bell qui era prop de l'altar.
Déus haja la sua ànima! Que martiri dret fo, que per tolre
que no es feés mal, morí.

E con açò fo fet, l'infant sabe que en Ferran Xemenis
era en aquell castell ab aquells qui ab ell se n'eren anats,
e puis que n'hi anaren ben setanta d'altres, així que tota
hora fo al castell ben ab cent bons hòmens de la host. E
l'infant tramés-li a dir que se'n tornàs a ell, e ell tramès-
lo a pregar que li perdonàs, que ell no era en son poder,
con no s'era, que pus fo al castell una vegada, havia a
anar davant l'emperador, ell ab tota sa companya. E així
lo senyor infant tenc-lo'n per escusat, ell e tots aquells
qui ab ell eren.

E estant així, les quatre galees del senyor infant, de
què era capità en Dalmau Senan, cavaller, e en Jacme
Despalau, de Barcelona, vengren en aquell lloc on la host
era, que el senyor infant los havia trameses missatge que
acompanyassen mi. E ells no es volgren aventurar d'en-
trar en Boca d'Aver per paor de galees de genoveses, e
així, menys de mi, tornaren-se'n.

233

E con lo senyor infant vee les sues galees, hac gran
goig; e féu ajustar consell general, e dix-los quin acord
havien: si el volien reebre per senyor per part del senyor
rei de Sicília, que ell s'aturaria ab ells; en altra manera,
que no hi aturaria. E en Rocafort. que ja es tenc per pus
alt con en Berenguer d'Entença fo mort e en Ferran

Xemenis no hi fo, féu estar la companya en aquell ente-
niment: que per res no el reebrien per part del rei de
Sicília, mas per si enleix.

E així, lo senyor infant pres comiat d'ells, e recollí's
en les sues galees, e venc-se'n a una illa qui ha nom lo
Taix, qui era prop d'aquell lloc sis milles. E fo ventura
que aquell jorn mateix jo venguí ab tota ma companya en
aquella illa, que no sabia noves de la host negunes. E
trobé aquí lo senyor infant, qui hac gran goig de mi e
contà'm tot lo fet, de què fui jo molt dolent e despagat, e
tots quants eren ab mi. E així lo senyor infant requés-me,
de part del senyor rei de Sicília e de la sua, que jo no em
partís d'ell; e jo dix-li que era aparellat de complir tot son
manament, així com d'aquell qui tenia per mon senyor,
mas pregué-lo que soferís a la illa del Taix, e jo, ab tota
aquella gent que menava, iria a la companya. E ell dix-
me que li plaïa.

E jo tantost, ab totes les trenta-e-sis veles, ané-me'n a
la companya, que trobé a una jornada prop de Cristòfol.
E con fui ab ells, abans que eixís en terra, fiu assegurar
tots los hòmens, e fembres e infants, e tot ço qui hi era
d'en Berenguer d'Entença e de sa companya, e d'en
Ferran Xemenis atretal; e puis eixí en terra. E tots aquells
e aquelles qui volgren anar lla on era en Ferran Xemenis,
ells anaren, e els fiu acompanyar a cent hòmens a cavall
de turcs e atretants de turcoples e cinquanta hòmens a
cavall de crestians, e los fiu prestar carros qui els porta-
ren la roba. E aquells qui romandre volgren en la host,
romangueren; e a aquells qui romandre no volgren, doné
barques qui los portaren a Negrepont salvament.

E con haguí donat recapte a tot açò, que haguí la host
feta aturar dos jorns, fiu aplegar consell general e repté'ls
tots d'açò que els era esdevengut, e fiu-los remembrant
de quant eren tenguts a aquell ric-hom que mort havien,
e així mateix a en Ferran Xemenis, qui per honor d'ells
havia lleixat lo duc d'Atenes, qui li feia molta d'honor. E

en presència de tuit jo los retí lo segell de la comunitat que hi tenia, e tots los llibres; e els lleixé los escrivans, e pris comiat de tuit. E tuit pregaren-me que per res no em partís d'ells; e sobretot los turcs e els turcoples vengren a mi plorant, pregant que no els desemparàs, que ells feien compte de mi així con de pare. E per veritat que ells no m'apellaven mas lo "català", qui vol aitant dir, en turquesc con lo "pare"; sí que, en veritat, a mi pres major enyorament d'ells per ço con en mon poder eren entrats, e tota hora havien haüda major fe en mi que en null hom de la host, dels crestians. E jo dix-los que per res no podia romanir, que jo no podia fallir a l'infant, qui era mon senyor; sí que, finalment, pris comiat de tuit, e ab un lleny armat que jo hi havia meu, de setanta-dos rems, e dues barques armades, jo em partí d'ells e ané-me'n al Taix, e trobé lo senyor infant qui m'esperava.

E con jo fui partit de la companya, la companya passà per lo pas de Cristòfol ab gran afany, e puis per jornades anaren-se'n en un cap qui ha nom Casseràndria, qui es un cap de mar prop a vint milles de la ciutat de Salònic. E en aquell cap, a l'entrada, ells s'atendaren, e d'aquí corrien a la ciutat de Salònic e per tot aquell país, que trobaren terra nova. E pensaren de consumar aquella encontrada, així con havíem fet a aquella de Gal·lípol, e de Contastinoble e d'Andrinople.

E així lleixar-vos he a parlar de la companya e parlar-vos he d'una bella aventura qui a mi esdevenc en Gal·lípol, qui no fa a lleixar de contar.

234

Veritat és que abans que el senyor infant vengués a Gal·lípol, que venc a Gal·lípol un prohom genovès, per nom ser Tesí Jaqueria, qui era nebot de misser Boneto Jaqueria, e venc ab un lleny armat de vuitanta rems, armat a pla. E con fo a Gal·lípol demanà segurtat e que volia parlar ab mi; e jo asseguré'l, e ell dix-me:

— Capità: veritat és que jo he tengut Fulla ben cinc anys, per mon avoncle misser Boneto Jaqueria, e ara misser Boneto és mort, e son frare, a qui roman lo lloc qui és així mateix mon avoncle, venc a Fulla enguany ab quatre galees e demanà'm de compte; e jo retí-li compte, sí que finalment sobre el compte no ens avenguem gaire bé. Ara he entés que ell torna ab altres quatre galees, e que em vol pendre, e vol mudar altre capità a Fulla; e jo he haüda lletra de son fill que per res no l'esper, que per cert, si em pot pendre, que ell me'n menarà en Gènova. E així són vengut ací a vós, que us són aparellat, ab tots aquells qui són venguts ab mi, que us faça fe e homenatge e que sia u de vostra companya.

E jo, qui sabia que ell era honrat hom e el viu molt savi e bon, reebí'l, e li doné alberg bon e honrat, e el fiu escriure a deu cavalls armats e'l llibre de la companya; que jo havia aquest poder per tota la companya, ço que negun altre no havia.

E con ell fo fet de nostra companya, ell me dix que armàs una galea que havia jo al port, e dos llenys, e que li donàs companya; e que per cert que ell faria de guisa que hauria lo castell de Fulla, e que hi guanyariem tot lo tresor del món. E jo tantost armé la galea, e el seu lleny, e dos altres llenys armats e una barca armada; e així foren cinc llenys. E muntaren-hi tota la sua companya, que eren entrò a cinquanta persones, tots hòmens bons e destres; e mis-hi per capità un meu cosí germà, per nom en Joan Muntaner, al qual doné poder de fer totes coses així con la mia persona pròpria pot fer, e que co que faria, feés tota hora a consell del dit ser Tesí Jaqueria e de quatre bons hòmens altres, catalans, que jo li assigné de consell.

E així partiren de Gal·lípol l'endemà de la festa de Rams. Què us dire? Que el dit ser Tesí féu així, e ordonà, que ells vengren al castell de Fulla la nuit de la festa de

Pasqua, e a hora de matines ells dreçaren llurs escales al mur, que ell portava faitisses, així con aquell qui sabia quant havia d'alt sens més e sens menys. Què us diré? Que abans que fossen sentits, en tal lloc féu ell muntar los nostres hòmens, que trenta dels seus hòmens e dels nostres hac sus e'l mur, guarnits e aparellats. E con aquests foren sus, lo jorn se féu; e ell ab destrals, ab tota l'altra companya, pensà de donar a les portes. E con aquells qui eren dins los hagren sentits, preseren-se a les armes; e aquests trencaren les portes, e aquells nostres qui eren al mur pensaren de matar tots aquells que troba-ren al mur e en les torres. Què us diré? Que tota hora hi mataren ben cent cinquanta persones, e los altres prese-ren tots, que bé hi havia dins cinc-cents hòmens comba-tents. E con lo castell hagueren pres, eixiren defora, en la vila que tenien los grecs qui hi estaven, que eren mes de tres mília persones, tots llauradors de l'alum qui en aquell lloc se feia. E barrejaren tota la vila, e preseren e lleixaren ço que els plagué. Què us dire? Que infinitat fo ço que s'hi guanyà.

E en aquell lloc se guanyaren les tres relíquies que el benauirat sant Joan Evangelista lleixà a l'altar d'Èfesso con se mès al moniment. E con turcs preseren aquell lloç tragueren-ne aquelles tres relíquies, e puis meteren-les penyora a Fulla per forment. E les relíquies eren aques-tes: la primera, un tros de la Vera Creu, que monsènyer sant Joan Evangelista llevà ab la sua man de la Vera Creu, d'aquell lloc on Jesucrist havia tengut lo cap; e aquell tros era molt ricament encastat en aur, ab pedres precioses, que valien sens nombre —que fort cosa vos seria de creure, qui us ho contava, co que entorn li era encastat—; e ab una cadeneta d'aur que hi havia, monsènyer sant Joan tots temps portava-la al coll. E l'al-tra relíquia era un camís molt preciós, menys de neguna costura, que madona santa Maria féu de les sues beneites mans, que li donà; e ab aquell deia tots temps missa lo benauirat sant Joan. E la terca relíquia era un llibre que s'apella *L'Apocalipsi,* qui era escrit ab lletres d'aur per la man pròpia del benauirat sant Joan; e en les cobertes d'aquell havia així mateix una gran riquea de pedres precioses. E així, entre les altres coses guanyaren aquestes tres relíquies, les quals se guanyaren per ço con ja sabia ser Tesí Jaqueria on eren. E així, ab gran guany tornaren-se'n a Gal·lípol; e aquí partiren tot llur guany, e per sort partim les relíquies. E a mi venc per sort la Vera Creu, e a ell lo camís e el llibre qui s'apella *L'Apocalipsi;* e puis l'àls se partí així com partir se devia.

E així veus con nos pres de la companyia de ser Tisí. E puis ser Tesí, ab ço que hac guanyat, armà lo seu lleny de la sua gent e de la nostra, e venc-se'n a la illa del Taix, on havia un bell castell despoblat; e pres aquell castell, e l'adobà e l'endreçà. E en aquell castell venguí jo, e aquí trobe lo senyor infant ab les quatre galees, e aquí m'esperà ell con jo ané a la companya a pendre comiat, e aquí torné al senyor infant. E si anc veés negun hom ben acollir son amic misser Tesí sí féu a mi, que encontinent me lliurà lo castell e tot quant hi havia, e pensà del senyor infant e de nos tots, molt ricament, ben tres jorns que ens hi féu estar. E puis se proferí a mi de la persona, e del castell e d'açò que havia, e jo doné-li molt arnés que jo tenia de casa e moltes armes de diverses maneres, e li doné una barca armada, de vinte-quatre rems, e li lleixé ben quaranta hòmens qui volgren romandre ab ell a sou; e així jaquí-lo ben fornit e arreat. E així l'eximpli és ver, del català, qui diu: "Fé plaer, e no guards a qui"; que en aquell lloc on jo jamés no cuidava ésser, reebí jo tan gran plaer, e el senyor infant per mi, e tota nostra companya. E si ops nos fos, en aquell castell nos pògrem tuit salvar, e per aquell pògrem més estar aquí d'aquí avant.

E així, presem comiat de ser Tesí Jaqueria, e partim-
nos de la illa del Taix ab lo senyor infant. E el senyor
infant féu-me lliurar la mellor galea qui hi era aprés de la
sua, la qual havia nom "Espanyola"; e ab les quatre gale-
es sues, e el meu lleny armat e una barca armada mia,
fém la via del port de l'Almiro, qui és en lo ducat
d'Atenes, on lo senyor infant havia lleixats tres hòmens
per fer bescuit, con entra en Romania. E lla no trobam ne
els hòmens ne el bescuit, que tot li ho hagren barrejat la
gent de la terra. E si anc li ho barrejaren, bé ens en ven-
jam, que tot quant hi hac metem a foc e a flama.

E puis partim de l'Almiro e anam-nos-en a la illa
d'Escròfol, e aquí combatem lo castell e barrejam la illa
tota. E puis fom al cap de la illa de Negrepont; e el se-
nyor infant dix que volia passar per la ciutat de
Negrepont, e nós tuit dixem que per res no fos. E és ver
que ell n'era passat a l'entrant de Romania e hagren-li
bon solaç e companya, e cuidà's que aital li feessen aque-
lla vegada; e així a força de tuit, ell s'apoderà que en
passàssem. E així, a la mala hora nós fem aquella via e
ens metem la corda per lo coll a ben vista nostra; per què
és gran perill anar ab fill de rei, jove, que ells són de tan
alt cor e sang, que no es pensen que per res null hom los
degués fer llur greuge. E segurament així deuria ésser, si
coneixença havia e'l món, mas lo món és així desconei-
xent, que en poques coses ret negun complidament son
deute. E així mateix són senyors que no els gosa hom be
contrastar a res que ells se vullen apoderar; per què així
esdevenc de nós, que la nostra destrucció haguem a con-
sentir.

E així anam-nos-en a la ciutat de Negrepont, e aquí
atrobam que havia vengudes deu galees de venecians e
un lleny armat, de què eren capitans en Joan Corín e en
Marco Minyot, e anaven per misser Carles de França
—a qui s'esguarda l'emperi de Contastinoble— a la

companya; e havia-li per misser Carles un ric-hom francés, per nom Tibaud de Cipoys. E així lo senyor infant féu-se assegurar ell e tota la companya, e els senyors de Negrepont asseguraren-nos, e els capitans de les galees atretal; e convidaren lo senyor infant. E con fom en terra, les galees dels venecians van córrer sobre les nostres, e senyaladament sobre la mia, cor era veu que jo traïa de Romania tot lo tresor del món. E al muntar que hi feeren, mataren-me ben quaranta hòmens, e així mateix hagren mort mi si hi fos, mas jo no em partia un pas del senyor infant. E així barrejaren-me la galea e tot quant hi havia, que era una gran cosa, e puis preseren lo senyor infant e deu dels mellors qui hi eren ab ell. E con aquesta tració hagren feta, misser Tibaud de Cipoys lliurà lo senyor infant a misser Joan de Mesí, senyor de la terça pan de Negrepont, e que el menàs al duc d'Atenes, que el guardàs per misser Carles de França e que en feés ço que ell li manaria. E així menaren-lo ab vuit cavallers e quatre escuders a la ciutat d'Estives; al castell qui ha nom Sant Omer lo duc d'Atenes lo féu guardar.

E a en Tibaud de Cipoys e als capitans de les galees donaren a entendre hòmens de Negrepont, que si volien acabar res ab la companya que hi tornassen mi, que jo m'emportava gran res de la companya; e així, que farien dos béns: que en farien gran bé a la companya, e d'altra part que ells sabien que em matarien tantost, e així no seria qui demanàs ço que m'havien llevat. E així mateix, que hi tornassen en Garcia Gomis Palasín, a qui en Rocafort volia pitjor que a hom del món; e que en farien gran plaer a en Rocafort, e que ells no podien res fer menys d'en Rocafort.

E així con los ho consellaren, així ho feeren; que tornaren en Garcia Gomis e mi a la companya. E con fom a la companya, tantost presentaren en Garcia Gomis a en Rocafort e en Rocafort hac-ne gran plaer; e tantost venc a la popa de la galea, e així con fo en terra, sens altra sentència féu-li tolre la testa, en presència de tuit, en Rocafort; de que féu gran tala e gran damnatge, que en veritat ell era un dels bons cavallers del món, de tots fets.

236

E com açò fo fet, tragueren mi en terra, e con aquells de la companya me veeren, e en Rocafort e els altres van-me tots besar e abraçar, e comencaren tuit a plorar d'açò que havia perdut. Los turcs e els turcoples avallaren tuit e volien-me besar la man, e comencaren a plorar de goig pensant que jo volgués romandre. E tantost, ab en Rocafort e ab tuit ensems qui m'acompanyaren, mena-ren-me al pus bell alberg qui hi era, que em feeren tantost delliurar. E con fui en l'alberg, aquí trameteren-me los turcs vint cavalls e mil perpres en aur, e els turcoples atretants; e en Rocafort tramés-me un bell cavall e una mula, e cent cafís de civada, e cent quintars de farina, e carnsalada e bestiar d'una mena e d'altra. E així mateix no hi hac adalill, ne almogatén ne null qui res valgues en la host, que no em trametés son present; així que tota hora estimaven que em valia, ço que a mi trameteren, quatre mília perpres d'or. Sí que en Tibaud de Cipoys e els venecians se tengren fort per decebuts con m'hi hagren tornat.

E con açò fo fet, en Tibaud de Cipoys, e els venecians e capitans de les galees entraren en parlament ab la com-panya, de llurs afers. La primera cosa que feeren, hagren a prometre a la companya que a mi feessen satisfer del dan que m'havien donat: e açò hagueren a jurar, que la companya los dix que jo era estat llur pare e llur gover-nador depús eren partits de Sicília, e que anc mal entre ells no es poc metre mentre jo fui ab ells, e encara, si jo fos estat ab ells, aquell mal no es feera d'en Berenguer d'Entença ne dels altres. Sí que aquest fo lo primer capíi-tol que ells li hagueren a prometre e a jurar. E ateseren-

493

ho mal e lleig, per què Déus mès mal prou en tots llurs fets, segons que avant entendrets.

Què us diré? En Rocafort, esguardant que ell havia perduda la casa de Sicília, e d'Aragon e de Mallorca, e encara de tota Catalunya, pensà que s'acostàs a misser Carles. E així jurà e féu jurar a tota la companya la senyoria de misser Carles de França, mala a sos ops, e de la una part e de l'altra. E com hagren fet sagrament e homenatge a en Tibaud de Cipoys per misser Carles, e el dit misser Tibaud qui juraren per capità, lo dit misser Tibaud tot suau menà sa capitania, així mateix que àls no podia fer. Què us diré? Con hagren jurat en Tibaud, ell se cuidà que null hom no hi gosàs manar mas ell; e en Rocafort demanava'l menys que un ca, ans féu fer segell ab cavaller ab corona d'aur, que es cuidava coronar rei de Salònic. Què us dire? Con açò fo fet, en Tibaud fo capità del vent. Així con son senyor, misser Carles, fo rei del xapeu e del vent con hac presa la donació del regne d'Aragó, així fo ell capità del xapeu e del vent.

E com los capitans de les galees veeren açò, pensaren que ells havien acabat ço per què eren venguts, pus que havien en Tibaud mes capità de la companya; preseren comiat e volgren-se'n tornar. E la companya, e els turcs e els turcoples, e encara en Tibaud, pregaren mi que romangués, e jo dix que per res no romandria; e con veeren que àls no podien acabar ab mi, feeren-se venir los capitans de les galees e pregaren-los carament de mi, e tantost donaren-me una galea en què anàs tota ma companya. E misser Joan Corí, lo major capità, volc que jo anàs en la sua galea; e misser Tibaud féu-me cartes a Negrepont, que tothom, en pena de cos e d'haver, que em retés lo meu. E jo doné tots los cavalls, e càrreus e azembles a aquells qui estats eren de ma companya qui romandre volgren ab la companya; e així pris comiat de tuit, e recollí'm en la galea de misser Joan Corí. E si anc null hom reebé honor per gentilhom, jo ho fiu d'ell, que tota hora volc que jagués ab ell en un llit, e solament abdosos menjàvem en una taula.

E així venguem-nos-en a la ciutat de Negrepont. E con fom a la ciutat, los capitans dixeren al batlle de Venècia que feés cridar que tothom qui hagués haüt res del meu, que m'ho retés, en pena de cos e d'haver; e així mateix misser Joan de Mesí e misser Bonifaci de Verona feeren atretal, con hagueren vista la carta de misser Tibaud de Cipoys. Què us diré? Que de vent ells foren molt volenteroses que jo fos satisfet, mas de la roba no en poguem res cobrar.

E jo pregué misser Joan Corí que li plagués e fos son plaer que jo pogués anar a la ciutat d'Estives al senyor infant; e ell dix que per amor de mi que m'esperaria quatre jorns, la qual cosa jo li graí molt. E tantost haguí cinc bèsties e ané-me'n a la ciutat d'Estives, qui n'es prop vint-e-quatre milles, e lla trobé lo duc d'Atenes malaute, qui, així malaute con era, m'acollí bé, e em dix que molt era despagat del dan que havia pres, e que ell se proferia a mi que en tot ço que jo veés que ell me pogués ajudar, que m'hi ajudaria. E jo fiu-li'n moltes gràcies, e dix-li que el major plaer que ell me poria fer seria que feés tota honor al senyor infant; e ell respòs que d'açò se tenia molt per tengut, e que era despagat con en aital cas lo s'havia a servir. E jo pregué'l que li plagués que jo el pogués veer, e ell dix que hoç veer e ésser ab ell, e que per amor de mi, que mentre jo hi fos, que tothom hi pogués entrar e menjar, e, encara, que si volia cavalcar, que cavalcàs.

E tantost féu obrir les portes del castell de Sent Omer, on ell estava, e jo ané a veer lo senyor infant. E si haguí dol con lo viu en poder d'altre, no m'ho demanets, que esclatar cuidé per lo cor; mas ell, per la sua bonea, m'aconhortà. Què us diré? Dos jorns esteguí ab ell, e el pregué que li plagués que jo romangués ab ell, que jo acabaria ab lo duc d'Atenes que li plauria que jo estegués ab ell. E ell dix que no era mester que jo romangués, ans era ops que me'n pensàs d'anar en Sicília, e ell fer m'hia carta de creença al senyor rei de Sicília, que a negun altre no en volia escriure. E tantost féu-me fer la lletra, e dix-me tota la missatgeria que jo degués dir e tot ço que fer degués; que ell ben sabia que no havia hom al món qui tan bé sabés los afers que li eren esdevenguts en Romania, con jo; e segurament deia'n veritat.

238

E con haguí estat dos jorns ab ell, pris-ne comiat ab gran dolor, que per poc lo cor no m'esclatà. E lleixé-li, d'aquells pocs diners que portava, partida; e encara me despullé de unes vestedures que portava, e doné-les al coc que el duc li havia lliurat. E parlé a pan ab ell, que es guardàs que no soferís que res que dan li feés, li fos mès en la vianda; e si bona guarda ne feia, que de mi e d'altres n'hauria molt de ben. Si que ell posà les mans als Evangelis, e jurà en mon poder que abans se lleixaria tolre la testa, que ell soferís que mal li vengués negun per menjar que ell li aparellàs. E així partí'm d'ell, e haguí pres comiat del senyor infant e de sa companya, e ané pendre comiat del duc; e ell, la sua mercè, donà'm ses joies riques e bones, e partí'm pagat d'ell.

E torné-me'n a Negrepont, e trobe les galees qui no esperaven sinó mi; e tantost recollí'm. E pensam de partir de Negrepont, e anam refrescar a la illa de Setepose, e puis a la Sidra, e puis a Malvasia, e a Malea, e a Sant Àngel, e al port de les Guatlles, e puis a Corron. E de Corró anam-nos-en a la illa de Sapiència, e aquella nuit jaguem a la dita illa.

E com venc al maití, així con lo sol eixí, nos guardam, e veem venir quatre galees e un lleny per lla on nós érem venguts. E tantost llevam-nos de la posta e feem la llur via; e ells, qui ens veeren, pensaren-se d'armar. E jo guardé, e viu lluir los capells de ferre e les ascones munteres; tantost pensé'm que eren les galees d'en Riambau des Far, de qui jo havia haüda llengua, e tantost jo ho dixí al nostre capitan; e així los venecians pensaren-se d'armar. E a cap de peça lo lleny armat d'en Riambau des Far venc ab en Pere de Ribalta, qui era a popa, e tantost jo el conic; e acostà's ell que em veés, hac gran goig, e així munta en la galea a mi e dix-me que eren les galees d'en Riambau des Far. E els capitans dels venecians prengueren-me a una part, e dixeren-me que jo que los desenganàs d'aquest cavaller, si era home malvat ne si havia fet mal a venecians. E jo dix-los que per cert que ell era prohom e hom qui per res no faria mal a null hom qui fos amic del senyor rei d'Aragó; ans los pregava que l'amassen e l'honrassen aitant con estarien ensems. E així ells feeren desguarnir les gents, e dixeren a mi que jo que els asseguràs de part d'ells, e que venguessen a la bona hora. E així jo munté al lleny ab en Pere de Ribalta, e ané a en Riambau e fiu desguarnir tothom; e així mateix, ensems venguérem a les galees. E aquí saludam los uns los altres, e tots ensems anam-nos-en a la illa de Sapiència, e aquí metem tots escales en terra. E los nostres capitans convidaren en Riambau des Far e tots los caps, e aquell jorn esteguem aquí estrò a despertada.

E a despertada llevam-nos tots ensems, e anam a Metó e aquí refrescàrem totes les galees e llevàrem aigua. E l'endemà anam-nos-en a la plaja de Matagrifó, e llevam així mateix aigua; e puis anam-nos-en a Clarença. E en Clarença les galees dels venecians s'havien a aturar per ordonar quatre galees que havien a lleixar en guàrdia; e així jo mudé'm ab en Riambau des Far, qui em féu lliurar una galea per ma companya. E ser Joan Corí, lo capità dels venecians, donà'm dues bótes de vi, e bescuit assats, e carnsalada, e de tot ço que havia en la sua companya. E jo que fiu comprar en Clarença ço que em feia mester.

E així pris comiat d'ells, e ab en Riambau des Far pensam-nos-en de venir a Curfó. E puis travessam del Curfó, e presem terra al golf de Tàranto, ço és a l'eixida del cap de les Leuques; e puis costejam la Calàbria e venguem-nos-en a Messina. E a Messina en Riambau des Far desarmà. E ell e jo anam al senyor rei, que atrobam a Castronou. E aquí lo senyor rei acollí bé en Riambau e li donà de ses joies; e puis anà-se'n en Riambau, e jo romanguí ab lo rei, e doné-li la carta del senyor infant, e li dix tota la missatgeria.

E lo senyor rei fo molt despagat de la presó del senyor infant, e tantost tramés-ne missatge al senyor rei de Mallorca e al senyor rei d'Aragon. E entretant, missatge venc de misser Carles al duc d'Atenes, que trametés lo senyor infant al rei Robert; e tantost ell lo tramés a Brandis, e de Brandis anà-se'n per terra a Nàpols. E a Nàpols lo senyor infant estec en preso cortesa, que era guardat e cavalcava ab lo rei Robert, e menjava ab ell e ab madona la reina, muller del rei Robert, qui era sa germana. Què us diré? Més d'un any estec lo senyor infant en presó; e puis lo senyor rei son pare recaptà ab lo rei de França que l'hi trametessen. E així lo rei de Franca e misser Carles manaren per llurs missatges al rei Carles, qui encara era viu, e al duc Robert, que el trametessen al rei son pare. E tantost ab dues galees trameteren-lo al rei son pare, e preseren terra a Coplliure; e féu-ne gran festa lo rei son pare, e madona la reina sa mare, e tots quants n'havia en les terres del senyor rei de Mallorques, per ço con tots l'amaven més que fill que el rei hagués.

E així lleixar-vos he estar lo senyor infant, qui es ab lo senyor rei son pare, sa e alegre, e tornar-vos he a parlar de la companya entrò que els vos haja amenats al ducat d'Atenes, on vui són. E puis d'aquí avant no m'entremetré d'ells, que si res ne deia poria fallir, així com aquell qui de llurs fets d'aquí avant no sap res de veritat.

Com en Rocafort hac fet segell ab cavaller ab corona d'aur, apoderà's així de la host, que menys hi coneixien en Tibaud de Cipoys que un sargent; sí que ell ne fo molt dolent e tenc-se fon per escarnit. E en Rocafort desconec-se així, que null hom no moria en la host, que ell no es prengués tot quant havia; d'altra part, si negun hagués bella filla o bella amiga, era mester que ell l'hagués; així que no es sabien que es feessen, tots. E a la fi los caps de les companyes secretament anaren-se'n a en Tibaud de Cipoys, e dixeren-li quin consell los dava d'en Rocafort, que no el podien soferir. E ell respòs que consell negun no els podia dar, que ell era senyor; mas si ells volien bé fer, que pensassen d'una part e ell d'altra què hi farien. E tot açò deia en Tibaud, que es pensava que el volguessen trair e decebre. E així en Tibaud anà a en Rocafort e, a una part, représ-lo; e ell no li ho preà res.

E així en Tibaud havia tramés son fill en Venècia, que li armassen sis galees, e aquelles ell esperava. Sí que a poc de temps elles vengren ab son fill, qui n'era capità; e con les galees foren aquí, ell se tenc per estort. E tramés als caps de companyes secretament, e demanà-los què havien fet en aquell fet, ne pensat, d'en Rocafort. E ells dixeren que tenien per be que misser Tibaud feés cridar consell general, e con serien al consell, que ells dirien tot ço que ell faïa, e que el pendrien en persona e l'hi lliura-rien. E així es féu. Per què, per llur desastre, l'endemà, que foren a consell, ells lo mogren de noves, e sobre les noves ells lo preseren, e lliuraren-lo a en Tibaud; de què feeren lo major desastre que anc gents feessen, con lo lliuraren a negun, mas que ells se'n presessen venjança, si en cor n'havien res de fer.

Què us diré? Que con misser Tibaud tenc en Bernat de Rocafort e n'Humbert son frare (que llur avoncle, en Dalmau de Sent Marti, era mon poc havia, de malautia), los caps de companya corregueren a l'alberg e a les caixes d'en Rocafort, e trobaren-hi tantes de perpres d'or, que tretze perpres ne partiren per hom; e així li barrejaren tot quant havia. E con en Tibaud tenc en Rocafort e son frare, una nuit ell se recollí tot celadament ab sa companya en les galees, e mès dins en Rocafort e son frare; e tantost ell baté de rems e lleixà'ls, sens comiat que no pres de negun. E con venc al mati, que la companya no trobaren misser Tibaud, e veeren que se'n fo anat e que se n'hac menat en Rocafort e son frare, foren molt dolents, e penediren-se d'açò que hagren fet. E moc-se entre ells una gran rumor, que es van pendre a les armes, e van allancejar catorze caps de companya qui en aquell fet havien consentit. E puis van eléger dos de cavall, e un adalill e un mogatén, per qui es regissen estrò haguessen cap. E així estegren en aquesta manera, regent los quatre la host a consell dels dotze.

E en Tibaud de Cipoys anà-se'n estrò a Nàpols, e aquí ell lliurà al rei Robert en Rocafort e son frare, a qui volien pits que a hòmens del món, per los castells de Calàbria que no havia volgut retre així con los altres. E con lo rei Robert los tenc abdosos germans, tramés-los al castell d'Avers; e en una volta hom los mès, e aquí ell los lleixà morir de fam, que anc pus hi foren entrats, no els donà hom a menjar ne a beure. E així podets veure que qui mal fa, no el se llunya de si, e on en major grau és l'home. pus pacient e pus dreturer deu ésser.

Ara us lleixaré a parlar d'en Rocafort, que son temps ha complit, e tornar-vos he a parlar de la companya.

240

En aquest temps s'esdevenc que el duc d'Atenes morí per malaltia, e no hac fill ne filla, e lleixà lo ducat al comte de Brenda, qui era son cosí germà. E aquest comte de Brenda nodrí en Sicília llong de temps, al castell d'Agosta, con era fadrí; que son pare lo mès en resena, que hi fo pres, e eixi'n ab rescat, e lleixà son fill en son lloc; e per açò fenyia's d'amar catalans, e parlava catalanesc. E quan fo al ducat, lo dispot de l'Arta desafià-lo, e l'Àngel, senyor de la Blaquia, atretal, e l'emperador atretal, així que de cascuna part li daven prou què fer. E tramès sos missatges a la companya, e els promès de pagar lo sou de sis meses si li venien ajudar, e encara puis de mantenir-los en aquell sou, ço és a saber quatre onces lo mes per cavall armat, e dues per cavall alforrat, e una onca per hom de peu. Sí que d'açò feeren sagrament e llurs covinences jurades de cascuna pan.

E sobre açò la companya partí's de Casseràndria, e venc a la Morea, ab gran afany que en soferiren a passar la Blaquia, qui es la pus forts terra del món. E con foren al ducat d'Atenes, lo comte de Brenda acollí-los bé, e los donà encontinent paga de dos meses; e començaren a venir contra llurs enemics del comte, si que en poc de temps hagueren consumada tota la frontera dels enemics del comte. Què us diré? Que cascuns hagueren goig que pau poguessen fer ab lo comte; sí que el comte cobrà més de trenta castells que li havien llevats, e ab gran sa honor posà's ab l'emperi, e ab l'Àngel e ab lo dispot. E açò hac fet dins sis meses, e no hac feta paga mas de dos meses.

E com ell veé que hac pau ab tots sos veïns, pensà's una gran malaventura, ço és, que pogués la companya destrouir. E trià estrò a dos-cents hòmens a cavall, de la host, dels mellors qui hi eren, e estrò a tres-cents de peu, e aquests ell féu de sa casa, e els quità, e los donà terres e possessions; e con bé los hac asseguts, ell manà als altres que li eixissen de la terra e de tot son ducat. E aquells digueren que els pagàs ço que li havien servit, e ell dix-los que els daria la forca. E entretant ell hac fets venir, qui de la terra del rei Robert, qui del principat de la Morea, qui d'aquell país, ben set-cents cavallers franceses; e con los hac ajustats, ajusta ben trenta mília hòmens de peu, del ducat, grecs, e llavors, host feta, ell venc contra la companya. E aquells de la companya, qui ho saberen, ab llurs mullers e ab llurs infants eixiren-los en un bell pla prop d'Estives; e havia-hi un pantà, e del pantà la companya se féu escut.

E com los dos-cents hòmens a cavall e els tres-cents de peu dels catalans veeren que a de veres ho feia lo comte, anarense'n tots ensems a ell, e dixeren-li:

—Sènyer, nostres germans són ací davant nós, e nós veem que els volets destrouir a gran tort e a gran pecat; per què nós vos deïm que ab ells volem anar morir. E així, desafiam-vos e ens espedim de vós.

E el comte dix que anassen a la mala ventura, que bo era que morissen ab los altres. E així tots plegats anaren-se mesclar ab la companya.

E pensaren tuit d'arrengar batalla. E els turcs e els turcoples aplegaren-se tots en un lloc que no es volgren mesclar ab la companya, pensant que no es feés ab acordada pensa dels uns e dels altres per destrouir ells; e així volgren estar tots plegats a la vista. Què us diré? Lo comte, batalla arrengada, ab set-cents cavallers franceses, tots ab esperons d'aur, e molts d'altres del país, e ab les gents de peu, venc envers la companya. E ell mès-se en la davantera ab la sua senyera, e pensà de brocar, e va ferir en la companya; e aquells de la companya anaren ferir en ell. Què us diré? Que els cavalls del comte, al brogit que los almogàvers feeren, giraren envers lo pantà, e aquí lo comte caigué, e la sua senyera e tots aquells qui en la davantera vengren. E els turcs e els turcoples, qui veeren que a de veres se feia, pensaren de brocar e ferir en ells. E la batalla fo molt forts, mas Déus, qui tots temps ajuda a la dretura, ajudà a la companya, en tal manera que de tots set-cents cavallers no n'escaparen mas sol dos; que tots moriren, e el comte e tots los barons del principat de la Morea, qui tots eren venguts per destrouir la companya. E d'aquests dos fo la un misser Bonifaci de Verona, senyor de la terça part de Negrepont, qui era molt prohom e bon, e tots temps havia amada la companya; sí que tantost lo salvaren, que el conegren. E misser Roger del Llaur, un cavaller qui fo de Rosselló, fo l'altre, lo qual moltes vegades era estat per missatge a la companya. E així mateix hi moriren tots quants hòmens de cavall hi havia del país, e de peu n'hi moriren més de vint mília persones. E així la companya llevà lo camp, e hagren guanyada la batalla e tot lo ducat d'Atenes.

E tantost con lo camp hagren llevat, pregaren misser Bonifaci que fos llur capità, e ell no ho volc pendre per res; e així feeren capità misser Roger des Llaur, e li donaren per muller la muller qui fo del senyor de la Sola, ab lo castell de la Sola. E així partiren-se la ciutat d'Estives e totes les viles e castells del ducat; e donaren les dones per mullers a aquells de la companya, a cascú segons que era bon hom, e daven a tal tan honrada dona, que no li tanguera a ell que li donàs aiga a mans. E així, assegueren-se e ordonaren llur vida en tal manera, que si sàviament ho volen tenir, que per tots temps ells e els llurs hi hauran honor.

241

E els turcs e els turcoples, qui veeren que la companya d'aquí avant no s'entenia a partir del ducat d'Atenes e hagueren tot lo món guanyat, dixeren que se'n volien anar. E els catalans los dixeren que ells los darien tres o quatre llocs, o més, del ducat, lla on se volguessen, e que els pregaven que romanguessen; e ells dixeren que per res no romandrien, que pus Déus los havia fet bé, que tots eren rics, que se'n volien tornar al realme del Natolí a llurs amics. E així paniren-se ab gran honor e ab gran concòrdia los uns dels altres, e es proferiren ajuda cascuns, si ops s'havien.

E així tornaren-se'n salvament entrò a Gal·lípol a poques jornades, afogant e cremant tot co que davant los venia, que no havien reguard que null hom los estegués davant; en tal manera havien lleixat l'emperi los catalans. E con foren en Boca d'Aver, vengren a ells deu galees de genoveses per tractament de l'emperador, e dixeren que los passarien lo braç de Boca d'Aver, qui no ha d'ample pus de quatre milles en aquell lloc; e així avengren-se ab ells, e juraren-los sobre los sants Evangelis que salvament e segura los passarien. Així que passaren-ne un viatge de la pus menuda gent qui hi era; e con aquells honrats veeren que bé havien passada aquella gent, meteren-se en les galees; e con foren en les gàlees, a l'entrant llevaven-los les armes (que així era en covinença, que els turcs lliurassen totes llurs armes als genoveses), e los genovesos metien-les totes en una galea. E puis, con los turcs foren recollits en les galees, qui eren menys d'armes, los mariners lleixaren-se córrer sobre los turcs, e mataren-ne bé la meitat, e los altres meteren-se dessota. E així hagueren-ne la major part d'aquells qui bons eren, e menaren-los-se'n en Gènova, e els anaren venent en Polla, e en Calàbria, e en Nàpols e en altres llocs. E d'aquells qui eren romases en la part de Gal·lípol no n'escapà negun, que l'emperador hac molta gent feta venir de Contastinoble, que tots los mataren. E així los turcs veus ab qual falsia e ab qual deslleialtat foren consumats per genoveses, que no n'escaparen mas aquells qui en la primera vegada passaren. E d'açò foren molt despagats aquells de la companya, con ho saberen. E així veus los turcs quina fin han feta.

242

E com los catalans se veeren així ordonats al ducat d'Atenes e senyors d'aquell país, ells trameteren llurs missatges en Sicília al senyor rei de Sicília, que si a ell plaïa un de sos fills trametre a ells, que ells lo jurarien per senyor e li lliurarien totes les forces que tenien; que ells ben veien que no estaven bé menys de senyor, pus que

Déus los havia tant de bé fet. E lo senyor rei de Sicília hac son consell que los donàs per senyor lo segon fill que ell havia, ço és a saber l'infant Manfré, e ells tengrense'n per pagats; mas dix-los que tant era poc que no era encara saon que l'hi trametés, mas que jurassen l'infant Manfré per senyor e puis iria-hi un cavaller qui seria llur capità en son lloc. E açò atorgaren los missatges; e així los missatges, per tota la companya, juraren l'infant Manfré per senyor. E el senyor rei ordonà un cavaller, per nom en Bernat Estanyol, qui fo d'Empordà, qui es n'anà ab ells per ésser capità de la host, e que presés sagrament e homenatge de tots; e així lo senyor rei tramés-los-ne ab cinc galees.

E con foren a la companya, aquells de la companya foren molt pagats d'açò que els missatges hagren fet, e d'en Bernat Estanyol, qui els venia per capità; e reeberen-lo per capità e per major per part de l'infant Manfré. E així regé la host un gran temps molt bé e molt sàviament, així con aquell qui era savi cavaller; e hi féu molt bon fet d'armes. Que la companya ordonà així: que tota hora la companya ha per veïns quatre grans poders, ço és a saber, que marquen ab castells e llocs de l'emperador, e així mateix marquen ab l'Àngel, senyor de la Blaquia, e d'altra part marquen ab lo dispot de l'Arta, e d'altra part ab lo princep de la Morea; e en Bernat Estanyol ordonà'ls així: que tota hora se retenien una guerra e ab los altres feien treves, e puis, con havien consumat aquell pais on havien guerra, entrevaven-se ab aquell e havien guerra ab la u dels altres. E aquella vida mateixa tenen encara, que ells menys de guerra no porien viure.

243

E per avant en Bernat Estanyol morí de malautia, e ells trameteren en Sicília al senyor rei, que els trametés regedor. E lo senyor rei féu-se venir de Catalunya son fill n'Alfonso Frederic qui es nodria ab lo senyor rei d'Aragó; e de Catalunya ell se'n menà bona companya de cavallers e de fills de cavallers e d'altra gent; e recollí's a Barcelona, e venc en Sicília, e féu gran goig al rei son pare con lo vee tan gran e de tan bell tai. E aparella'l molt bé, e ab deu galees tramés-lo a la companya per cap e per major, per part de l'infant Manfré. E con fo a la companya, aquells de la companya foren-ne molt alegres e el reeberen; e ell los regí e els senyorejà, e fa encara, molt sàviament e bona.

E no anà a molt de temps que l'infant Manfré morí, e així lo senyor rei trames-los a dir que pus l'infant Manfré era mort, que d'aquí avant tenguessen lo senyor infant n'Alfonso Frederic per cap e per senyor; e la companya foren-ne molt pagats. E tantost percaçaren-li muller, e donaren-li per muller la filla de misser Bonifaci de Verona, a qui era romàs tot ço que misser Bonifaci havia, ço és a saber, la terça part de Negrepont e ben tretze castells en la terra ferma, al ducat d'Atenes. E així hac aquesta donzella per muller, qui fo filla d'aquest noble qui fo lo pus savi hom e el pus cortés hom que creu que anc nasqués; e per la sua bonea vos contaré lo bon duc d'Atenes quina honor li féu. E així n'Alfonso Frederic ha per muller aquesta gentil dona, qui és de part de pare dels nobles hòmens de sang qui sien en Llombardia, e la mare, qui fo muller de misser Bonifaci, fo filla dels pus nobles hòmens de la Morea; e per la muller hac misser Bonifaci la terça part de Negrepont. E d'aquesta dona ha n'Alfonso Frederic infants assats, e es eixida la mellor dona e la pus sàvia qui anc fos en aquell país, e segurament és de les belles crestianes del món; que jo la viu en casa de son pare, infanta, que havia entrò a vuit anys, con ab lo senyor infant hi fom preses; e en casa de misser Bonifaci fom meses ab lo senyor infant de Mallorques com fom preses.

Ara d'aquí avant vos jaquesc a parlar de n'Alfonso

Frederic e de la companya, que d'aquí avant no me n'entremetria d'ells a parlar; que, depuis son vengut en Calàbria e en Catalunya, ells són tan lluny, que a hurtes hauria a parlar de llur fet, e jo no vull en aquest llibre metre mas ço qui és vera veritat. E així Déus los jaquesca ben dir e bé a fer, que de llur fet d'aquí avant no me n'entremetria. Mas emperò vull-vos contar la honor que el bon duc d'Atenes qui lleixà la terra al comte de Brenda, li féu un dia; e açò vull contar per tal que reis e rics-hòmens ne prenguen bon eximpli.

244

Veritat és que el duc d'Atenes és un dels pus nobles princeps qui sien en l'emperi de Romania aprés rei, e dels pus rics. E antigament foren dos frares, fills del duc de Braiman, qui passaven en Oltramar per la santa Esgleia de Roma, ab gran cavalleria e ab molta altra gent, ab naus, qui s'eren recollits a Brandis e en Venècia; e l'hivern aconseguí'ls al port de Clarença. E llavors aquelles gents d'aquell país eren rebels a l'Esgleia, e aquests dos senyors trameteren missatges al papa que si ell los donava lo principat de la Morea e el ducat d'Atenes, que ells aquell hivern que els conquerrien; e aitampoc se podien aquell hivern pus avant anar. E el papa ab gran goig atorgà-los-ho, sí que aquells dos conquistaren tot lo principat de la Morea e el ducat d'Atenes. E el major fo príncep de la Morea, e l'altre duc d'Atenes, e cascun hac sa terra franca e quítia, e donaren a llurs cavallers, qui castells, qui casals, qui llocs, així que tota hora hi poblaren mil cavallers franceses, qui tots hi feeren venir llurs mullers e llurs infants; e ells mateixs feeren venir llurs mullers de França; e puis tota hora aquells qui són estats apres d'ells, prenen mullers dels pus nobles barons de França filles, e així per dreta llinya són nobles hòmens e d'alta sang.

Esdevenc-se que el bon duc d'Atenes, com ja davant vos he dit, qui lleixà la terra al comte de Brenda, volc pendre cavalleria; e feu manar corts per tota sa terra, e manà que el dia de sant Joan de juny, tots quants hòmens honrats havia en son ducat, fossen a la ciutat d'Estives, on ell volia pendre cavalleria; e així mateix ho manà a prelats e a tota altra bona gent; e puis féu cridar per tot l'emperi, e per tot lo dispotat e per la Blaquia, que tothom que hi volgués ésser, que vengues reebre dons e gràcies d'ell. E així fo manada la cort ben per sis meses abans que es feés.

E és veritat que el senyor de Verona, qui és bona ciutat en Llombardia, hac tres fills, e la un, ço és lo major, ell heretà de tot quant havia; e aquell qui venia aprés, ell arrea ab trenta cavallers e ab trenta fills de cavallers, e los tramés a la Morea al duc d'Atenes. E aquell qui era duc d'Atenes, pare d'aquest duc de qui ara vos parle, reebé-lo molt volenterosament, e donà-li molt del seu, e el feu gran ric-hom, e li donà muller, ab gran riquea; e fo molt savi cavaller e bo, e hac dos fills e dues filles de sa muller. E com los frares saberen que així bé li anava, misser Bonifaci, qui era lo menor, dix a son frare lo major que ell volia anar a la Morea a son germa; e al frare major plagué, e ajudà-li d'açò que poc. E misser Bonifaci no havia mas un castell, que son pare li havia lleixat, e aquell vené per ço que mills s'aparellàs; e així aparella's ab deu cavallers e ab deu fills de cavallers, e pres cavalleria de son frare lo major, per ço que més li valia que cavaller fos que si anàs escuder; que en aquelles parts no és honrat negun fill de ric-hom ne de cavaller estrò és cavaller, e per ço se féu ell cavaller per mà de son frare.

E així partí's de Llombardia, e venc-se'n en Venecia, e recollí's aquí, e venc al ducat d'Atenes. E con fo al ducat, venc denant lo duc qui el reebé molt ben, e trobà que son frare era mort no havia un mes, e que n'eren romases dos fills e dues filles. E així lo ric-hom tenc-se per consumat, que ço de sos nebots no li profitava res, que aquells qui n'eren tudors no li podien res donar dels pubills; e així podets entendre con se tenc per desbaratat. E el bon duc d'Atenes, qui el veé així desconhortat, confortà'l, e dix-li que no s'esmaïàs, que ell lo reebria de sa casa e de son consell, ab tots aquells qui ab ell eren venguts. E així lo ric-hom fo recreat del tot; e el duc d'Atenes féu-li escriure sa ració bona e bella, per si e per sa companya. Què us diré? en aquesta vida visqué ben set anys, que anc no fo null hom, en la cort del duç qui pus asaltment se vestis, ell ne sa companya, ne mills anàs arreat, que ell e sa companya feia; així que tota aquella cort acolorava. E el duc d'Atenes prenia's ben guarda de son bon seny e de son bon capteniment, si ben no se'n feia res semblant; d'altra part, trobava'l ab consell molt savi e bon.

E en aquesta saon que la cort s'aproïsmava, que el duc hac manada, cascun s'esforçà de fer vestits a si e a sa companya, per honor de la cort, que donassen a joglars. Què us diré? Que el jorn de la cort venc e en tota la cort no hac mills vestit negun, ne pus honradament, que fo misser Bonifaci e sa companya; e hi hac ben cent brandons a son senyal; e açò tot manllevà sobre la ració que devia avant venir. Què us dire? La festa començà molt gran, e con foren a l'esgleia major, on lo duc devia pendre cavalleria, e l'arquebisbe d'Estives deia la missa, e sobre l'altar estegren les armes del duc tothom estec esperant que el duc presés cavalleria de si mateix, e meravellaven-se; que el rei de França e l'emperador hagren plaer, e s'ho tengren a honor, que d'ells volgués reebre cavalleria.

E així, con tots estaven esperant, ell féu apellar misser Bonifaci de Verona, e ell venc tantost; e el duc dix-li:

— Misser Bonifaci, seïts aquí, prop l'arquebisbe, que jo vull que vós me façats cavaller.

E misser Bonifaci dix-li:

— Ah, senyor! Què és açò que vos deïts? Tret-vos escarn de mi?

Segurament—dix lo duc—no, ans vull que així sia.

E misser Bonifaci, qui vee que ab cor d'atendre ho deia, acostà's a l'altar, a l'arquebisbe, e aquí ell va fer lo duc cavaller.

E con l'hac fet cavaller, lo duc dix davant tuit:

— Misser Bonifaci: usança és que tot temps donen aquells qui fan los cavallers als cavallers novells que fan. E jo vull fer lo contrari: vós m'havets fet cavaller, e jo dón-vos ací de present cinquanta mília sous de renda de torneses per tots temps, e vós e als vostres, d'aquest dia avant, tots en castells e en bons llocs, qui sien de vós e dels vostres en franc alou, a fer totes vostres volentats. E encara vos dó per muller la filla d'aital baró, qui és roma-sa en mon poder, qui és dona de la terça part de la illa de Negrepont.

E així veus con l'heretà en un dia e en una hora; per què fo lo pus honrat do en un dia que, gran temps ha, negun princep feés, e fo cosa nova e estranya. E puis vis-qué misser Bonifaci ric e bastat, e li lleixà sa ànima lo duc con mori, e el féu procurador del ducat estrò lo comte de Brenda hi fo. E així podets saber de qui fo filla la muller de n'Alfonso Frederic.

Ara vos lleixaré a parlar de tots los fets de Romania, e tornar-vos he a parlar del senyor rei d'Aragon, e del senyor rei de Mallorca e del senyor rei de Sicília.

245

Com lo senyor rei d'Aragó hac llevat lo regne de Múrcia al rei en Ferrando de Castella, fill qui fo del rei don Sanxo, e li hac fet córrer gran res de tota Castella al senyor infant en Pere e a d'altres, aquells de Castella vee-ren que la guerra d'Aragon no els era bona (e especial-ment don Enric qui era molt antic e savi), e tractaren pau ab lo senyor rei d'Aragon. Així que la pau se féu en aquesta manera: que el fill major del senyor rei d'Aragó, per nom l'infant don Jacme, devia pendre per muller la filla del rei don Ferrando tantost con fos d'edat, e tantost la lliuraren al senyor rei d'Aragó, qui la féu nodrir en Aragó; e lo senyor rei d'Aragó reté lo regne de Múrcia al rei don Ferrando, salvant ço qui era de sa conquesta, que el senyor rei en Jacme, son avi, havia donat en dot, ab una sua filla, a don Manuel, frare del rei don Alfonso de Castella. E puis aquella dona morí sens infants, e la terra devia tornar al senyor rei d'Aragó; e per la gran amistat que el rei en Jacme havia ab lo rei don Alfonso, son gendre, e ab l'infant en Manuel, qui així mateix era estat son gendre, lleixà-ho tenir a don Manuel. E ara lo senyor rei d'Aragó volc-ho cobrar, e gran raon e dret que era; e així en aquestes paus recobrà-ho, ço és, Alacant, Elx, Asp, Petrer, la vall d'Etla e de Noetla, e la Mola, Crivileny, Favanella, Callosa, Oriola, Guardamar.

246

Com lo senyor rei en Jacme hac feta la pau e fermada, pensà que pus pau havia ab totes gents, que anàs sobre sarraïns, ço és a saber, sobre lo rei de Granada, qui li havia trencades les treves com lo rei de Castella se deseixí d'ell. Per que de tot se'n volc venjar; e tractà ab lo rei de Castella que de tot anassen sobre el rei de Granada en aquesta manera: que el rei de Castella ab son Poder anàs assetjar Altzehira d'Alhadre, e lo senyor rei en Jacme d'Aragon anàs assetjar la ciutat d'Almeria. E així fo ordonat, e promés per cascuns dels reis, que açò se complís a dia cert, e que negú no degués abandonar la guerra ne son setge sens volentat de l'altre. E açò fo ordonat sàviament, per ço que el rei de Granada hagués a fer dues parts de la sua gent.

E així es complí, que el rei de Castella anà assetjar

Altzehira d'Alhadre, e el senyor rei d'Aragon la ciutat d'Almeria, qui és ciutat molt bona. E el setge durà ben nou mesos, que el senyor rei d'Aragó tenc qui ab trabucs, e ab manganells e ab tots aparellaments qui a setge pertanyen; que el senyor rei d'Aragó hi venc aparellat molt poderosament, ab molts rics-hòmens e barons de Catalunya e d'Aragon. E entre los altres, hi venc ab ell l'infant en Ferrando de Mallorques, molt ricament aparellat, ab cent cavalls armats e ab molts hòmens de peu, e ab galees e llenys qui portaven los cavalls, e viandes, e companyes e trabucs; que el senyor rei de Mallorca volc que vengués al secors del senyor rei d'Aragon bé arreat de tots punts, així con aquell qui era u dels mellors cavallers del món, de sa persona; e parec-ho bé en tots los afers qui els vengren entre mans, al setge; que, entre los altres fets, hi hac tres vegades feines ab los moros, que de tothom se'n llevava cavalleria l'infant en Ferrando.

247

Que un jorn, la vespra de Sant Bartomeu, s'esdevenc que els moros foren tots aplegats, quants n'havia al regne de Granada, contra lo senyor rei d'Aragó, en colpa del rei de Castella, qui es llevà del setge que tenia, sens que no en féu res a saber al senyor rei d'Aragó. E féu gran falla lo rei de Castella con al senyor rei d'Aragon no ho féu a saber, que ell se llevava del setge, e mès en gran ventura lo senyor rei d'Aragon, qui fo sobtat de tanta gent que li venc dessús, de què ell no es sospitava; e així tot lo poder de Granada venc la vespre de Sant Bartomeu, sobre la host del senyor rei d'Aragon. E lo senyor rei d'Aragó veé aquest poder tan gran, fo molt meravellat, mas de res no se n'esmaià, ans ordonà que el senyor infant en Ferrando estegués ab sa companya a l'esperó de la ciutat d'Almeria, per ço que si negun eixia de la ciutat per ferir en lo setge mentre ells se combatrien ab los sarraïns, que el senyor infant ho defensàs. E vull que sapiats que era lo pus estret partit qui hi era; e per ço lo senyor infant pres aquell lloc a guardar, cor era lo pus car partit, que d'altrament no hi fóra romàs.

Què us diré? Que com lo senyor rei fo aparellat ab tota la host per ferir sobre la host dels sarraïns, de dintre d'Almeria, per l'esperó, aigua de la mar entrò a les cingles, eixí un fill del rei de Godix, ab ben quatre-cents hòmens a cavall e molta gent de peu. E el via-fora se moc a les tendes; e el senyor infant, molt gent arreat, ab sa companya, eixí al via-fora ab tota sa companya e ab sa cavalleria molt ordonadament. E con los moros hagren passat l'esperó, aquell fill del rei de Godix era bon cavaller, e era un dels bons cavallers del món e bell hom, e venc tot primer, cridant, ab l'atzagaia en la man: — *Ani ben i soltan,* que àls no li eixia de la boca. E l'infant en Ferrando demanà:

— Què diu?

E los torsimanys que li eren de prop dixeren-li:

— Senyor, ell diu que es fill de rei.

Dix lo senyor infant:

— E jo, fill de rei!

E va brocar sobre ell; e abans que a ell se pogués acostar, hac morts ab la llança més de sis cavallers, e hac rota la llança. E puis va metre la mà a l'espaa, e ab l'espaa en la mà ell se féu fer lloc tant estrò que venc a aquell qui cridava que era fill de rei; e aquell, qui el veé venir, sabé que era l'infant, venc envers ell, e va-li, de l'espaa, donar tal colp, que el primer quarter de l'escut li gita en terra; e fo molt meravellós colp. E cridà:

— *Ani ben e soltan!*

E lo senyor infant va-li tal donar de l'espaa per lo cap, que entrò a les dents lo fené; e caec mort en terra. E tantost los sarraïns foren desconfits; e aquell qui se'n poc tornar per l'esperó, salvà la vida; los altres moriren tots. E així, lo senyor infant eixí en cap d'aquells de la ciutat.

E dementre que aquell brogit era a l'esperó, los moros de la host aparellaren-se de ferir, e lo senyor rei volc brocar. Mas en Guillem d'Angleola e n'Asbert de Mediona avallaren dels cavalls, e prengueren per lo fre lo cavall del senyor rei, e digueren-li:

— Senyor, què serà? No sia per res, que en la davantera ha qui farà compliment al fet.

Si que lo senyor rei era tan volenterós de ferir, que per poc no li esclatava lo cor; e dic-vos que si no fos que ell mateix havia aquests dos rics-hòmens, ab d'altres, ordonats per cabdellar, ell no els ho soferira; mas no podia àls fer.

E la davantera ferí en los moros, si que els meteren en veençó. E segurament que aquell dia se n'entraren dins Granada, matant tota llur cavalleria; mas per dubte del setge, que d'altra part no hi venguessen, hac a romandre l'encalç, no per tant que aquell dia hi moriren sens fi de moros de cavall e de peu, que el major fet fo que anc se feés, e la major veençó. Sí que, d'aquell dia avant, los moros dubtaren així los crestians, que no els gosaven veer. Què us diré? Lo senyor rei s'entornà ab tota la gent, ab gran goig e ab gran alegre, a les tendes, on trobà lo senyor infant en Ferrando, qui hac fet d'armes aitant com Rotlan gran res pogra fer si hi fos. E l'endemà tengren bona festa del benauirat sant Bartomeu apòstol.

E com lo rei de Granada hac vista la meravella que el senyor rei d'Arago, e les sues gents hac feta, tenc-se per perdut, que per res no es podia pensar que tan gran esforç fos en ells, ne tanta de bondat. E hac sos missatges, que tramés al senyor rei d'Aragó, e tramés-li a dir que ell lo pregava que es partis del setge, e que l'hivern li venia dessús, e que ell veia bé que ell feia per tal gent ço que feia en què ell no trobaria neguna bondat (que per ço se llevaren del setge los castellans, que ell ab ses gents perdés la persona), e que aquella conquesta no s'esguardava a ell. E així, que el pregava que li plagués que ell hagués ab ell treves, e ell proferia-li que per tots temps li valria, de guerra, contra tots los hòmens del món, e, encara, que a honor d'ell alforraria tots los catius crestians que ell tenia, que eren una gran cosa.

E con lo senyor rei hac entesa la missatgeria, apellà son consell, e posà'ls denant ço que el rei de Granada li hac tramés a dir; e finalment hac de consell que assenyaladament per tres raons s'entornàs en sa terra: la primera, per l'hivern que li venia dessús; la segona, per la gran desconeixença que els castellans li havien feta; la terça, per los catius crestians que li retia, qui era major cosa que si dues ciutats d'Almeria hagués preses. E així fo acordat, e la treva se fermà; e lo senyor rei féu recollir tota la sua gent ab tot ço del llur, e tornaren-se'n, qui per mar, qui per terra, al regne de València. E així podets entendre lo senyor rei d'Aragon si és volentorós de créixer e de muntiplicar la santa fe catòlica, con en aquella conquesta, qui sua no era, ana tenir setge; que siats certs cascuns que si lo regne de Granada fos de la sua conquesta, gran temps ha que fóra de crestians.

E con açò fo feit, e lo senyor rei fo tornat en lo regne de València, lo senyor infant en Ferrando ab ses gents e ab ses galees tornà-se'n en Rosselló, al senyor rei son pare, qui hac gran goig con lo veé, e senyaladament con tan bé hi hac fetes ses feines.

Ara vos lleixaré a parlar del senyor rei d'Aragó, e tornaré a parlar del senyor rei de Sicília.

248

Veritat és que en aquell temps que el senyor rei d'Aragó anà a Almeria, lo senyor rei de Sicília, son frare, no estec en pau, que ans li esdevenc la paraula que es diu en Catalunya, que "a vegades no es sap hom d'on se ve mal ne treball". E així esdevenc al senyor rei de Sicília; que ell estava en bona pau, e esdevenc-li que hac assats afany; emperò, tot ço que li esdevenc pres ell a honor de Déu e de la santa fe catòlica. Ara vos diré lo fet.

Veritat és que la illa de Gerba, així con davant havets entés, tenia l'almirall en Roger de Lòria, e con l'almirall fo mort, en Rogeró, son fill, mantenc la illa, e per colpa dels oficials la illa se rebel·là contra en Rogeró; sí que en Rogeró, ab l'ajuda del senyor rei de Sicília, que li havia afermada una sua filla per muller, que hac de madona Sibilia de Solmella abans que hagués muller, ell se n'anà a Gerba ab sis galees e ab molts llenys armats. E el castell de Gerba estava assetjat, que el rei de Tunis hi havia tramés lo Leianí, un gran moat de Tunis, ab host de crestians e de sarraïns, que havien lo castell assetjat, e hi traïa ab quatre trabucs; així que tota hora lo tenc assetjat ben vuit meses. E con en Rogeró fo vengut a Gerba ab les galees, lo Leianí hac paor que no es metés al pas de la illa, qui és entre la terra ferma e la illa; e veïa que si ho feia e li tolia aquell pas, que ells eren tots perduts. E així llevà's del setge, e eixí's de la illa, e tornà-se'n a Tunis. E en Rogeró, qui veé que se'n fo anat, tramés per los vells de la illa, e reconcilià'ls, e castigà aquells qui colpa havien.

Ara es veritat que Gerba és una illa poblada de bones gents d'armes, e en la illa ha dues partides: la una ha nom Moàbia, e l'altra Mistoua; e aquestes partides són així con geelfs e gebel·lins són en Toscana e en Llombardia. E així mateix aquesta Mistoua e Moàbia ha tant comprés, que tota Friquia en la terra ferma hi és, així alarbs, con moabs, con barbres; e creu que de la una part e de l'altra hi haja de moros cent mília persones per part. E cap d'aquests, e bando, és tots temps a Gerba, que a Gerba se començà, qui es manté encara, e donen favor e ajuda a tots aquells qui de llur bando són, cascunes de les parts. E la casa de Ben Simomem és cap, en Gerba, de la Moàbia, e són molt lleials gents e bones envers los crestians.

E con en Rogeró hac reconciliada la illa, tornà-se'n

en Sicília, e devia complir son matrimoni. E el rei Robert citàl-o que vengués a ell a Nàpols, per ço con en Calàbria havia ben vint-e-quatre castells. E ell anà a Nàpols, e a Nàpols pres-lo malaltia e morí; de què fo gran tala, que, si hagués viscut, ell hagra be semblat l'almirall son pare. E romàs la sua terra a son germà en Carlet, qui era un fadrí, en aquella saó, de dotze a catorze anys, molt bo e savi segons sos dies.

249

E com los sarraïns de Gerba saberen la mort d'en Rogeró, los malvats de Mistoua, ab partida d'alcuns malvats de Moàbia, així com la gabella de les Doaques, rebel·laren-se contra los crestians e contra la casa de Ben Simomem; sí que meteren cavalleria de Tunis en la illa, e assetjaren altra vegada lo castell. E en Carlet, ab l'ajuda del senyor rei de Sicília e del rei Robert, ab cinc galees e llenys anà a Gerba; e per aquella manera mateixa, con ell fo lla, la cavalleria de Tunis eixí de la illa. E així mateix ell reconcilià les gents de Mistoua ab consell de casa de Ben Simomem, e els perdonà, e ordonà la illa; e se'n tornà en Calàbria, on havia lleixada madona Saurina d'Entença, sa mare. E com fo tornat a sa mare, no anà a llong de temps que així mateix morí; e romàs la terra a un fill que hi havia romàs, fort poç que en aquella saó no havia cinc anys, e hac nom Rogeró de Lòria així com lo germà major; ço és a saber, que ell havia nom Francesc de fonts, mas con lo germà fo mort, al conformar li mudaren lo nom, que hac nom Rogeró de Lòria.

E com los malvats de Mistoua saberen açò, rebel·laren-se contra los crestians e contra aquells de Moàbia, si que la guerra començà així entre ells que no hi havia cavalleria estranya de la una part ne de l'altra, llevat que en Simon de Montoliu, qui era capità de la illa per en Rogeró, ab aquells del castell n'ajudava a aquells de

Moàbia, per raó de la casa de Ben Simomem. E estant així la guerra, misser Corral Llança, de Castellmenart, qui era tudor d'en Rogeró en aquelles parts, pregà lo senyor rei de Sicília que li plagués que en Jacme Castellar, un hom de mar bo e expert qui havia armades quatre galees per entrar en Romània a guanyar, que el feés anar a Gerba, e que visitàs lo castell, e que hi donàs tota aquella ajuda que pogués, e a la casa de Ben Simomem així mateix. E el senyor rei, per amor de misser Corral, e per ço que el castell n'esteguéss pus forts, atorgà-li-ho; e féuse venir en Jacme Castellar, e li manà que feés una passada per Gerba, e visitàs e confortàs e ajudàs a aquells del castell, e puis que anàs guanyar, que les galees s'eren armades dels diners del senyor rei. E en Jacme Castellar pres comiat del senyor rei, e anà-se'n a Gerba. E con fo a Gerba, meteren-li lo cap entorn; que ab totes les gents de les galees, ab senyera estesa pensa d'anar, ab aquells del castell, partida de crestians e ab aquells de Moàbia, contra aquells de Mistoua. Així que aquells de Moàbia foren vençuts, sí que en Jacme Castellar hi morí, e més de cinc-cents crestians, de què fo gran tala e gran damnatge.

E con aquells malvats de Mistoua hagueren haüda aquesta victòria, ja foren pus endiablats e ab més supèrbia; e majorment havia la follia en testa un traïdor de Mistoua que era llur cap, qui havia nom Alef. Sí que pus aquesta desconfita hagren feita, pensaren tots dies de donar batalla e guerrejar lo castell e aquells de Moàbia; sí que de tot en tot se volia aquell traïdor apoderar de la illa.

250

E com lo senyor rei de Sicília hac sabuda la mort d'en Jacme Castellar, fo molt despagat, mas emperò aconhortà-se'n en tant con ells havien fet més que no els era estat manat; que el senyor rei no els manà que desemparassen les galees e es metessen dintre terra a combatre ab ells.

E a pocs de dies en Simon de Montoliu, qui veé que el fet de la illa estava mal e majorment lo castell, que los hòmens del castell demanaven paga e ell no la'ls podia fer, per ço con de la illa no collia res, e així lleixà en son lloc en Bord de Montoliu, cosi germà seu. E venc-se'n en Calàbria a madona Saurina, e dix-li l'estament de la illa e del castell, e requés ella e misser Corral Llança, qui era tudor d'en Rogeró, que li ajudassen, e de moneda e de gents. E madona Saurina en aquell temps havia-ho mal aparellat, ans era endeutada e empatxada per l'armada que Carlot, son fill, féu com anà a Gerba; e ella no collia res de renda en Calàbria, que tota la renda dels castells era assignada a pagar los torts e els deutes de l'almirall e d'en Rogeró. E així tramés al papa que li ajudàs, e dix-li'n de no; e així mateix al rei Robert, e dix-li'n de no; e a defalliment de tots, venc-se'n en Sicília al senyor rei de Sicília, e demanà-li secors. E finalment lo senyor rei, per honor de Déu e per restaurar les gents del castell, qui eren tots catalans, ell s'emparà de la illa de Gerba en aquesta manera: que madona Saurina, e misser Corral Llança e n'Amigutxo de Lòria, qui eren tudors d'en Rogeró, feeren ab lo senyor rei de Sicília així que li lliuraren lo castell e tota la illa, e que tot ço que hi bestrauria hagués sobre la illa de Gerba e dels Querquens, e que ho tengués e ho posseis així con cosa sua pròpria estrò que fos pagat de tot quant hi bestrauria, e que de tot ne fos senyor e major. E d'açò se feeren bones cartes, e li manaren lliurar lo castell de Gerba e la torre dels Querquens a en Simon de Montoliu, qui ho tenia, qui era en aquell lloc present, e el dit Simon féu-ne sagrament e homenatge al senyor rei, que els li retria tota hora que ell li ho manàs, ço és a saber, lo castell de Gerba e la torre dels Querquens.

E con açò fo fet, lo senyor rei féu armar divuit galees, e mès dins cent hòmens a cavall, de cavallers e de bona gent, e ben mil cinc-cents hòmens de peu de nostra gent; així que anaren molt apoderadament. E donà per capità d'aquella gent misser Peregrí de Pati, un cavaller de Messina, e li féu lliurar tanta de moneda que es pagassen los hòmens del castell de Gerba e de la torre dels Querquens d'açò que els era degut. E així preseren comiat del senyor rei; e preseren terra a la illa de Gerba en un lloc qui ha nom la illa de l'Almirall, qui es entrò a cinc milles lluny del castell. E així con ells degueren venir al castell per refrescar la gent e els cavalls dos o tres jorns, ells se meteren, molt mal ordonats, a entrar per la illa, que vijares los fo que tota Barbaria no els gosàs estar davant. Cor segurament, si cabdellats anassen, ja de cinc tants de gents que no havia en la illa, no els calgra tembre; mas per mala ordinació qui entre ells era, anaven descabdellats.

E els sarraïns de la illa, així Mistoua con Moàbia, foren-se aünats, salvant los vells de la casa de Ben Simomem, qui es foren meses e'l castell. E així, com los sarraïns veeren envers ells venir los crestians sens neguna ordinació, anaren ferir en los primers. Què us diré? Que tantost los desbarataren; e eren ben quinze milles lluny del castell. Què us dire? Que misser Peregrí fo pres, e de tots los hòmens a cavall no n'escaparen mas vint-e-vuit, e los altres moriren tots; e dels hòmens de peu, entre llatins e catalans, hi moriren més de dos mília cinc-cents; e així foren tots morts e desbaratats. E llavors los malvats de Mistoua apoderaren-se així de la illa, que aquell Alef se féu senyor de tot; e tramés a Tunis, al rei de Tunis, que li trametés tres-cents hòmens a cavall, dels sarraïns; e així assebaren lo castell, que un gat no pogra eixir que no fos pres. E misser Peregri rescatà's, dels diners que havia aportats a pagar los hòmens del castell. E així les galees tornaren-se'n desbaratades en Sicília, on hac gran dol e gran dolor con ho saberen, e lo senyor rei sobretot. E misser Peregrí e los altres vint-e-vuit de cavall qui eren escapats de la batalla, romangueren al castell; e si anc veés gent que mal s'avenguessen ab altres, ells ho feeren ab aquells del castell, que tots jorns estaven en punt d'especejar; e açò s'esdevenia per les mullers o amigues d'aquells del castell.

251

E en Simon de Montoliu tornà en Sicília al senyor rei, aclamar mercé que feés reebre lo castell e la torre dels Querquens a qui li plagués, e que hi trametés paga. E lo senyor rei bonament no trobava qui hi volgués anar; e encara vos dic que no trobara lo senyor rei qui en galea ne en lleny qui anàs en Gerba volgués muntar. E així lo senyor rei, d'aquest fet era fort en mal partit.

E és veritat que jo, Ramon Muntaner, en aquella saó venguí en Sicília, de Romania, e demané llicència al senyor rei que li plagués que jo pogués anar en les parts de Catalunya a pendre ma muller que havia afermada fadrina en la ciutat de València bé havia deu anys. E el senyor rei dix-me que li plaïa, e així fiu armar una galea de cent rems que jo havia, que era mia. E lo senyor rei manà'm que con jo hauria armada la galea, que anàs ab ell a Montalbà, un lloc de la muntanya, a tretze llegües de Messina, on ell estava d'estiu (e açò era en juliol); que ell volia trametre joies a madona la reina d'Aragon e als infants, e volia que jo les los portàs. E jo dix-li que era aparellat de fer ço que ell manàs. E en aquella sao era lo senyor rei d'Aragó e madona la reina sobre Almeria.

E així fiu armar mon lleny per venir en Catalunya, e compré tot ço que mester me fo per fer les noces; e con totes mes coses haguí aparellades en Messina, en la galiota armada, jo ané a Montalbà al senyor rei, per pendre comiat d'ell. E con fui a Montalbà, lo senyor rei s'hac fet venir en Simon de Montoliu e l'endemà que hi fo vengut, lo senyor rei me féu venir en lo palau, davant si; que aquí fo lo comte Manfré de Clarmunt, e misser Damià de Palisi, e misser Orrigo Rosso, e molts d'altres rics-hòmens de la illa, e molts cavallers catalans e aragoneses, e moltes d'altres bones gents, així que tota hora havia en aquell palau cent bons hòmens de gran compte, e molta d'altra gent. E con jo fui vengut davant lo senyor rei, lo senyor rei me dix davant tuit:

— En Muntaner: vós sabets lo gran dan e gran greu-ge e deshonor que nós havem pres en la illa de Gerba, e va'ns molt lo cor que nós ne puscam haver venjança. Per què nós havem posat en nostre cor que nós no havem en nostre regne negun qui, ab l'ajuda de Déu, nos hi pusca tan bon consell donar con vós, per moltes raons, e asse-nyaladament per ço con vós havets més vist e oït en guer-res que hom que sia en nostra terra; e d'altra part, que havets llong de temps senyorejada gent d'armes, e sabets con fan a comportar; d'altra part, que sabets de sarraïns e parlar sarraïnesc per què podets fer vostres afers menys de torsimany, així en espies con en altres coses, en la illa de Gerba; e moltes d'altres bones raons que ha en vós. Per què nós volem e us pregam carament que vós anets ésser capità de la illa de Gerba e dels Querquens, e pre-nats aquest fet ab bon cor e ab bona volentat. E nós pro-metem-vos que si Déu vos trau a honor d'aquesta guerra, que nós vos farem pus honradament anar en Catalunya a complir vostre matrimoni, que ara no faríets. E així, pre-gam-vos que per res no ens en digats de no.

E jo, qui oí que el senyor rei havia tan gran fe en mi en aquests afers, vaig-me senyar, e ané'm agenollar davant ell, e fiu-li moltes gràcies del bé que a ell plaïa haver dit de mi, e encara de la fe que havia que jo fos tal, que en tan grans afers sabés donar recapte. E atorgué-li a fer tot ço que ell manàs en aquests afers e en tots altres. E ané-li besar la mà, e la li'n besaren molts rics-hòmens e cavallers per mi.

E con li ho haguí atorgat, ell apellà en Simon de Montoliu, e mana-li davant tuit que ell retés lo castell de Gerba e la torre dels Querquens, e que per ell ho delliuràs a mi, e que d'açò encontinent ne feés a si sagrament e homenatge que ho tenia per mi, e que ensems ab mi anàs a Gerba e als Querquens, e que em retés lo castell de Gerba e la torre dels Querquens. E així ho jurà e ho promès e en féu a mi homenatge. E aitantost lo senyor rei féu-me fer les cartes, e donà'm aitant de poder con a si mateix, així que no es retenc apellació neguna. E donà'm poder que jo pogués fer donatius perpetuals, e soldejar quals gents jo em volgués, e metre en sou e gitar de sou qui em volgués, e fer remissions e perdons a qui em plagués, e fer guerres e paus ab tots aquells que a mi plagués. Què us diré? Que ab tot poder me'n tramés. E jo dixi-li:

— Senyor, més haurets a fer: que vos, per vostra carta. farets manament al tresorer e al maestre portela e a tots los oficials vostres qui són en la façana de fora, que tot quant jo demanaré per mes lletres, me sia tramés, així diners con vitalles e altres coses qui mester me facen. E que adés de present manets carregar una nau de forment e de farina que em trametats, e altra nau de civada, e de llegums, e de formatges, e altra nau de vi; e que adés de present ne vagen.

E el senyor rei manà que tantost fos fet; que jo li dix:

— Senyor, jo he entès que en la illa de Gerba ha gran fam e minva de totes viandes, e tota la sua encontrada de la terra ferma atretal; per què ab les viandes cuit jo endreçar tots nostres fets, ab les viandes faré combatre los uns ab los altres.

Per què lo senyor rei entès que jo deia bé, per què ell me bastà mills que senyor bastàs anc vassall, que anc res no hi plangué.

E així pris comiat d'ell, e ané-me'n a Messina, e con fui a Messina, jo m'aparellé tantost de partir. E cascuns d'aquells llatins qui em devien seguir, pensaren-me de tornar los diners que havien preses, que dixeren que ells no volien anar morir a Gerba; sí que llurs mares e llurs mullers ne venien plorant, que, per amor de Déu, cobràs mos diners, que cascuna se planyia que hi havia perdut pare o germà o marit. E així jo haguí a cobrar mos diners de tots, e havia de novell armar de catalans.

252

E con fui armat, jo em partí de Messina, e en Simon de Montoliu, ab un altre seu lleny armat, ab mi ensems; e a pocs de temps nós fom en la illa de Gerba. E con fom al castell, atrobam que aquella hora havia davant lo castell, que hi havien corregut, ben quatre-cents hòmens a cavall, moros, del rei de Tunis, e tots los moros de la illa. E trobam que la porta del castell estava tancada; e tantost presem terra al castell, e entram dins. E promet-vos que jo trobé així gran guerra dedins con defora, ço és a saber, entre los cavallers e els escuders que eren escapats de la desconfita, e els hòmens del castell. E abans que jo em mogués de res, jo reebí lo castell, e homenatge de tots aquells qui hi eren, e puis doné una carta del senyor rei a misser Peregrí de Pati e als altres cavallers e escuders, en que lo senyor rei los manava que tantost me faessen homenatge cascuns, de boca e de mans, e que guardassen la mia persona així con farien la sua. E així tantost ells compliren lo manament del senyor rei.

E com açò haguí fet, jo mis bona pau, qui per grat, qui per forca, entre tots, e guardé que d'aquí avant no pogués fer enuig la u a l'altre, ne de fembres ne d'altres coses; e con aco haguí fet, a cascuns jo doné paga e acorriment. E entretant lo senyor rei m'hac trameses les tres naus carregades, així con havíem ordonat. E tantost con jo haguí les naus aquí, jo tramís lo meu lleny armat a Capis, on eren tots los vells de la casa de Ben Simomem, en un castell d'un alarb amic llur, qui és gran senyor en aquell país, per nom Jacob ben Àcia e tantost con ells hagren haudes les cartes que el senyor rei los trametia, e la mia lletra, muntaren al lleny e vengren a mi. E dementre que el lleny anà a ells, jo fiu ficar pals davant lo castell estrò una ballestada lluny del castell, e ordoné que d'aquells pals avant, en pena de tració, null hom no passàs, per neguna raó, menys de ma volentat. E ordoné tots aquells de llaïns, un escudat ab un ballester, que eixissen al torneig que dues vegades lo dia n'haguessen cascun jorn.

E nós erem entrò a trenta cavalls armats, e estro a quinze alforrats, del castell; e així comencam-nos a defendre bé e ordonadament, sí que tota hora nos trobàvem defora. E empero jo entretant cité tots los vells de la illa, de psrt del senyor rei, que vinguessen a mi, e tramís a cascuns cartes que el senyor rei los trametia, que obeïssen a mi així con a la sua persona; e tots los vells de Moàbia vengren a mi, així aquells qui eren en la illa, con aquells qui eren defora. E a cascuns jo perdoné, e a llurs jumades, tot quant havien fet. E tantost fiu fer un vall, ab mur de pedra e de terra, fora del castell; e dins aquell vall e aquell mur jo fiu fer moltes cases de teules, e d'estores e de rama. E tots aquells de Moàbia, de nit, ab llurs mullers e ab llurs infants, vengren a mi, e jo aitantost a tuit donava ració de farina, e de llegums, e de forment e de formatges; e gran ració, que en vivien molt abondadament.

E així mateix tramés a dir al traïdor Alef, qui era cap de Mistoua, que vengués a mi; e anc no ho volc fer. Mas vengueren-ne a mi dos vells de Mistoua, mas les llurs gents no es volgren partir dels altres; e d'aquests dos fo's la u Amer ben Busait, e l'altre Bàrquet. Que us diré? Que no ana a un mes que jo fui a Gerba, que tota hora hac en mon poder tres mília hòmens de Moàbia, ab llurs mullers e llurs infants. E con tot acd fo fet, jo cité tres vegades lo dit Alefs e aquells de Mistoua, abans que negun mal los volgués fer; e ells no volgren venir a mercé, desafié'ls, e mis en la illa dos-cents hdmens a cavall, d'alarbs, tots bons cavallers, qui eren amics de la casa de Ben Simomem e eren de la part de Moàbia; e a cascun jo dava de sou un besant lo dia, qui val tres sous quatre diners, e civada, e ració de llegums e de formatges.

E con acd fo fet, e els dos-cents cavallers haguí dedins en la illa ab aquells de Moàbia, jo pensé de fer cavalcades sobre ells; així que de nuit los assaltejàvem en cascun lloc. Que us diré? Que catorze meses dura aquesta guerra, que tots dies nos trobàvem una vegada lo jorn; e, la mercé de Déu, dins aquells catorze meses haguem d'ells més de set-centes persones d'armes, entre morts e preses, e els desconfim dues o tres vegades; e sí havien ells bé quatre-cents hòmens a cavall e ben vuit mília de peu. Que us diré? Que a la un cantó de la illa los fem arraconar, e hac entre ells gran fam, que de les paradures de les palmes feien pa.

253

E un jorn lo dit Alef donà a entendre a les gents de Mistoua que ell iria per secors, e eixí's de la illa, e anase'n a Salim Bemargam, e a Jacob ben Àcia e a d'altres alarbs, e dona-los a entendre que si venien a la illa de Gerba, que ens porien tots haver; sí que foren bé vuit mília hòmens a cavall qui vengren estrò al pas. E aquí jo tenia dos llenys armats e quatre barques, de que eren caps en Ramon Godà e en Berenguer Despuig, còmits, als quals jo havia lliurat el pas a guardar. E con los alarbs foren al pas, dixeren:

— Alefs, con porem nós entrar en la illa?

E ell respòs que els hauria tost desbaratats, e puis porien entrar. Que us diré? Que hac catorze barques, e aquella nuit ferí en los crestians, en alba de dia; e els crestians foren així sobtats, que pensaren de fugir; e així llevaren los crestians del pas. E puis dix a Selim Bemargam e als altres que pensassen d'entrar en la illa, e ells dixeren que enans veurien jo que faria con açò sabria, que con fossen dins e jo los tolia lo pas, que ells serien perduts, per la poca vianda que havien; e així no volgren entrar en la illa aquell jorn.

E tantost los nostres vengren al castell així desbaratats; e jo venguí, e fui tan felló, que en poc estec que no pengé aquells còmits. E tantost comané lo castell a misser Simon de Vallguarnera, e el lleixé en mon lloc; e munté en la un dels llenys, que eren de vuitanta rems, e amené-me'n los altres ab mi ensems, e dues barques armades; e aquell dia jo fui al pas. E l'endemà Selim Bemargam e los altres dixeren a Alef:

— Què ens fórem fets, si en la illa fóssem entrats? Tu nos havies cativats.

E dix Alef:

— E si jo us lleu altra vegada aquests del pas, entraríets?

E ells resposeren que hoc segurament. Sí que arma vint-e-una barca, e venc envers nós. E jo fiu darrera del meu lleny estar tots los altres; e així con vengren e foren prop de mi, jo vaig ferir enmig d'ells en tal manera, que set de les barques mis a fons, e vaig-me'n calar sobre elles; e pensam de ferir sobre ells, deçà e della, ab los altres llenys e barques, qui tantost feriren. Que us diré? Que de vint-e-una barca que eren, no n'escaparen cor quatre, en que fugi lo dit Alef, ço és a saber, en la illa; que aquí era la sua companya, qui ens miraven, e en la terra ferma los alarbs. E així no gosa fugir entre los alarbs, que tot l'hagren especejat. E en aquell dia matam més de dos-cents moros, e n'haguem disset barques.

E d'aquella hora avant la guerra fo guanyada per nós, que tots se tengren per morts; e haguem guanyat lo pas, que d'aquí avant no hi podia entrar ne eixir negun menys de ma volentat. E Selim Bemargam, e Jacob ben Àcia e los altres qui hagueren vist açò, llevaren les mans a Déu con en la illa no eren entrats. E trameteren-me un hom nedant, que si em plaïa, que vengués parlar ab ells en terra sobre llur fe, o que ells muntarien e'l lleny a mi. E jo ané a ells, e avallé en terra; e feeren-me molta de honor, e em donaren de llurs joies, e puis pregaren-me que lleixàs eixir cent hòmens a cavall que havia ab n'Alef en la illa, qui eren parents e vassalls de Selim Bemargam, e atretants de Jacob ben Àcia. E jo fiu-me'n molt tenir e pregar, e volgra-hi haver donades, per part del senyor rei, cinc mília onces, que ja fossen defora. E així a la fi jo els ho atorgué, feent semblant que em sabia greu; e mis-los-ho en gran serviï, així que jo los dix que ab les mies barques que jo els ne gitaria, e que hi volia ésser en persona; e que em lliuràs dos cavallers, e Jacob ben Àcia altres dos, qui els coneguessen, e que es guardassen que altres no en traguessen mas aquells llurs. E ells feeren-me'n moltes gràcies. E aprés, con açò fo atorgat, vengren d'altres caps que hi havia, qui me'n demanaven qui vint, qui deu; e jo no en volia res atorgar, e tuit caien-me'n als peus, que major pressa havia de besar la ma, que si fos rei que entràs en terra novellament. E així mateix, a la fin atorgué'ls-ho a tots. Què us diré? Que a prometre m'hagren tots los caps que negun temps, per neguna raon, contra mi no venguessen, ells ne les llurs gents. E així m'ho prometeren, e en feem cartes; e em prometeren e em juraren, llavors, valer ab tot llur poder contra totes les gents del món. E d'açò me féu Selim Bemargam, e Jacob ben Àcia, Abdal·là ben Debeb, e Bon Bàrquet e els altres caps, sagrament e homenatge. Què us diré? Que con açò fo fet e fermat, tots los quatre-cents hòmens a cavall qui eren a la part de Mistoua, ab n'Alef, eixiren de la illa davant mi.

E com açò fo fet, jo em partí d'ells ab gran pau e gran amor, e lleixé lo pas ben guardat; e jo torné-me'n al castell, que tenguí lo fet per guanyat, con se fo. E con fui al castell, jo hagué missatge d'aquells de Mistoua e de n'Alef, que es reteren a mi; e jo sens consciència del senyor rei no els volguí perdonar, e tramís-ne una barca armada al senyor rei, e què volia que en feés, e que tots eren morts e perduts si ell se volia, e que ara era hora si venjança ne volia pendre. Què us dire? Lo senyor rei hac son consell que per res a mercé no els presés, que gran deshonor li seria que no en presés venjança del dan que li havien donat. E així armà vint galees, e trames misser Corral Llança de Castellmenart, ab dos-cents cavalls armats de bona gent, a Gerba, e ben dos mília hòmens de peu, menys de la xurma de les galees; e tramés-me a dir, per la barca que jo li havia tramesa, que per res a mercé no els presés, ans, si de fam morien, que quaix qui res no en sap, que els feés ajuda de viandes fer als sarraïns qui ab mi eren. E açò manà ell per ço que, per fam, no es n'eixissen de nuit nedant. E així es complí con lo senyor rei mana.

E nós, del castell, qui sabem que el senyor rei nos trametia misser Corral ab aquella gent, trametem a dir al senyor rei ab un missatge, ab una barca armada, en què el pregam que nós haguéssem la davantera a la batalla, qui l'afany n'haviem sofert ben un any e mig, e qui coneixíem los moros qui eren. E així lo senyor rei graciosament atorga'ls-ho. E com jo sabí que misser Corral era aparellat, ab tota aquella gent, de venir a Gerba, jo pagué tots los dos-cents hòmens a cavall, d'alarbs, qui ab mi havien estat en la guerra (qui molt lleialment e bé m'havien servit, si anc cavallers havien per negun temps lleialment servit a llur senyor), de tot quant jo els devia; e a cascuns doné vianda que s'emportaren per quinze jorns, e civada per llurs cavalls; e a cascun doné una aljuba de drap de llana, e altra de lli; e a tots los caps, a cascun, una aljuba de presset vermell e altra de xaló e fiu-los posar en terra ferma. E així anaren-se'n pagats en tal manera de mi, que em proferiren valença contra tots los hòmens del món. E jo per co gité'n los alarbs: que els hòmens de Mistoua se tenguessen per pus assegurats, e jo que havia manat que null hom no els feés negun damnatge.

E a pocs dies misser Corral, ab tota aquella bona companya, venc a Gerba, e pres terra al castell, e aquí avallaren los cavalls e tota aquella gent. E els cavalls havien tan gran paor dels camells, que de tot seny eixien com los veien; sí que haguérem d'acord que entre dos cavalls metessen un camell a menjar prop d'ells; sí que fo lo major treball del món, emperò així s'avearen ab ells, en tal manera que ab ells ensems menjaven. Què us diré? Que tretze jorns fém així reposar los cavalls e la gent. E dins aquells tretze jorns, lo traïdor d'Alef venc-se metre en poder de misser Corral, que li promés que no el mataria e que li faria preson honrada; que el dit Alef era fals e maestre, e tenc son fet tot per perdut, per que es volc abans metre en la preson del senyor rei, que si vengués en man de nosaltres, del castell, que ben sabia que ell ab nós no poria restaurar.

255

E així, la vespra de l'Ascensió nós moguem del castell, e aquell jorn anam-nos atendar prop d'ells a mitja llegua. E al matí anam-nos-en davant ells, e trobam-los ben ordonats de la batalla, e foren tota hora ben deu mília hòmens d'armes a peu, bons, e estrò a vint-e-dos hòmens a cavall, e no pus; e hagueren meses los hòmens vells e les fembres e els infants en un bell caser antic que en aquell lloc era. E així foren-se los hòmens d'armes, en esquera, tots ab lo genoll fermats en terra, tots adargats. E nós no haguem volgut que dels moros de la nostra part

530

hi hagués negun; e així fom nós, de cavall, entrò a cent vint cavalls armats e trenta alforrats, e estrò a mil hòmens de peu de catalans, que l'altra gent era en les galees a guardar lo pas. E nós havíem ordonat que quan seriem davant ells, que com la primera trompeta tocaria, que cascun presés ses armes; e a la segona trompeta tothom fos aparellat de ferir, e con les trompes e les nacares sonarien, que pensàssem de ferir tots, de cavall e de peu. E haguem mesa la nostra peonada a la banda dreta, e a la sinestra esteguem tots aquells de cavall.

Què us diré? Que con los dos senyals foren fets, e los moros conegren que a la terca devíem ferir; e així cuitaren-se, e van-se llevar ensems, e van ferir en la nostra peonada, en tal manera que els metien endarrera. E nos, qui erem en la davantera, ferim en tal manera que enmig d'ells fom e apres, misser Corral e tots los altres van ferir, que anc lo terç senyal no pògrem fer. E aquí tots fom mesclats, que james no veés tan mortal gent con ells eren. E què us diria? Que en veritat no pogra hom trobar en ells negun que no volgués morir, que així s'abandonaven entre nós con fa un senglar contra aquells qui matar-lo volen con se veu a la mort. Què us diré? Que la batalla durà de mitja tèrcia estrò a horonona. E a la fin moriren tots, que anc un no n'escapà, que en aquell camp fossen, que tots no morissen. E tota hora nos mataren ben quaranta cavalls, e se'n nafraren a mort ben seixanta; d'altra part, hi hac pus de tres-cents hòmens nafrats dels crestians, e, la mercé de Déu, no n'hi moriren pus de setze.

E con tots los moros foren morts, anam-nos-en al caser, e combatem-lo, e a la fin presem-los; e morí tothom qui fos de dotze anys amunt; e cativam, entre fembres e infants, ben dotze mília persones. E aquí llevam lo camp, e tothom hi guanyà, e hi féu son prou; e puis tornam-nos-en al castell ab gran goig e ab gran alegre. E misser Corral, ab tota la gent qui ab ell eren venguts, e encara ab tots aquells cavallers e fills de cavallers qui eren en Gerba, qui eren estats escapats de la batalla de misser Peregrí, tornaren-se'n en Sicília sans e alegres; e mena-se'n tots los catius.

E jo romanguí capità de la illa, així con era d'abans tan solament ab aquells qui eren tenguts del castell. E pensé de poblar la illa ab ajuda d'aquells de Moàbia, en tal manera que dins aquell any fo tan bé poblada con anc fo, e estegren tuit en bona pau; sí que el senyor rei n'hac e n'ha, així bona renda tots anys con anc per negun temps n'eixí. E així veus la honor que Deus ne féu al senyor rei, que hac feta venjança d'açò que fet li havien, de què tots temps los crestians ne seran més temuts e amats en aquelles parts, e pus dubtats. Que en açò aporté jo Gerba, e així es encara; que un sotil crestia se n'amenava al castell trenta o quaranta hòmens preses en una corda, que no trobara qui li digues "mal fa". Per que lo senyor rei, la sua mercé, qui sabe açò, e hac entés per misser Corral e per los altres co que jo havia fet en Gerba, de gracia especial donà'm la illa de Gerba e dels Querquens a tres anys, ab tots drets e esdeveniments, e que en pogués fer, aquells tres anys, així con de cosa mia pròpria; així emperò, que jo, del meu, guardas los castells e la illa, e que anàs pendre ma muller, que ben li membrà con a bon senyor la promessió que ell m'havia feta.

E sobre açò jo lleixé a Gerba mon cosí germà en Joan Muntaner, e als Querquens altre cosí germa meu, per nom en Guillem Ses-Fàbregues, e venguí-me'n en Sicília e armé una galea, e de Sicília, ab la gràcia de Déu e del senyor rei, ab bon privilegi que m'hac fet de la dita gràcia, ané-me'n en lo regne de València. E pris terra a la ciutat de Mallorca, on trobé lo senyor rei en Jacme de Mallorca e el senyor infant en Ferrando; e si anc null hom pres gran honor de senyors, sí fiu jo d'ells; e em donaren d'açò del llur, la llur mercé. E sobretot ne féu gran festa lo senyor infant en Ferrando, que no es sabia què es faés de mi: tan gran goig havia con me veia. Sí que al senyor rei son pare dix moltes vegades que jo era persona que ell devia més amar, aprés d'ell, que hom qui fos e'l mon; sí que el senyor rei son pare me féu moltes gràcies e molts plaers. E així ané-me'n a Valencia, e pris ma muller, que no hi esteguí mas vint-e-tres jorns. E recollíla en la galea, e giré'm a Mallorques, e trobé que el senyor rei de Mallorca fo mort; que l'endemà que jo en partí, caec en malautia, d'on morí. Déus, per sa mercé, haja la sua ànima, així con a senyor bo e dreturer que era.

E així mateix, al tornar que me'n feia, e fui a la dita ciutat de Mallorca, trobé aquí lo senyor en Sanxo rei, a qui hac lleixat lo regne son pare, e vinclat al senyor en Ferrando si el dit senyor en Sanxo moria sens infants. E així mateix hi trobé lo senyor infant en Ferrando; e si anc me fo feta honor per lo senyor rei llur pare, major me fo feta llavors a mi e a ma muller. E lo senyor rei de Mallorca me tramés a la galea quaranta quintars de pan, e molt vi, e formatges, e tres bous, e vint moltons e moltes gallines. Sí que anc null hom tan sotil con jo no es poc anc lluir de tan alts senyors con jo fiu d'ells. E així mateix lo senyor infant en Ferrando tramés-me en la galea tot l'arnés d'armes que havia de son cos, e moltes d'altres coses. E així partim d'ells ab la llur gràcia. E el senyor infant en Ferrando lliura'm dos falcons monterins gruers qui eren estats del senyor rei son pare, que tramés per mi al senyor rei de Sicília. E anéme'n a Menorca, e ja tantost no fui a Maon, que ja hi hac missatge del senyor rei de Mallorca que de part sua, si m'hi girava, m'hi fos donat gran refrescament; e si anc ho manà, bé ho compliren sos oficials.

E així, partent de Maon, e fui en Sicília, e pris terra a Tràpena; e a Tràpena jo posé ma muller, e ab la galea ané a Messina. E trobé que el senyor rei era a Montalbà, en un lloc en que ell estava volenters d'estiu (e açò era en juliol); e lla jo doné al senyor rei los dos falcons que el senyor en Ferrando li trametia, e li conté les noves que jo sabia dels senyors deçà de ponent. E puis pris comiat d'ell, e, la sua mercé, dona'm del seu, e em féu molta de honor— e ab la sua gràcia torné-me'n a la galea, a Tràpena, e ab dues barques armades que haguí comprades e armades a Messina.

E llevé aquí ma muller, e ané-me'n a Gerba, on fo feta gran festa a mi e a ma muller. E tantost donaren de joies, a mi, aquells de la illa, mil besants, e atretants a ma muller; e aquells dels Querquens, així mateix, de llur poder me trameteren llur present. E així, ab la gràcia de Déu esteguem en bona pau e alegres e pagats en lo castell de Gerba tots aquells tres anys que el senyor rei h m'havia donada. Mas aprés tornar-vos he a parlar en qual afany e treball torna la illa de Sicília e tots aquells qui del senyor rei eren.

Ara vos lleixaré a parlar de la illa de Gerba, e tornaré a parlar dels afers qui es cresqueren al senyor rei de Sicília; que no us vull res contar de molts afers que a mi esdevengren en Barbaria, per ço con negun no deu parlar de si mateix, si doncs no són fets qui toquen a senyors. Per que jo no us parlaré res d'afers que a mi esdevenguessen, si no fossen fets qui es feessen per senyors.

256

E com tot açò fo passat, no anà a llong de temps que les paus e treves qui eren entre lo rei Frederic de Sicília e el rei Robert se romperen, en gran colpa del rei Robert. Sí que el rei Robert s'aparellà de passar en Sicília, e el senyor rei de Sicília, qui sabé açò e veia que galees del rei Robert li havien trencades les tonaires, e preses llenys de Sicília, passà en Calàbria, e pres per força la ciutat de Rèjol, e el castell de Santa Àgata, e el castell de Calana, e la Mota, e Silo, e la Bonaire e d'altres llocs. E així lo rei Robert pensà de fer son aparellament per passar en Sicília.

E lo senyor infant en Ferrando, fill del senyor rei de Mallorca, sabé que son cunyat, lo rei Robert, havia fet son aparellament de passar en Sicília; aparellà's, e ab bona companya anà-se'n en Sicília, de que lo senyor rei Frederic hac gran plaer con lo veé, per ço con no l'havia depuis vist que passa en Romania per ell. E així féu-li tal acolliment con pare pot fer a fill; e li donà la ciutat de Catània, e li donà dues mília onces de renda sobre sos cofres, tots anys. E així visqueren ensems ab gran alegre e gran pagament entro que el rei Robert passa en Sicília; que hi passà ab gran poder, que tota hora hi passà ab més de quatre mília hòmens a cavall, de bona gent, e de peu sens nombre, e ab cent vint galees, e moltes naus e llenys sens nombre.

E és veritat que en aquella saó era passat de Catalunya en Sicília lo noble en Bernat de Sarrià, ab ben tres-cents hòmens a cavall e hn mil hòmens de peu, de catalans; e el noble en Dalmau de Castellnou, ab cent hòmens a cavall e dos-cents de peu, e d'altres cavallers. E poc ben dir lo senyor rei de Sicília que null hom no féu mes per senyor que d dit en Bernat de Sarrià féu per ell, que per passar en Sicília, lleixà l'almirallat del senyor rei d'Aragó e empenyorà tota sa terra. E con foren en Sicília aquests dos rics-hòmens, lo senyor rei ordona que en Bernat de Sarrià estegués ab sa companya en Palerm, e en Dalmau de Castellnou que fos capità de Calàbria. E anà-se'n a Rèjol, e pensà de guerrejar en Calàbria, així con aquell qui era un dels bons cavallers del món.

E així lo rei Robert, com venc en Sicília, pres terra a Palerm, e cuidà haver Palerm; mas en Bernat de Sarrià fo dins ab sa companya, qui defés la ciutat en tal manera, que ben conec que res no hi poria fer. E parti de Palerm e per mar e per terra anà-se'n a un castell qui és entre Palerm e Tràpena, a la marina, qui ha nom Castellamar, en què havia entrò a vint hòmens, e reteren-se. E con hac aquell castell, cuida haver tota Sicília, e establí-lo ben; e puis per mar e per terra anà assetjar Tràpena. E dins Tràpena fo en Simon de Vallgornera, un cavaller de Peralada molt expert e bon d'armes, e gran treballador, e cavaller molt savi de guerra; e així mateix hi fo lo noble en Berenguer de Vilaragut, e d'altra part ben mil cavallers bons d'armes, e de cavall e de peu, qui la ciutat defensaren molt valentment. Sí que el rei Robert posa aquí son setge; e lo senyor rei de Sicília tramés al Munt Sant Julià, qui era prop del setge un miller e menys, lo senyor infant en Ferrando ab molta bona cavalleria e almogaveria; e d'altra part hi tramés en Bernat de Sarria, qui hi venc ab tota sa companya. E d'aquell lloc daven molt mal jorn a la host, que tots dies hi ferien, e els arravataven deu o dotze vegades lo jorn, e els llevaven azembles e gents qui anaven a llenya e a herba; sí que en aquesta mala vida estaven, e aquells dintre així mateix los daven mals dies e males nits, e los uns als altres se traïen ab trabucs.

259

E estant així lo setge, fo ordonat per lo rei Robert que trametria lo noble en Berenguer Carros ab quaranta galees e quatre-cents hòmens a cavall sobre mi al castell de Gerba, e ab quatre trabucs. E el senyor rei, qui ho sabé, tramés-me una barca armada en que em feia a saber que escombràs lo castell de Gerba de fembres e d'infants, e m'aparellàs bé de defendre, que aquell poder me trametia lo rei Robert dessús. E con jo ho sabí, jo noliegé una nau a escar, d'en Lambert de València, qui era a la ciutat de Capis, "Ventura bona", que fo mia, e doné-li a escar tres-centes dobles d'or; e mis-hi ma muller e dos fillets que m'havia, un de dos anys e altre de vuit meses, e ella prenyada de cinc meses, e bé acompanyada, e gran res de fembres del castell; e ab la nau, qui fo bé armada, jo la'n tramís a València, costejant la Barbaria, que trenta-tres jorns estegren en la mar, de Gerba a València. E a València vengren salvament e segura, la mercé de Déu.

E con jo n'haguí tramesa ma muller e haguí escombrat lo castell de gent menuda, pense d'ordonar lo dit castell e endreçar mos trabucs e manganells, e fiu complir les cisternes d'aiga, e moltes gerres, e m'aparellé de tot quant me fo mester. E d'altra part jo haguí vistes ab Selí Bemargam, e ab Jacob ben Àcia, e Abdal·là ben Debeb, e ab los altres caps d'alarbs qui eren ab mi en covinences; e dixí-los que ara era vengut temps que podien ésser tots rics, e que podien guanyar nom e preu per tots temps, e que em deguessen ajudar; e conté'ls lo poder qui em venia dessús. E si anc veés bona gent ben pendre los meus precs, ells ho feeren, ab gran goig e ab gran alegre. E tantost van-me fer sagrament tots, e em besaren en la boca, que dins vuit jorns me serien ab cinc mília hòmens a cavall al pas; e tantost con jo hauria vista o sabuda d'aquells, que fossen en aquelles mars, que els ho tramités a dir, e tuit passarien a la illa, en tal manera que con aquells haurien presa terra, tots quedarien sobre ells, en tal manera que si n'escapava u, que jamés no es fiàs en ells; e encara, que em prometien que galees e tot ço que pendrien, que fos meu, que ells no en volien haver mas la honor e el grat del senyor rei de Sicília e el meu. E així fermé ab ells aquest fet. Què us diré? Que aquell dia que m'hagueren promés, foren al pas ab més de cinc mília persones a cavall, be aparellats; e si hi venien de cor, no m'ho demanets, e els moros de la illa atretal. E jo haguí meses quatre barques per escala, armades, del Beit estrò a Gerba, que cascuna pensàs de venir a mi con veurien aquell estol. E així esteguí aparellat.

E el rei Robert aparella les dites galees així con

davant vos he dit. E en Berenguer Carròs e los altres qui venïen ab ell, preseren comiat del rei Robert e de la reina, qui hi era, e partiren-se del setge, e foren a la illa de la Pantelenea; e el capità de la Pantelenea tramés-me una barca que féu a saber que a la Pantelenea eren. E jo haguí gran goig e gran plaer, e tantost fiu-ho a saber a tots los moros de la illa, qui en feeren gran festa; e així mateix ho fiu saber als alarbs, e que esteguessen aparellats de passar, a l'altre missatge que haurien de mi; e a ells paria lo jorn un any.

E con en Berenguer Carròs fo partit de la Pantelenea, vengren-li per missatges dos llenys armats que el rei Robert li trametia, que li manava expressament que tornàs a ell a Tràpena ab totes les galees, que el rei de Sicília havia armades seixanta galees per venir sobre lo seu estol. E en Berenguer Carròs tantost tornà-se'n a Tràpena. E veus com me n'esdevenc que si venguts fossen a Gerba, jamés no fóra estat a null hom vengut negun fet a son enteniment con a mi fóra esdevengut. E con jo ho sabí, qui em meravellava con tant s'estaven (e hi tramís una barca armada a la Pantelenea, e el capità féu-me a saber con era estat e con se n'eren tornats), tramís gran refrescament als alarbs, en tal manera, de viandes e d'aljubes, que ells se'n tornaren cascuns en llurs llocs, pagats meus, e aparellats de venir ab tot llur poder a mi, tota hora que ops los hagués.

260

Veritat fo que el senyor rei de Sicília sabé que en la host del rei Robert eren morts la major part dels bons hòmens, e de cavall e de peu, e la major part dels cavalls, e que l'estol era tot quaix desarmat, qui per morts, qui per malauties; e així, feu armar seixanta galees, entre Messina, e Palerm, e Saragossa e els altres llocs de Sicília. E con foren vengudes a Palerm, lo noble en

Bernat de Sarrià, e en Dalmau de Castellnou, e en Ponç des Castellar e d'altres rics-hòmens, cavallers, e lo senyor rei Frederic fo vengut ab tot son poder al Munt Sant Julià; e fo ordonat que les galees ferissen en tot lo llur estol, e el senyor rei e el senyor en Ferrando ab tot llur poder ferissen al setge; e així, que tots en un jorn serien morts o preses, aquells del rei Robert. E açò era així lleuger de fer, que a un lleó a devorar tres o quatre moltons que perduts eren.

E con madona la reina, mare del rei Robert e sogra del senyor rei de Sicília e del senyor rei d'Aragon, qui era al setge ab lo rei Robert, son fill, e el príncep, e així mateix hi era madona la reina muller del rei Robert, germana del senyor infant en Ferrando e cosina germana del senyor rei d'Aragon e del senyor rei de Sicília saberen que tot açò fo ordonat, tantost trameteren llurs missatges al senyor rei Frederic e al senyor infant en Ferrando, qui no els eren lluny dues milles, e trameteren a pregar que per res aquell mal no es feés, e que per honor de Déu e per amor d'elles, que consentissen que entre ells hagues treves, e que tan gran mal no feessen; e que elles farien així ab lo rei Robert: que pendrien treves a un any entre ells, e que dins aquell any, que cascun fos tengut que ço que el senyor rei en Jacme d'Aragon ordonaria de pau entre ells, que es seguis; e que aco farien fermar al rei Robert e al príncep, en tal manera que negun no en pogués menys venir.

Com lo senyor rei Frederic e el senyor infant en Ferrando hagren oïda la missatgeria, lo senyor rei estrengué son consell ab lo senyor infant e ab tots los rics-hòmens qui aquí eren, e tramés missatge a en Bernat de Sarrià e a en Dalmau de Castellnou, qui ja eren ab les galees al peu del Munt, que venguessen a ell. E així ho feeren, e con tots foren a consell, lo senyor rei los dix la missatgeria que li era venguda de les reines abdues. E con ho hagren entés, tuit tengueren que per res treves no prengués, mas que ferissen, que el fet era guanyat per tots temps, e que ara seria la guerra fenida, e que en sa mà los tenia tots, e que en aquest punt hauria tot Principat, e Calàbria e tot lo regne; per què, pus Déus los havia aportats en aquest cas, que ara era hora d'eixir de treball. E finalment tot lo consell fo d'aquest enteniment.

E lo senyor rei Frederic con hac entesa llur volentat, pres per la mà lo senyor infant en Ferrando, e el mès en una cambra, e dix-li:

—Infant, aquest fet toca a vós e a mi sobre tots los hòmens del mon; per que jo dic que per quatre raons devem voler que aquesta treva se faça. La primera raó és aquesta: que devem fer per honor de Déu, qui tanta de mercé nos ha feta e ens fa (e que li ho conegam), que el seu poble crestià no muira per nós. E la segona raó és que aquí són dues reines a qui jo e vós som molt tenguts, ço es madona la reina ma sogra, mare del rei Robert e sogra de nostre frare lo rei d'Aragon, la qual jo deig honrar aixi con a mare; e així mateix la reina muller del rei Robert, germana vostra, que nós devem amar aixi con a germana, e honrar; per què és mester que per amor d'elles, e per honor, façam aquesta cosa. E la terca raon és que, ja sia que el rei Robert e el príncep no facen envers nós ço que fer deurien, devem pensar que avoncles són dels fills del senyor rei d'Aragon, frare e major nostre, los quals són nostres nebots, que amam aixi carament com a nostres fills, e germans de la reina muller nostra; e encara, que el rei Robert, de tres parts és nostre cunyat, e són fill és nostre nebot, e de vós que és cunyat; per que em par que nós no devem voler que ell sia mort o pres ací, e que haja tanta de deshonor; que la deshonor sua tornaria a deshonor, a la fin, als nostres, qui tan gran deute han ab ells. E la quarta raó és que si ells són aquells qui ésser deurien, per tots temps se deuran guardar que enuig ne damnatge no ens degen percaçar. Sí que per totes aquestes raons, qui són quatre, tenc en bé, si vós ho consellats, que prengam la treva.

E el senyor infant en Ferrando acorda's a açò que el senyor rei Frederic tenc per bé.

E tantost lo senyor rei Frederic tramés sos missatges a les reines e atorga-los la treva, en aquesta manera, emperò: que ell no es deseixia de res que tengués en Calàbria, sinó així con lo senyor rei en Jacme d'Aragon tendria per bé. E així li fo atorgat. Què us diré? Que la treva se fermà per ma de les reines així com fo emprés; de què foren molt despagats tots aquells de la part del senyor rei de Sicília, e aquells de la part del rei Robert molt alegres, així con aquells qui es veien en cas que no podien escapar que no morissen o no fossen preses. E així lo rei Robert e les reines recolliren-se, e anaren-se'n a Napols; e hac-n'hi qui per terra anaren entrò a Messina e puis passaren en Calàbria. E lo senyor rei Frederic tramés lo noble en Bernat de Sarrià a Castellamar, que el rei Robert havia establit, e cobrà lo castell.

E així, lo rei Robert hac treballat e despés debades, con se farà tots temps mentre Déus do vida al senyor rei de Sicília e a sos fills. Que els sicilians son així encorporats en l'amor de la casa d'Aragon e del senyor rei de Sicília e de sos fills, que tots se lleixarien abans esquarterar que es mudassen de senyoria. E null temps no es poc trobar que anc rei tolgués regne a altre si les sues gents mateixes no l'hi tolien. Per què debades se treballà lo rei Robert, e fara tots temps; per que li seria tengut a mellor seny si en sa vida acostava en bona amor son fill ab sos avoncles e ab sos cosins germans, que si els jaqueix en discdrdia ab ells; que, per aventura, de les parts d'Alemanya, vendrà emperador qui el volrà desheretar, e si el trobava ab amor de la casa d'Aragó e de Sicília, no ho faria.

261

Ara vos lleixaré a parlar d'aquesta guerra, qui és en treva, e tornar-vos he a parlar de ço que esdevenc a l'infant en Ferrando de Mallorques.

Veritat és que bé ha dos-cents anys que barons de
França anaren en perdonanca en Oltramar, dels quals
eren caps e senyors lo duc de Bergunya e un seu germà
qui era comte de la Marxa; e eren néts del rei de França,
e el duc era major de dies. E anaren tota hora bé ab mil
cavallers de França e ab molts hòmens de peu; e foren a
Brandis, on se recolliren; e jurcaren tant a espeegar, que
l'hivern los aconseguí, sí que los fo consellat que espe-
rassen la primavera. E ells no volgren estar a consell de
negun, e així partiren de Brandis ab moltes naus e llenys,
e anaren-se'n; e fortuna acollí-los, e hagueren a tornar en
Clarença, a la Morea. Ara és veritat que, en aquella saó,
aquell qui era grec e príncep de la Morea, e duc d'Atenes,
e senyor de la Sola, e senyor de la baronia de Matagrifó,
e senyor de la baronia de Damala, e senyor de la baronia
de la Bandissa e de Negrepont, era un fill de l'emperador
de Contastinoble, bord, qui s'era alçat ab la terra contra
son pare l'emperador, e contra lo sant pare apostoli; e era
hom de mala vida. E con aquests barons de França se
veeren en tan gran hivern e en tan àvol partit de llur pas-
satge, trameteren missatge al papa que, si li plaïa, que ells
llevarien la terra a aquell bord, fill de l'emperador de
Contastinoble, e que haguessen aquelles indulgències
que havien en Oltramar, e que aquí farien part de la terra
a prelats, a arquebisbes, bisbes, que serien de la santa fe
catòlica. Què us diré? Que el papa los atorgà tot ço que
ells demanaven. E estant que ells havien trameses mis-
satges al papa, l'emperador era e'l realme de Salònic que
venia sobre son fill, mas no podia passar per la Blaquia,
que el dispot de l'Arta ajudava a son fill, e així no sabia
quin consell s'hi prengués. E oí dir que aquests dos rics-
hòmens germans, néts del rei de França, eren en la terra
ab gran poder, e tramés-hi sos missatges que si ells volien
destrouir lo traïdor son fill, que els dava tota la terra que
ell tenia, francament e quítia. E d'açò hagren los damunt

dits rics-hòmens gran plaer, e hagueren dos cavallers qui anaren ab llurs missatges a l'emperador, que els feés privilegi d'açò que els prometia. E los missatges anaren a l'emperador, e ab bolla d'aur aportaren los privilegis segellats de la dita donació; e, encara, que el dit emperador los tramés ajuda de moneda.

Què us diré? Aquests dos rics-hòmens edificaren una ciutat qui ha nom Patraix, e hi feeren arquebisbe, e desafiaren aquest fill de l'emperador, qui havia nom Andrònic. E a la fin ell s'ajustà ab tot son poder e ab partida del poder del dispot de l'Arta, e venc-los dessús; e aquests eixiren-li en camp, e plagué a Déu que aquest Andrònic fo vencut, e morí e'l camp, ell, e tota sa companya, e tota quanta cavalleria havia en sa terra, e gran gent d'aquella de peu qui ab ell eren. E així aquests senyors hagueren tota la terra que ell senyorejava; que les gents menudes li volien gran mal, e així reteren-se tots, e ciutats, viles e castells, e aquests dos senyors, ab gran pher que hagren con Andrònic fo mort. E aquests dos senyors partiren-se la terra, que el duc fo príncep de la Morea, e el comte fo duc d'Atenes, e cascú hac sa terra franca e quítia; e puis partiren les baronies e castells e llocs, que donaren a llurs cavallers, així que tots los heretaren a la Morea, e molts d'altres que n'hi vengren de França. Per què d'aquests senyors són avallats los prínceps de la Morea e ducs d'Atenes, e tots temps depuis cascun d'ells han haüdes mullers dels majors casals de França; e així mateix los altres rics-hòmens no prenien mullers, ne cavallers aitampoc si dels cavallers de França no avallaven; per què hom deïa que la pus gentil cavalleria del mon era de h Morea, e parlaven així bell francés com en Acre. E aquesta gentilea de cavalleria durà estrò que la companya dels catalans los mataren tots en un dia, con lo comte de Brenda los venc dessús, així con davant vos he contat, e creats que tots moriren, que anc un no n'escapà.

E és veritat que d'aquell senyor duc de Bergunya qui fo nét del rei de França, així con davant vos he contat, avallaren los prínceps de la Morea qui depuis són estats, ço és a saber estrò al príncep Lluís, qui fo lo quint príncep qui d'aquell senyor duc de Bergunya e nét del rei de França avallà. E aquest príncep Lluís morí, que no en romàs fill mascle negun, mas romangueren dues filles: la una havia catorze anys com ell morí, e l'altra dotze anys. E lo príncep lleixà lo principat a la major, e a la menor la baronia de Matagrifó; e lleixà vinclat lo principat que si la major moria menys d'infants mascles de lleial conjuï, que romangués lo principat a la menor; e així mateix jaquí vinclada la baronia de Matagrifó a la major. E com los barons del principat hagueren perdut lo príncep Lluís, qui els era estat tan bon senyor, pensaren a qui porien donar la filla qui fos senyor poderós, e qui els pogués defendre del dispot de l'Arta, e de l'emperador, e del senyor de la Blaquia, que ab tots aquells marca lo principat. E el ducat d'Atenes és dins lo principat, que antigament lo ducat se tenia per lo principat; mas, pus que la petició fo feta dels dos germans qui ho conquistaren, ho hac lo duc franc, ço és lo comte de la Marxa.

Què us diré? Que en aquell temps lo rei Carles hac conquistat lo regne de Sicília, així con ja havets entés, e fo lo major senyor e el pus poderós qui en aquell temps fos a llevant. E aquest senyor rei Carles havia un fill qui havia nom Felip, qui era aprés del major; e los barons de la Morea pensaren que a negun no podien tan bé donar la nina, la principessa, con a monsényer en Felip, fill del rei Carles, qui era molt savi, jove e bon. E així, hagueren un arquebisbe, e un bisbe, e dos rics-hòmens, e dos cavallers e dos ciutadans, e trameteren-los al rei Carles, a Napols, on lo trobaren. Aquests missatgers parlaren del matrimoni, així que al rei Carles plagué molt, per ço con sabé que aquella nina avallava de son llinatge, e, d'altra part, que el principat de la Morea és de les honrades riquees del món, aprés rei; e així atorga lo matrimoni de madona la principessa ab monsényer en Felip. E abans que enans enantàs, ell se féu venir davant son fill, e dix-li con aquell matrimoni havia fermat, si ell ho volia. Monsényer en Felip respòs-li que li plaïa molt, ab una cosa: que plagués a ell que li donàs un do. E el rei Carles dix-li que demanàs que es volgués que atorgat li fos. E sobre açò ell li besà la mà, e dix-li:

— Senyor, lo do que us deman és aquest: que vós sabets que en infantea me lliuràs per companyó lo fill del comte d'Ària, qui és dels meus dies; e si anc negun hom se poc tenir per pagat de servidor e de companyó, jo em tenc pagat d'ell. Per què us prec pare senyor, que us plàcia que haja per muller la germana de la principessa, ab la baronia de Matagrifó, e que abdues germanes sien núvies a una missa aquell dia.

E lo rei Carles, molt alegre, atorgà-li-ho; e així fé venir los missatges de la Morea, e ferma així mateix aquest matrimoni. E tantost manà que fossen armades a Brandis deu galees, qui abdues les donzelles aportassen al dit lloc de Brandis, e lla esperar-los hia lo rei Carles e sos fills, e lla farien les noces. E de Brandis al principat no ha dues-centes milles, e així era lloc cominal.

Què us diré? Que les donzelles amenaren a Brandis, e aquí fó lo rei Carles cavaller son fill, e aprés, son companyó; e monsényer en Felip féu cent cavallers aquell dia, de sa mà, e son companyó vint. E ambdues germanes foren núvies ensems, e la festa fo gran aquell dia, e totes les octaves se féu gran festa en aquell lloc. E puis, ab les deu galees, passaren-se'n al principat, e monsényer en Felip fo pníncep de la Morea, e son companyó senyor de la baronia de Matagrifó. Què us diré? Monsényer en Felip no visqué molt de temps ab la principessa, ans morí e no hac infant negun; e puis la principessa hac per marit un gran baró de França, del llinatge del comte de Nivers, e d'aquell hac una filla. E puis morí aquell príncep; e la princepessa, con la filla fo d'edat de dotze anys, dona-la per muller al bon duc d'Atenes, a aquell qui lleixà lo ducat al comte de Brenda, qui era son cosí germa, que no hac infant negun de la filla de la princepessa.

E com la princepessa hac maridada sa filla, anà-se'n en França e pres per marit monsényer en Felip de Savoia, frare del comte de Savoia, e abdoses ensems vengren al principat; sí que a poc de temps la principessa morí de malaltia, que no hac infant negun de son marit; e lleixà en son testament que son marit, de sa vida, fos príncep, e puis, aprés la mort d'ell, que el lleixava a sa filla; ço que fer no podia, que ans devia tornar a sa germana, qui era viva, a qui son pare ho havia vinclat. E con la princepessa morí, lo príncep era en França, e en aquella saó lo príncep de Tàranto, frare del rei Robert, era passat a la Morea per venir contra son cunyat lo dispot de l'Arta, e vee lo principat menys de senyor e de dona: pres-lo's, que no trobà qui l'hi contrastas. Sí que monsényer en Felip de Savoia, príncep de la Morea, qui ho sabé, fo'n molt despagat; sí que no anà a llong de temps que el príncep de Tàranto anà en França, e lo príncep de la Morea clamà's al rei de França del príncep de Tàranto que li tenia son principat, que l'hi havia pres sens desafiar. E a la fin sentència fo donada que el li desemparàs; e així es féu, que el príncep de la Morea tramés sos procuradors, qui per ell reeberen lo principat. E en aquest temps morí lo duc d'Atenes menys d'infants, e lleixà lo ducat al comte de Brenda, cosí germa seu així con davant vos he dit; e romas la duquessa, filla de la principessa, vídua.

Ara us lleixaré a parlar de la principessa, e tornar-vos he a parlar de la germana.

Com lo fill del comte d'Ària hac fetes les noces, entra en possessió de la baronia de Matagrifó, e si anc senyor féu bona prova, ell si ho féu, que fo molt savi e bon de tots fets, e hac de sa muller una filla, qui hac nom madona Isabel. E con la filla fo nada, a poc de temps ell morí, de què foren molt despagats tots sos vassalls, e quants n'hac en la Morea. E aquest comte d'Ària és del llinatge d'aquests dels Baus, qui és la pus antiga casa e la pus honrada de Proença, e parents que són del senyor rei d'Aragon. E con la dona hac perdut son marit, fo molt despagada, e no volc puis pendre altre marit. E con la principessa, sa germana, fo morta, ella demanà lo principat, e aquells qui el tenien per lo príncep, feeren-li'n crua resposta; sí que ella entés que en Sicília era lo senyor infant en Ferrando, fill del senyor rei de Mallorca, qui no havia muller ne terra neguna, e pensà que e'l món no havia hom en qui sa filla fos tan ben mesa, e que aquell hauria per grat o per força tot son dret del principat. E així tramés sos missatges en Sicília, e parlaren-ne al senyor rei de Sicília e al senyor infant; sí que finalment fo acordat que la dona, ab sa filla, vengués a Messina, e llavors, si la donzella era aital con ells deien, que el matrimoni los plaïa. Sí que la dona ab sa filla, e ab deu dones, e ab atretantes donzelles, e ab vint cavallers, e ab vint fills de cavallers, e ab d'altra companya, venc a Messina, on li fo feta molta d'honor. E con fo a Messina, lo senyor rei e el senyor infant anaren-les veure; e con lo senyor infant hac vista la donzella, qui tot lo món li donàs ab altra, ell no en canviara aquesta, ans n'hac tan gran plaer, que el jorn li fo un any que el fet fos fermat; sí que de tot en tot dix al senyor rei que aquesta donzella volia que fos sa muller, e no altra qui e'l món fos. E no fo meravella si en fo enamorat, que aquesta era bella, pus bella creatura de catorze anys que anc hom pogués veer, e la pus blanca, e la pus rossa e ab la mellor color; e fo la pus savia, dels dies d'on era, que anc donzella fos e'l món.

Què us diré? Que la dona de Matagrifó heretà la filla entre vius aprés la mort d'ella, e de tota la baronia de Matagrifó e de tot lo dret que havia e'l principat, a fer e a dir a totes ses volentats, que altre vincle no se'n féu. E con aço hac fet, e les cartes foren fetes de les donacions e de l'espoli, ab la gràcia de nostre Senyor, ab gran solemnitat e gran festa que en fo feta per lo senyor rei, e per madona la reina, e per tots los barons de Sicília, e cavallers catalans e aragoneses e llatins, e tots aquells de Messina, lo senyor infant pres madona Isabel per muller. E dix la missa l'arquebisbe de Messina, e ha festa dura ben quinze jorns, així que tothom se meravella, con així n'eren tuit pagats.

E com la festa fo passada, lo senyor infant la se'n mena a Catània, ab sa mare e ab tota aquella gent que eren venguts ab ella; e li lliurà dones catalanes e donze-lles, mullers e filles de cavallers. E con foren a Catània, lo senyor infant féu grans dons a tots aquells qui ab ella eren venguts; e així estec ben quatre meses a Catània. E puis la dona sogra del senyor infant tornà-se'n ab sa companya a la Morea, alegre e pagada; e lo senyor infant, alegre e pagat, estec ab madona la infanta, e plac a Déu que l'emprenyà, de que fo fet gran alegre con ho saberen. E con la dona fo grossa, lo senyor infant s'aparellà de passar a la Morea, ab ben cinc-cents hòmens a cavall e molta gent de peu.

264

E estant que ell s'aparellava, jo ho sabí a Gerba; e qui em donàs una gran cosa, jo no m'aturara que a ell no ven-gués, e que ab ell no passàs on que ell anàs. Sí que tramís missatge al senyor rei que li plagués que jo vengués en Sicília, e al senyor rei plagué-li, e ab una galea e un lleny, e els vells de Gerba que vengren ab mi, jo venguí en

Sicília; e lleixé e'l castell de Gerba e en la illa bon recapte. E e'l primer lloc on pris terra, fo a Catània; e aquí trobé lo senyor infant sa e alegre, e madona la infanta grossa, que no ana a vuit jorns que infanta. E feeren-me gran festa, e jo fiu davallar de la galea dues bales, qui de tapits de Trípol, e de vels, e d'almeixies fort riques, e d'alquinals, e mactans, e sucies, e rindes, e d'altres joies; e si fiu desplegar totes aquestes coses davant madona la infanta e el senyor infant, e li ho presenté tot, de què lo senyor infant fou molt pagat. E puis parti'm d'ells e ané-me'n a Messina, que el senyor infant me dix que abans de quinze dies hi seria, e que volia llongament parlar ab mi.

E con fui a Messina, no ana a sis jorns que missatge me venc que madona la infanta havia un bell fill, qui nasqué lo primer dissabte d'abril de l'any mil tres-cents quinze. E Déus dó a cascun tan gran goig con jo haguí; e el senyor infant si hac goig, no us ho cal demanar, e tots aquells de Catània, que més de vuit jorns durà la festa que en Catània se féu. E lo senyor infant féu-lo batejar a l'esgleia major de madona santa Àgata benauirada, e féu-li metre nom Jacme. E si anc infant fo nat de bona gràcia, aquest infant en Jacme ho féu.

Què us diré? Que con l'infant fo batejat e la dona fo fora de perill, lo senyor infant venc a Messina, e con fo a Messina, jo em proferí a ell de persona e d'haver, e de seguir-lo lla on ell plagués; sí que ell me'n sabé gran grat, e dix-me:

— Vós havets anar al senyor rei, que trobarets a Plaça, e retrets-li lo castell de Gerba, e la torre dels Querquens e les illes; e puis tornarets a nós, e llavors endreçarem tot ço que a fer hajam.

E així jo pris comiat d'ell. E estant que jo pris comiat, missatge li venc, molt cuitat, que anàs a Catània, que madona la infanta estava molt mal, que la febre l'havia presa, e mal de sinteria. E així cavalca, que aquella nuit

se n'entra en Catània; e con la infanta lo veé, fo mellora-
da. Emperò ella havia fet testament abans que infantàs, e
llavors lo confermà; e lleixà la baronia de Matagrifó e tot
lo dret que havia e'l principat a son fill l'infant en Jacme,
e si l'infant en Jacme, son fill, moria, lleixà-ho a l'infant
en Ferrando. E era veritat que havia ben dos meses que sa
mare era morta de malautia a Matagrifó, mas ella no en
sabia res, ne el senyor infant no volia que hom li'n digués
res mentre era prenyada, e així mateix, con hac infantat,
entro fos eixida a missa. E per ço lo senyor infant basca-
va que pogués lla anar, mas no esperava sinó que la infan-
ta fos delliurada e eixida a missa; que tantost se devia ell
e ella recollir, que ja eren totes coses recollites.

265

Què us diré? La infanta, així con a Déu plac, passà
d'esta vida als trenta-dos jorns depuis l'infant son fill fo
nat; e morí en los braços del senyor infant. E qui anc vee
dol, lo senyor infant lo féu, e tota la ciutat; e ab gran
solemnitat, així con aquella qui era pura e neta, e ben
confessada, e combregada e periolada, hom la mes en un
bell moniment prop del cos de la benauirada madona
santa Àgata, a la sua beneita esgleia de la ciutat de
Catània.

E con aquest desastre fo esdevengut, lo senyor infant
venc a Messina per recollir e anar a la Morea. E jo fui
estat al senyor rei, que trobé a Plaça; e de Plaça anam a
Palerm, e davant lo noble en Bernat de Sarrià e molts
d'altres rics-homens de Sicília, cavallers e ciutadans, jo li
retí los castells e les illes de Gerba e dels Querquens. E
plàcia a Déu que tots aquells qui ben nos volen pusquen
retre tan bon compte d'açò qui els és comanat, com jo fiu
al senyor rei, de les dites illes, les quals tenguí set anys,
ço és a saber, primerament, en la guerra, dos anys, e puis
tres anys que la'm donà de gràcia, e despuis dos anys per

la guerra del rei Robert. E tantost con haguí retudes les illes, retí compte, e haguí carta de fin. E haüda la carta, pris comiat del senyor rei, e torné-me'n al senyor infant, que trobé a Messina, que s'aparellava de recollir. E jo dix-li que era vengut per seguir ell e muntar en les galees, e encara prestar tot quant jo tenia; e el jorn que li dix açò, dix-me que l'endemà me retria resposta. E l'endemà, con hac oïda missa, ell se féu venir gran res de cavallers e de bona gent, e davant tuit ell me dix:

—En Ramon Muntaner: veritat és que vós sóts l'home e'l món a qui ens tenim per pus tenguts que a negun altre.

E dix aquí moltes bones raons, e retragué con jo en son serviï e per ell havia perdut tot quant traïa de Romania; e encara, que fui mès en presó ab ell; e con lo rei Robert, per ell, havia a mi molt de mal fet; e con jo li havia prestat del meu en Romania, e abandonat tot quant havia; e encara, que havia lleixats tots los oficis de la companya per ell; e molts d'altres serviïs que a mi no membraven, que ell entenia que jo li havia fets; e ara, assenyaladament, per amor d'ell havia lleixada la capitania de Gerba e dels Querquens, que havia tenguda set anys.

— E encara, que m'ha prestada en aquest punt aitanta moneda, com tenia en dobles. E així, tants són los serviïs que vós m'havets fets, que per res no us ho poria guardonar. E ara som venguts en un cas que sobre tots quants serviïs vós nos havets fets, muntarà aquest de què us volem pregar que ens façats. E així pregam-vos, davant aquests cavallers, que vós nos atorguets que el nos farets.

E jo llevé'm, e ané-li besar la ma, e li fiu moltes gràcies del be que ell havia dit de mi, e d'açò que es tenia per servit de mi. E dixí-li:

— Senyor, pensats de manar ço que vós volets que jo faça, que mentre que vida me bast e'l cos, no fallaré a res, senyor que vós me manets.

—Ara, sabets que és ço que nós volem que façats per

nós? Nós ho direm. Veritat és que a nós fóra gran mester que anàssets ab nós en aquest viatge, que molt vos hi haguérem gran mester, e entenem que ens farets gran fretura; mas tant nos es car lo serviï que volem que ens façats, que totes altres coses ne volem passar.

266

Veritat és que Déus nos ha donat aquest fill en Jacme de la dona nostra muller; e així, pregam-vos que vós lo reebats e el portets a la reina nostra mare, e en les sues mans vós lo lliurats. E pensats de noliejar nau, o d'armar galees, o ço que vós conegats que anets pus salvament. E nos farem lletra a l'honrat en Berenguer Despuig, cavaller, procurador nostre, que us do tot ço que hi haurets bestret, e que us creega de tot ço que vós li direts de part nostra; e així mateix n'escriurem a madona la reina, mare nostra, e al senyor rei de Mallorca, nostre frare. E nós fer-vos hem carta de procuració general per totes les quatre parts del món, ço és a saber, de llevant a ponent, e de migjorn a tramuntana, que tot ço que vós façats ne prometats per nós a cavallers o a hòmens de peu e a totes altres persones, que nos ho tenim per bo e per ferm, e que per res no hi vendrem menys, e hi obligarem totes les terres e castells e llocs que havem ne esperam, ab l'ajuda de Déu, haver; e així ab tot poder nostre vós irets. E con nostre fill hajats lliurat a madona la reina nostra mare, vós irets a vostre alberg, e regoneixerets e endreçarets tots vostres fets; e puis, con tots vostres fets hajats endreçats, vós vendrets a nós ab tota aquella companya de cavall e de peu que puscats. E el senyor rei de Mallorca, nostre frare, dar-vos ha aitanta moneda con vós li demanets per pagar les companyes que ens amenarets. E açò és ço que volem que façats per nós.

E jo, qui oí aquestes coses, fui molt esbalaït con tan gran carrec me metia a dors, ço es a saber, de son fill. E

552

clamé-li mercé que m'hi donàs companyó; e ell dix que ja companyó no m'hi daria, mas que jo el pensàs e el guardàs així con hom deu guardar senyor e fill. E tantost jo me llevé, e ané-li besar la ma, e fiu-me lo senyal de la creu, e reebí aquella benaventurada comanda.

E ell tantost manà a en Not de Novelles, cavaller, qui tenia son fill en guarda al castell de Catània, que el lliuràs a mi, e que d'aquí avant que el tengués per mi e no per altra persona; e que tota hora que jo el volgués, que el me delliuràs, e que d'açò me feés sagrament e homenatge. E així ho féu, per què d'aquell dia avant l'infant en Jacme, fill de l'infant en Ferrando, fo en mon poder; e aquell dia havia quaranta dies que era nat, e no pus. E aqui mateix féu-me fer la carta de procuració, així con davant és dit, ab segell pendent, e totes les altres coses.

267

E con açò fo fet, ell se recollí a Messina a la bona hora, e ana-se'n en Clarença, e pres terra a la ciutat, prop a dues milles. E la host eixí de Clarença, e ben dos-cents hòmens a cavall qui els volgren contrastar de pendre terra. Què us diré? Que los almogàvers qui eren ab ell, van eixir en terra, e els ballesters, e van ferir en aquella gent, sí que los feeren llunyar e fer plaça; e entretant meteren los cavalls en terra. E con en terra hac entrd a cinquanta hòmens a cavall, lo senyor infant fo guarnit e aparellat, e fo sobre son cavall; llavors feu desplegar la senyera, que pus no volc esperar l'altra cavalleria sua, ans féu sa brocada ab aquells cinquanta hòmens a cavall e ab los almogàvers; e va ferir als enemics, e va'ls desbaratar, així que van fugir envers la ciutat, e el senyor infant e sa companya ab ells firent e donant. Què us diré? Que ab ells ensems se n'entraren en la ciutat, e preseren la ciutat, e mataren tots aquells que los plagué; e los hagueren tots morts, mas con foren dins la ciutat, tota la gent cridà:

— Senyor, mercé! Senyor, mercé!

E sobre açò ell cabdella, e cridà que d'aquí avant no morís negun.

E així, les galees e tot son estol venc a la ciutat, e tothom entrà dins. E les gents de la ciutat ajustaren-se totes en un lloc, e juraren per senyor lo senyor infant, e li feeren tots homenatge, que ben sabien que a ell pertanyia lo principat per madona la infanta sa muller. E tantost con aquells de la ciutat de Clarença l'hagueren jurat, ell ana assetjar lo castell de Bellveer, qui es un dels bells castells del món, e és prop de Clarença; e combaté-lo fortment, e hi dreçà trabucs, e a pocs dies estrengue'ls en tal guisa, que es reteren a ell. E puis cavalcà per la terra, e en cascuns dels llocs se retien a ell volenters, per ço con ell hac fet llegir en públic lo testament del príncep Lluís, qui vinclà lo principat a la sogra del senyor infant, e així, que a ella se pertanyia, e per lo vincle e per ço con sobreviví molt de temps a sa germana la principessa; e així, que tuit sabien que a ella devia tornar lo principat. E puis aprés mostra la donació que n'havia feta entre vius, a la infanta, sa mare; e puis, així mateix, que con morí, féu testament e jaquí hereu madona la infanta sa filla. E puis mostra con madona la infanta en son testament ho havia lleixat a l'infant don Jacme, son fill, e, encara, que ho vincla al senyor infant en Ferrando, si son fill moria. E con tot açò hac mostrat lo senyor infant, en públic, en la ciutat de Clarença, per totes parts n'anaren lletres; e així tuit se tenien per dit que per dret lo principat devia ésser de son fill, de l'infant en Ferrando, e si son fill defallia, que devia ésser seu. E així tuit li obeïen con a senyor natural llur e dreturer; e el senyor infant tenc-los en veritat e en justícia.

Ara vos lleixaré a parlar del senyor infant, e tornaré a parlar de son fill, l'infant en Jacme.

Veritat és que tantost com lo senyor infant se fo partit de Messina, jo noliegé una nau de Barcelona qui era al port de Palerm, a escar, d'en Pere Desmont, e que vengués a Messina, e de Messina a Catània. E així mateix tramís a una dona de paratge, molt bona dona, qui era d'Emporda, que havia nom madona Agnés d'Adri, e era viuda, e era companyona venguda en Sicília ab la noble madona Isabel de Cabrera, muller del noble en Bernat de Sarrià; e havia haüts vint-e-dos infants, e era molt devota e bona. E acabé ab la dita nobb madona Isabel e ab lo dit noble que la'm lleixassen, e jo que li comanaria lo senyor infant en Jacme, fill del senyor infant en Ferrando. E per llur cortesia, lleixaren-la'm; e jo comané-li lo dit senyor infant, que em paria que ella devia saber molt d'infants, pus tants n'havia haüts, e per la sua bonea e con era de bon paratge e d'honrat. E d'altra part, era-hi una bona dona qui era estada de casa del senyor infant en Ferrando, que madona la reina de Mallorca li tramés tantost con sabé que muller havia presa. E puis haguí altres dones. E l'infant havia bona dida e ben complexionada, qui era de Catània, qui el nodria molt graciosament; e menys de la sua dida, jo n'haguí d'altres dues, qui ab llurs infants mis en la nau, per ço que si la una fallia, que les altres fossen aparellades; e per ço les hi mis ab llurs infants, estrò ops les haguéssem.

E així ordoné mon passatge, e armé la nau molt bé; e mis-hi ben cent vint hòmens d'armes, e de paratge e d'altres; e hi mis tot ço que ens feia mester, e per vianda e per defendre. E con haguí aparellada la nau a Messina, una barca armada venc de Clarença, que el senyor infant trametia al senyor rei Frederic, que li feia a saber la gràcia que Déus li havia feita; e així mateix ho tramés a mi a dir tot llargament, per ço que jo ho pogués contar al senyor rei de Mallorca, e a madona la reina e a tots sos amics; e tramés-me cartes que donàs a madona la reina sa mare e al senyor rei de Mallorca; e féu saber que em pregava que tost m'espeegàs de Sicília. E jo segurament era espeegat, mas ab major goig m'espeegué con sabí aquelles bones novelles. E així jo ané-me'n per terra a Catània, e fiu fer vela, de Messina, a la nau, e mané-li que vengués a Catània; e con jo fui en Catània, a pocs dies la nau hi fo, e fiu recúller tothom.

E con volguí recúller lo senyor infant, en Not de Novelles hac fets ajustar tots quants cavallers catalans e aragoneses e llatins havia en Catània, e tots los honrats ciutadans, e davant tuit ell dix:

— Senyors: vosaltres coneixets que aquest sia l'infant en Jacme, fill de l'infant en Ferrando e fill de madona Isabel, muller sua?

E tuit dixeren que hoc, que ells foren al batejar, e puis l'havien vist e conegut tota hora.

— E som certs que aquest és ell.

E sobre açò lo dit en Not ne lleva carta pública; e puis en aquelles paraules mateixes torna, e així mateix li resposeren, e féu-ne fer altra carta. Puis mès-lo en les mies mans e en los meus braços; e volc haver de mi altra carta con jo lo dava per quiti del sagrament e de l'homenatge que m'havia fet, e con jo l'atorgava haver reebut.

E fet tot açò, jo en los meus braços traguí-lo de tota la ciutat ab més de dues mília persones qui em seguien, e mis-lo en la nau. E tuit senyaren-lo e el beneïren. E aquell dia venc un porter del senyor rei a Catània, qui aportà de part del senyor rei dos parells de vestedures de drap d'aur, ab penes vaires, que el senyor rei trames al senyor infant. E així, fém vela de Catània lo primer dia d'agost de l'any mil tres-cents e quinze. E con fui a Tràpena, jo haguí lletres que em degués guardar de quatre galees que el rei Robert havia armades contra mi, per haver aquest infant, que feien compte que si l'havien, que en recobrarien la ciutat de Clarença. E jo, qui ho sabi, enforté encara més la nau, e hi mis molt més d'armament, e de gents e d'altres coses.

E partim de Tràpena, e haguem tal temps, que entrò lo jorn de Tots Sants nós no prenguem terra en Catalunya. E promet-vos que foren noranta-e-un dia que anc l'infant, ne jo, ne dona qui hi fos, no eixí en terra. E si esteguem vint-e-dos jorns e la illa de Sent Pere; e ajustamnos-hi vint-e-quatre naus, entre de catalans e de genoveses, e tots partim ensems de la illa de Sent Pere, que tots veníem a ponent. E haguem tan gran fortuna, que les set se'n perderen, e nós e els altres ne fom en gran condició. Emperò plagué a Déu que el jorn de Tots Sants nos presem terra al port de Salou; que anc la mar neguna hora no féu mal a l'infant ne a mi, ne m'eixí del braç aitant con la fortuna durà, de nuit ne de jorn, que jo l'havia a tenir con mamava, per ço con la dida no podia seure; tant de mal li feia la mar, e a les dones atretal.

269

E con fom a Salou, l'arquebisbe de Tarragona, per nom monsényer en Pere de Rocabertí, tramés-nos aitantes bèsties con havíem ops, e féu-nos donar per posada l'alberg d'en Guanecs. E puis, a poques jornades anamnos-en en Barcelona, on trobam lo senyor rei d'Aragon, qui molt acollí bé lo senyor infant, e el volc veure, e l'agracià e el benei. E puis anam-nos-en e ab pluges e ab mal temps; mas jo havia feta fer una anda en que havia l'infant, e anava a son aire, e la dida; que havia coberta de drap encerat, e puis, damunt, de drap vermell, de presset vermell; e havia vint hòmens, qui per tandes portaven al coll l'anda. E jurcam anar de Tarragona a Perpinyà vinte-tres dies. E a Bàscara trobam frare Ramon Saguàrdia ab deu cavalcadors que madona la reina de Mallorca nos havia tramés per ço que acompanyàs lo senyor infant; sí que anc no es partí de nós, ell e quatre porters del senyor rei que ens trameteren, entrò que fom a Perpinyà.

E com fom a es Veló, a passar l'aigua del Tec, tots los hòmens des Veló hi eixiren, e els mellors preseren l'anda al coll, e passaren lo riu al senyor infant. E aquella nuit los cònsols e gran res dels prohòmens de Perpinya, e cavallers, e tots quants n'hi havia, foren ab nós; e hagren-hi molt més eixits, mas lo senyor rei de Mallorca era en França. E així entram per la vila de Perpinyà, ab gran honor qui ens fo feta; e anam-nos-en al castell, on era madona la reina, mare del senyor rei de Mallorca e del senyor infant en Ferrando, e madona la reina muller dd senyor rei de Mallorca; e abdues, con veeren que nos muntavem al castell, avallaren-se'n a la capella del castell.

E con fom a la porta del castell, jo pris en mos braços lo senyor infant, e aquí ab gran alegre jo el porté estrò davant les reines, qui seien ensems. E Déu dón-nos a tuit tal goig con madona la reina sa àvia hac con lo veé així graciós e bon, e ab la cara rient e bella, e vestit de drap d'aur, mantell catalanesc, e pellot, e un bell batut d'a-quell drap mateix al cap. E con jo fui prop les reines, age-nollé'm, e a cascuna jo besé les mans; e fiu besar al se-nyor infant la mà a madona la reina àvia sua. E con li hac besada la mà, ella lo volc pendre ab les sues mans, e jo dix-li:

— Madona, sia de gràcia e de mercé vostra que no us sapia greu: que estrò haja mi matei alleujat del càrrec que tenc, vós no el tendrets.

E madona la reina ris-se'n, e dix que li plaïa. E jo dix-li:

— Madona, és ací lo lloctenent del senyor rei?

— Sényer —dix ella—, hoc. Ve'l-vos ací.

E ell féu-se avant; e era lloctenent, aquella saó, N'Huguet de Totzó. E puis demané si hi era lo batlle, e el veguer e els cònsols de la vila de Perpinyà; e així mateix foren aquí cavallers, e tots quants hòmens honrats havia en Perpinyà. E con tots foren presents, jo fiu venir dones,

e dides, e cavallers e fills de cavallers, e la dida de mon-
sényer en Ferrando. E davant les dones reines e els altres,
jo els demané tres vegades si:

— Aquest infant que jo tenc els braços, coneixets que
sia l'infant en Jacme, primer nat del senyor infant en
Ferrando de Mallorca, e fill de madona Isabel, muller sua?

E tots resposeren que hoc. E açò diguí jo per tres
vegades, e cascuna vegada ells me resposeren que hoc, e
açò: que certament era aquell que jo deia. E con açò
haguí dit, jo dix a l'escrivà que me'n feés carta. E aprés
jo dix a madona ha reina, mare del senyor infant en
Ferrando:

— Madona, vós creets que aquest sia l'infant en
Jacme, fill de l'infant en Ferrando, fill vostre, que
engendrà en madona Isabel, muller sua?

E ella respòs:

— Sényer, hoc.

E així mateix ho diguí tres vegades, e en cascuna me
respòs que me'n dava per bon, e per lleial, e per quiti, e
que me n'absolvia de tot quant jo en fos tengut a ell e a
son fill. E d'açò així mateix se féu carta.

E con tot açò fo fet, jo lliuré a la bona hora lo dit se-
nyor infant en Jacme. E ella pres-lo, e besa'l més de deu
vegades; e puis madona la reina jove pres-lo, e així
mateix besa'l moltes vegades; e puis cobrà-lo madona la
reina sa àvia, e ella lliurà-lo a la dona Na Perellona, qui
li era de prop. E així partim-nos del castell e anam a la
posada on jo devia posar, ço és a saber, a casa d'en Pere
Batlle; e açò fo per lo matí. E aprés de menjar, jo ané al
castell, e doné les cartes que portava del senyor infant en
Ferrando a madona la reina sa mare, e aquelles que apor-
tava al senyor rei de Mallorca, e dixí-li tota la missatge-
ria qui em fo comanada.

Què us diré? Quinze jorns esteguí en Perpinyà, que
tots dies anava veure dues vegades lo senyor infant; que
tan gran enyorament n'haguí con me fui partit d'ell, que

no sabia que me'n feés. E hagra-hi més estat, si no fos la festa de Nadal qui ens venia dessús; e així pris comiat de madona la reina, e de madona la reina jove, e de tots aquells de la cort; e pagué tots aquells qui m'havien seguit; e torné madona N'Agnés d'Adri en son alberg, prop de Banyoles. E madona la reina captenc-se molt be de mi, e de tots los altres. E venguí-me'n a València, on era mon alberg; e fui-hi tres jorns abans de Nadal, sa e alegre, la mercé de Déu. E no anà a molt de temps que el senyor rei de Mallorca venc de França, e hac gran plaer de son nebot; e tantost, així con a bon senyor, li ordonà, ab volentat de madona la reina, la sua vida, així con a fill de rei, molt honradament.

270

E no anà a llong de temps que el senyor infant en Ferrando tramés missatge al senyor rei de Mallorca que per mi li trametés companyia de cavall e de peu. E madona la reina sa mare e el senyor rei de Mallorca trameteren-me a dir que jo m'aparellàs e que percaçàs bona companya de cavall e de peu que hi menàs, e que ell me faria donar estrò a vint mília lliures a València, a companyies. E jo tantost percacé'm de companya, així que a molts acorreguí d'açò del meu. E no anà a quinze dies que açò m'era vengut de manament, que haguí correu que no me n'entremetés, que n'Arnau de Caçà, ab la nau del senyor infant, era vengut de la Morea, e que ell ab la dita nau hauria gent en Mallorca, que hi passaria. E així, a la mala hora, revocaren la mia anada.

E n'Arnau de Caçà acordà d'una gent e d'altra en Mallorca; e estec tant, e tant tardà, que el senyor infant en Ferrando fo passat d'aquesta vida, de què fo la major tala que el llinatge d'Aragon presés de negun fill de rei llong temps ha. E no us diré que aquellla casa ne preses tala, que sí es féu tot lo món; que aquest era lo mellor cavaller e lo pus ardit que en aquell temps fos fill de rei e'l mon, e el pus dreturer, e el mills ordonat de tots fets. E lo seu cos fo portat a Perpinyà; de què féu gran bé a madona la reina sa mare, que ans que ho sabés, Déus la s'hac presa a la sua part. E pot hom dir d'ella que és santa en paraís, que e'l món no era dona tan devota, ne tan humil ne mellor crestiana. E així ella fo en paradís abans que el dol de son fill no veés. E el cos del senyor infant en Ferrando fo posat a l'esgleia dels Preïcadors, a Perpinyà. Déus haja la sua ànima, e lo's meta ab los feels en glòria. Amén!

E com ell fo mort, no anà a dos meses que morí l'altre príncep; e puis tota la terra s'ocupà, e té vui en aquest dia, monsényer en Joan, frare del rei Robert. Déus, per la sua mercé, aport temps que torn a aquest senyor infant en Jacme, de qui deu ésser dretament. E Déus ho jaquesca a mi veure, e hi pusca en mes vellees ajudar d'aquell poc poder e saber que Déus m'ha comanat.

Ara vos lleixaré a parlar d'aquests senyors de la casa de Mallorca, e tornar-vos he a parlar del senyor rei d'Aragó e de sos fills.

271

Veritat és que el senyor rei en Jacme d'Aragon veé sos fills grans e alts e bons; e manà corts a la ciutat de Gerona, en les quals fo lo senyor rei en Sanxo de Mallorca, e tots los barons de Catalunya. E aquí publicà's que de tot en tot trametés son fill, l'infant n'Anfòs, a conquistar lo regne de Sardenya e de Corsega, qui seu deu ésser, per ço con li paria, a ell e a ses gents, que li era gran càrrec con no el conquistava, pus havia tant de temps que se n'escrivia rei. E aquí finalment tuit ho tengren en bé, e sobre tots lo senyor rei de Mallorca; e li proferí que li armaria vint galees a son cost e a sa messió, e hi trametria dos-cents hòmens a cavall e molta gent de peu.

E con aquesta proferta hac feta, tots los rics-hòmens, e les ciutats, e arquebisbes, e bisbes, e abats e priors li proferiren valença, cascú de cosa sabuda; així que el secors fo tan gran, que el senyor rei trobà en Catalunya, que fo una gran meravella. E aprés venc-se'n en Aragon; així mateix fo gran l'ajuda que li fo proferta; e al regne de València atretal. Què us diré? Que en tal manera s'hi esforçà tothom, que hom pot dir que jamés bm bella ajuda no hac senyor de sos sotsmeses con ell hac dels seus. E tantost, en bona hora venc en Barcelona, e féu boscar seixanta galees e molts llenys armats, e noliejà molts llenys e tarides, e ordonà qui ab lo senyor infant degués passar, e d'Aragon, e del regne de València, e del regne de Múrcia, e de Catalunya. E així mateix lo senyor rei de Mallorca féu fer les vint galees noves, e puis endreçà los cavallers e les companyes de peu qui anassen ab la cavalleria, e tenc taula tantost; e en tal manera ho féu, que con les galees foren fetes, els hòmens foren tots acordats. E així mateix lo senyor rei en Jacme d'Aragó, e el senyor infant n'Anfòs, e el senyor infant en Pere ana-ven ça e lla endreçant lo viatge, e tuit ajudaven a enantar.

E és veritat que cascun és tengut de consellar son senyor en tot ço que pusca de bé, així lo gran, con lo mitjà, con lo menor; e si per aventura no és hom qui ho pusca dir al rei, si res sap o coneix de bé, deu-ho dir a atal qui al senyor rei ho diga, o li ho trameta a dir per escrit, puis lo senyor rei és tan savi, que si coneix que bon sia, fara-ho; si no, lleixar-ho ha, e no romandrà per ço, que aquell ho haurà dit a bon enteniment, e n'haurà llevada sa cons-ciència, e hi haurà retut son deute. Per què jo, con lo viat-ge fo publicat, fiu un sermó que envié per en Comín al senyor rei e al senyor infant, per ordinació del dit bon passatge, lo qual oirets ací. E porta'l-los en Barcelona, que jo no era ben sa.

Sermó de Muntaner

En nom d'aicell ver Déus, qui fé el ceel e el tro,
en son de Gui Nantull farai un bell sermó
a honor e a laus del casal d'Aragó.
E per tal que així sia, la salutació
diga xascús, si el plats, que la Verge nos dó
seny e-s entendiment, que en façam nostre pro
per est món e per l'altre, e que a salvació
véngon trastuit li comte, vescomte e baró,
cavaller e burgés, mariner e peó,
qui en est bon passatge de Sardenya a bandó
metran si e sa terra e sa provesió,
e segran l'alt enfant n'Anfòs, que és ganfanó,
e de trastota Espanya creiximent e cresó.
De llevant a ponent, migjorn, septentrió,
tremblarà tota gent qui en subjecció
de sos paires valents, rei Jacme, ja no só.
E vull sàpia xascús que aquest és lo leó
que Sibil·la nos dits que, ab senyal de bastó,
abatria l'ergull de manta alta maisó;
que ges er non dirai, que bé m'enténdon pro.

Eras vull que sapiats lo meu entendiment,
que trastuit li presic estan tan solament
en tres causes paleses que dirai verament.
La una es la pressona qui presica la gent;
la segonda, del poble qui l'au bé e l'entén;
la terça, la raisó de què al sermó deixén.
Adoncs, de la primera vos dic que follament
puja alt en trebuna qui no sap certament
diré pro e en contra a tot son moviment,
e que sàpia salvar lo seu proposament.
La segona, del poble, que ses murmurament
lo deuen escoltar xascús tot bellament
e sàpia-ho retener a son mellorament,

que esters pauc valria tot son presicament;
que l'Evangeli dits que es perdet la sement
que es gitet entre peires, e espines eixament.
E, la terça, vos dic que deu far fundament
al propòsit, que parle ses tot variament;
per què-s eu fundarai mon presic, e breument,
en aicest bon viatge qui ens és a tuit plasent.

Adoncs, senyor enfant, com a vostre vassall,
entendets ma raisó, que assats de treball
hai vist en aicest món, pus que null de mon tall.
E per ço, en la mar vullats pendre mirall
de li vostre ancessor, qui féron mant assall.
Que terçol no metats en l'estol, e-s a tall
vos vendran vostres faits, que-s asberg ne capmall
no us estarà denant, sal vint que l'almirall
galees faça fer lleugeres con ventall.
Enaixí il ballester iran con a fiblall;
no els falrà de llurs armes, ans, feits con a batall,
los trobarets als ops, que així con pes cabrall,
que tot can l'és denant, tira, que res no en fall.
E-s en la vostra gent, senyor, no hi ha mestall,
que trastuit són d'un cor e null no se'n barall.
Que així er la verdats, que e'l valent d'un crestall
no préson l'als del món, mas que del fin corall
que en Sardenya se pesca, es aprés del metall,
vos pusquen far senyor, sí que ab un sogall
vos aménon davant tuit cell vassaiagall.

Per ço hai començat en lo fait de la mar,
car la mar cové tenga oell qui vol conquistar
lo regne de Sardenya; e si ho fai, tremblar
farà trastot lo món. E-s aiçò no es pot far
ses menar la gent fresca per ferir e per dar;
e jamai ab terçol fresc no poden anar
nautxer ne ballester que als faits s'han a parar,

564

ne proer ne remer; aiçò no cal provar.
Que el ballester en taula júgon a tot llevar,
que per mar ne per terra no els pot res contrastar;
e sobre aicest partit vos poiria al·legar
manta bona raó, de què no em cal parlar.
Per què, senyor enfant, si Jesucrist vos gar,
vostra gent de la mar tenets en alt e en car,
e honor e poder a l'almirall donar
vullats, e que null altre no hi haja comandar
sal ell, aprés de vós; e-s enaixí, honrar
vos farà de tots faits que vullats començar.
Cent galees, o pus, sai que porets menar,
llenys armats, sageties, que hom no pot albirar.

Cinquanta naus, senyor, sai que vos menarets,
llenys, tarides de bandes e mants d'altres llenyets
que tuit, la Déu mercé, de vostra gent haurets.
Adoncs lo reeollir sia plasents e nets,
e que a Portfangós sien trastuit elets
que véngon a jorn cert. E les grans naus farets,
senyor, metre en escala, e-s aprés los pauquets,
per ço que negun dan enemics que estan quets
no us pusquen donar; d'aiçò prec que us guardets.
E ab gent falsa e mestra sai que contrastarets;
per què açò és ops, senyor, que us adonets,
e que en llurs paraules ni en ells no us fiets.
E totes les galees prés terra vós tendrets;
enaixí per escala tots aparellarets
que síon ordonats; e-s en guarda metrets
quatre bons llenys armats, a cui senyal darets
que fasésson tan lleu. E puis ja no dubtets
que dan vos pusca dar home que no amets;
ans en guarda de Déu gent vos recollirets,
qui us dó honor e gauig e tot ço que volrets.

565

E-s encara soplei la reial majestat
que en xascuna galea quc síon ordonat
dos notxer e proer que, senes tot barat
pénson de li cavall, que sol un oblidat
no sia que sos ops no els sia ben donat;
car la gent terrassana, tro que síon usat,
de si han trop a far. On sien ben pensat
xascús, e son dever així el sia mandat;
e enaixí iran tuit fresc e repausat.
E tuit li cavaller síon acostumat
que llai on son cavall irà, sia muntat
ab tota sa companya, per tal que-s aviat
fossen en lur cavall tuit, molt gent arreat.
E si àls se'n fasia, seria vanitat,
que el passatge er breus, d'on alegre e pagat
irà ab tot li seu; e si n'era llunyat,
iria-li lo cor que tot fos malmenat.
E null açò no mut, qui vol esser llausat;
qui son cavall se llunya, pot-se tenir per fat,
que en lloc poiria fallir, d'on seria menyspreat.

E per vostra altea ordonarets, senyor,
que li almogatén e l'altre cap major
de l'almogaveria, qui són del món la flor,
vagen en les galees, e dets companys ab llor
de xascú; e li altre iran ab gran baudor
eixament en les naus, on los fàçon honor.
La vianda s'ordon que, segons sa valor,
n'hàjon assats trastuit, així il gran co'l menor.
E-s en xascun vai ell haja ordonador
de totes estes causes, que ho dónon a sabor.
E-s en xascuna nau faits metre, per terror,
tres ballesters de torn; e qui us vol mal, sí en plor.
E trabucs, manganells (aiçò prec no us demor),
aixades, palafangues, ab mil bon llaurador,
vós, senyor, menarets, e cent tapiador,

carpenter e ferrer, qui non temen calor.
E puis, Déus mitjançant, no us cal haver paor
que viles ne castells, ciutats, casals ne tor,
que no es renda a vós, si doncs ab gran dolor
no volien morir e perdre llur honor.

E cant aiçò, senyor, serà fait e complit,
en nom del Paire, e el Fill e del Sant Esperit,
e de sa douça Maire (que prec que no us oblit),
e de trastuit li sant, ab goig e ab delit
vós pensats de recúller; e que dia e nit
vos téngon en sa guarda. E-s a Maó m'és dit
que el bon rei de Mallorca vos farà tal convit,
que trastuit vos diran que res no hi ha fallit.
E-s enaprés, senyor, qualsevulla ne crit.
A la illa Sant Pere, ab fé, e llarg e trit,
refrescats li cavall, si eren afeblit;
e-s entretant l'estol serà amanuït
de passar en Sardenya, trastuit, gran e petit.
Ai! qui cell jorn veira, de joi sera guarnit;
que tants coms e vescoms e vasvassor eixit,
així gent arreat, qui de cor són plevit
a servir l'alt senyor infant, que es benesit
de tota res qui el vé, e-s el pw ei ernit
qui anc fos, ne anc mais null no el vee marrit;
e d'armes sai que el món non er tant se'n delit.

Trastuit li cavaller qui ab vós anaran,
són vostre natural, e volent e presant,
cusquecs d'honrat paratge, que no hi ha null soan;
e són tal, dui miller, que null rei no se'n vant
que n'haja de tan bos. E-s eixament seran
dets miller d'almogàver, qui tots temps vos segran,
e mants d'autre sirvent, qui no us demandaran
que els donets res del vostre, car en llur cor no han
mas que us puixen servir, co cell qui ses enjan

són vostre natural; e faran-ho semblant
si negun vos contrasta a lo vostre deman.
Adoncs, senyor, con tuit en Sardenya seran,
en nom del Paire e el Fill e de l'Espirit Sant
pessats anar per terra en Càller, afogant
viles, castells e borges qui no us obeiran.
E-s eixament l'estol al dit castell s'enant,
e-s en la pallissada que so el port trobaran,
meten-se per escala, si co hi hai dit denant.
E veirets ballesters que el mur escombraran,
que de l'aire abatrien un auselet volant.

E cal sera aicell qui dins Càller serà,
qui en son cor se paus, con en terra eixirà
lo valent en Carros, almirall, qui hi metrà
tant valent català qui de mar hi haurà?
Que no us diré ges Càller, que-s el món tremblarà.
Pus lo mon fo format, negun non mostrarà
que null fes tal passatges ab lo seu; que un gra
no hi ha mès negun altre, ne ab si no menarà
mas sol gent de sa terra. Adonai, qual rei poirà
si meseus avantar, que açò contrafarà?
Ai, can veiran en Càller l'estendard qui parrà
sus alt en la muntanya, qui tant flamejarà,
trastota la gran host ab manta senyerà
de mant honrat cabdal qui l'acompanyarà!
E-s aprés Estampaix sai que s'atendarà
lo prous senyor infant, qui ben s'alegrarà,
qui per grat o per força dins Càller entrarà.
E puis d'aquí avant mon consell cessarà
car no hauria loc, car per mil tants sabrà
xascús de son consell, e Déus qui el guiarà.

D'una causa, senyor, vos remembre, si us plai;
que en oblit no us metats aiçò que eu vos dirai:
que null hom de comuna no leixets ça ne llai,

en castell ne en vila. E no me'n callarai,
car no sàubon que es fes, per què llur cor verai
no seria jamai. Per què no esclarirai
mas de llurs malvestats que-s en mon temps vist hai;
que al sant rei vostres paires han fait mant foll assai
e l'aut rei Frederic metéron en esmai
que-s ab coberta d'ell adrecéron (ço sai)
que recobréron Mònac, de que foren tuit gai:
a tuit vostre ancessor ne foren d'un xerai;
que en quer Déu llur carvenda. Estir, d'àls no m'es-
glai mas de llur fals presic, de que no ix jamai
mas no-fes e boïa; e àls no hi trobarai.
Mas li sard són estrait de vostra gent de çai,
per què farets mercés que els siats llums e rais,
car lleial gent seran. Enquer dir-vos sabrai
que en Còrsega metats de la gent vas Montcai
e de la Serrania, cusquecs a ben retrai.

Eras lo meu presic vull que sia finats;
e prec a Déu, que és vera llum e clardats
que l'alt senyor infant li sia recomandat,
coms, vescoms e barons e trastui li prelats
qui ab lui anaran, e tuit l'altre barnats;
e que-s en breu ne sia ab gran goig enviats
bon novell a sos paires, lo sant rei, qui assats
haurà de pensament tro sapxa la verdats.
Adoncs, senyors e dones que est sermó escoltats,
faits preguera a Déu que venga el bon mandats
de xascús a sa casa, e-s amics e privats.
E per aiçò que ab Déu ço sia acabats
xascús s'hi lleu en peus, e trastuiai que diats
de paternostres tres per santa Trinitats
e a honor de sa Maire, qui fo ses tots pecats.
Que eu prec lo seu car fill que ens sia atorgats
e que el nom d'Aragon ne sia exalçats,
e que pisàs ne altres no el pusquen falsetats

bastir ne ordonar; e sant Jordi, al lats
de l'alt senyor infant, li sia acompanyats.

E segurament aquest sermó tramís jo al senyor rei e al
senyor infant n'Anfòs per ço que es recordassen d'açò
que feia a ells mester que feessen. E jatsefós que el meu
consell no era bastant, almenys a fer recordar les coses
era bo, que un consell aporta altre mellor, con cascun hi
diu pro e en contra. E la mercé de Déu, tot ço que jo dixí
en aquest sermó se complí, salvant dues coses, de que fui
molt despagat, e són encara e seré tots temps. E la pri-
mera fo con les vint galees lleugeres no es feeren; que
tant d'escarn e d'enuig soferí l'almirall e la host per gale-
es dels pisans e dels genoveses, que no hagueren soferit
si vint galees lleugeres hi hagués. E l'altra fo con lo se-
nyor infant, ab tota sa cavalleria e peonada, con hac presa
terra, con no se n'anà dret en Càller, ell per terra e l'es-
tol per mar, així con feu l'estol; que si tuit ensems, e per
mar e per terra, fossen venguts en Càller, aitantost hagren
haüt Càller abans que no hagren Viladesgleies, e les gents
qui foren estats tots sans e frescs, que hagren haüdes llurs
robes, e llurs tendes, e llurs viandes, e vin, lletovaris e
confits que cascun portava en les galees; que anc a
Viladesgleies no se'n pogren de res servir, per què n'ha-
gren molt desaire. E així tan solament aquestes dues
coses m'estegren molt en cor; mas emperò, la mercé de
Déu, tot és vengut en bé; mas bé e mellor hi ha.

273
Veritat és que com lo senyor rei e el senyor infant
hagren recaptat per los llurs regnes, comdats e terres ço
que per lo viatge los feia mester, el senyor rei ab los
infants ensems ordonaren que a Portfangós fos tothom a
dia cert, e per mar e per terra. E aquell jorn que fo ordo-
nat, hi féu tothom, e abans; que tant eren les gents volen-

toroses d'anar, que no els calia anar cercar per les terres, mas tuit pensaren de venir, aquells que el senyor rei e el senyor infant havien ordonat que anassen. E no us diré aquells qui ordonats eren d'anar, que tres tants n'hi vengren; e parec-ho bé al recollir, que més de vint mília hòmens d'armes hagren a romanir, que les naus, ne les galees, ne els llenys ne les tarides no els pogren llevar.

E així, ab la gràcia de Déu, tots se pensaren de recollir. E el senyor rei, e madona la reina e tots los infants foren aquí a Portfangós; e el senyor infant n'Anfòs pres comiat del senyor rei son pare, e madona la infanta sa muller, e així mateix de madona la reina e dels infants. E el senyor rei acompanyals entrò a la barca armada on se recolliren; e madona la reina atretal, e els senyors infants. E així, a la bona hora lo senyor infant e madona la infanta muller sua recolliren-se, e tothom pensa d'aital a fer.

E aquell dia hagueren bon temps, e feeren vela. E les vint galees de Mallorca, e naus, e tarides e llenys, foren ab ell, qui ja eren vengudes a Portfangós; e d'aquí feeren vela, ensems ab lo dit senyor infant. E el senyor rei, e madona la reina e tots estegren aquell dia mirant-los, a la marina, entrò los hagren perduts de veer; e puis anarense'n a la ciutat de Tortosa, e les altres gents cascuns en llurs llocs.

E lo senyor infant n'Anfòs hac bon temps, e ajusta's a la illa de Sent Pere ab tot l'estol. E con foren tots ajustats, anaren-se'n a Palma de Sols, e aquí eixí tota la cavalleria en terra, e l'almogaveria. E tantost fo aquí lo jutge d'Arborea ab tot son poder, qui el reebé per senyor, e gran res de tots los sards de la illa, e encara aquells de la ciutat de Sàsser, qui es reteren a ell. E aquí feu d'acord, ab consell del jutge, que el senyor infant anas assetjar Viladesgleies; e açò féu lo jutge con per Viladesgleies venia gran mal a la sua terra, major que per Càller ne per altre lloc.

E així lo senyor infant posà son setge a Viladesgleies,

e tramés l'almirall ab tot l'estol a assetjar lo castell de
Càller, ab lo vescomte de Rocabertí, qui ja lo tenia asset-
jat, qui ab dos-cents cavalls armats e dos mília hòmens de
peu hi havia trameses primers de Barcelona lo senyor
infant, ab naus. E així posaren-se davant Càller, e ja que
el tenien així destret, que tots dies n'havien hòmens, e los
havien tolta gran res de la terra, ço és de la horta; e con
l'almirall hi fo, creats que entre lo vescomte e ell dona-
ren-los de la malaventura assats. E sí hi havia dins més
de tres-cents hòmens a cavall e més de deu mília a peu.
Ara vos lleixaré a parlar del vescomte e de l'almirall, qui
molt bé s'avenien de totes coses, així con aquells qui eren
cosins germans, e tornar-vos he a parlar del senyor
infant.

274

Com lo senyor infant hac assetjada Viladesglies, tots
dies ell los feia combatre, e hi traïa ab trabucs; e estren-
gué'ls en tal manera, que de la malaventura havien
assats, e tant de destret, que per cert no es sabien que es
feessen. E així mateix lo senyor infant e tota la sua host
hagren tantes de malauties, que la major part de tota la
sua gent hi morí de malauties; e ell mateix hi fo molt
malaute, que segurament ell fóra estat a gran condició de
morir, si no fos lo gran pensament que madona la infan-
ta ne féu; per què a Déu e a ella devem tuit grair la sua
vida. E anc tant lo senyor infant no hi fo malaut, que
jamés, ne per metges ne per null hom, ell se volgués par-
tir del setge, ans moltes vegades ab la febre a costes s'ar-
mava e feia combatre. Sí que per lo seu bon esforç e la
sua bona cavalleria aportà a açò la vila: que es reteren a
ell, així que el senyor infant, e madona la infanta, e tota
la host, entra dins la ciutat de Viladesgleies, e establiren-
la molt bé de nostra gent, e hi lleixaren aquells qui al se-
nyor infant parec que hi feessen a romandre. E així lleixà
aquí capità, e a la ciutat de Sàsser atretal.

E puis ven-se'n en Càller, e edificà davant lo castell de Càller un castell e una vila, e mès-li nom castell de Bonaire. E tenc tan fort assetjat Càller, que sol un hom no en poc eixir; per què certament poc hom veure que si al començament hi fos vengut, que Càller hauria haüt abans que no hac Viladesgleies. Què us diré? Que aquells de Càller soferien, e esperaven secors qui els devia venir de Pisa; lo qual secors, a pocs dies que el senyor infant fo en Càller, hi venc.

275

E el secors fo aital: que el comte Ner hi venc cap, e amenà ben mil dos-cents hòmens a cavall, en los quals n'havia de tudescs vuit-cents cavallers, qui es tenen los mellors cavallers del món, e els altres eren pisans; e amenà ben sis milia hòmens de peu, ab malvats sards qui es mesclaren ab ells, qui eren de vers Caboterra, e d'aquells sirvents toscans e marquesans ab llances llongues, que ells preen cascú un cavaller; e trenta-sis galees, entre de pisans e de genoveses, e moltes tarides e llenys qui portaven cavallers e cavalls. E vengren-se'n a Caboterra, e aquí posaren la cavalleria, e tots los peons, e quatre-cents ballesters que hi havia. E con los hagueren posats en terra, tot lo navili se n'anà a la illa Rossa, on ha bon port. E les tarides eren totes encastellades, e meteren-se en esquera per defendre.

E con açò fo fet, les galees vengren envers Castell de Càller, e lo senyor infant féu armar trenta galees, e no pus; e ell son cos muntà en les galees, e eixí defora per ço que es combatés ab los pisans e genoveses. E aquells foren així corteses, que anc no els volgren esperar, ans se n'anaven així con un cavaller feera davant un peó; sí que tot aquell dia estegren en açò: que com lo senyor infant feia vogar, ells fugien, e puis tornaven a llur volentat. Sí que el senyor infant veé que no hi podia als fer, e eixí's de les galees, e ordonà cascun dels setges con se guardassen; que dins el castell havia ben cinc-cents hòmens a cavall, ab més de dos4ents qui n'havia entrats d'aquells qui eren eixits de Viladesgleies per pati, que el senyor infant los ho promés con eixiren e li reteren Viladesgleies. E així lo poder era gran dins; per què lo senyor infant pensa que per res no jaquís aplegar aquells qui eren venguts ab aquells de dins; e així establí lo setge en guisa que si aquells de dins eixien per acórrer a aquells de fora, que aquells del setge los ho poguessen contrastar.

E dementre açò ordonava lo senyor infant, les galees dels pisans e dels genoveses venien entrò a les galees del senyor infant. E l'almirall desarmà totes les sues galees, salvant vint, en que ell muntà pensant que l'esperassen a batalla. Mas aquells no ho volgren fer, sí que l'almirall los tramés missatge que si es volien combatre ab ell, que els eixiria ab quinze galees; e aitampoc ne volgren res fer. E llavors lo senyor infant e l'almirall conegren que els feien fretura les vint galees lleugeres que jo havia dit al meu sermó que haguessen; e per cert, si les haguessen haüdes, ja quaranta galees de pisans ne de genoveses no hi gosaren ésser vengudes, que dementre aquelles vint les empatxaren, les altres los foren a dors; e així podets entendre quina falla fo aquesta.

Ara vos lleixaré a parlar de les galees, e tornar-vos he a parlar del senyor infant e de sos enemics.

Com lo senyor infant hac ordonat ab l'almirall lo fet de la mar e de tot lo setge, e hac ordonat que l'almirall fos capità de tuit, ell ordonà aquells qui ab ell devien anar; sí que no volc haver ab si mas quatre-cents cavalls armats, e cinquanta cavalls alforrats, e estro a dos mília hòmens de peu entre almogàvers e sirvents de mainada. E con venc bon matí, al sol eixit, ell pensà d'eixir, ab la cavalleria e hòmens de peu, a carrera, al comte Ner, sí que es mes entre ell e el castell, lla on lo comte Ner devia venir, aparellat de la batalla. E estant així, ells veeren venir lo comte Ner esquera feta e ordonades ses batalles e tota sa gent, si anc negun temps gent poc venir a batalla ordonadament. E el senyor infant, qui els veé, així mateix ordonà sa batalla; e donà la davantera a un noble hom de Catalunya per nom en Guillem d'Angleola, e ell, ab la sua senyera, ab tota la cavalleria venc mota feta, e la peonada en la banda on veé que els altres havien la llur. Què us diré? Les hosts s'acostaren, e el comte Ner, a consell d'un valent cavaller qui havia nom Orrigo, tudesc, qui era eixit del setge de Viladesgleies, qui coneixia lo senyor infant, ordonà que dotze cavallers fossen ordonats ab lo dit Orrigo, tudesc, qui no haguessen cura mas de la persona del senyor infant. E així mateix fo ordonat per lo senyor infant que deu hòmens de peu no es partissen del seu estrep, e cavallers sabuts qui guardassen la sua persona e la sua senyera, que el senyor infant no es partia de la sua senyera.

Què us diré? Con les hosts foren apropriades, cascuns van brocar molt vigorosament, sí que james no pògrets veer batalla pus cruel, ne que ab tanta de volentat vengués la un contra l'altre con cascuns feeren; sí que tan fortment se calcaren los tudescs a la nostra cavalleria, que els dotze cavallers, ab aquell Orrigo, tudesc, vengren lla on lo senyor inant era. E lo senyor infant, qui conec que aquells venien assenyaladament per ell, ferí lo primer de la llança, tal colp, que de l'altra part la li passà, sí que mort lo gita en terra; e puis mes mans a la maça, e lleixa's córrer a un altre, e donà-li tal sobre l'elm que portava, que el cervell li féu volar. Què us diré? Que ab la maça ne mès en terra, morts, quatre; e puis la maça se rompé, e mes la mà a l'espaa, e ab l'espaa en la ma ell feia fer tal plaça, que res no li podia estar davant. E con los set cavallers dels dotze veeren que els cinc n'eren morts per mà del senyor infant, e veeren les meravelles que ell feia, acoreiaren-se que ferissen tots en lo cavall del senyor infant e que el metessen en terra. E així ho feeren, que tots set ensems brocaren, e van-li matar lo cavall, e lo senyor infant ab lo cavall ensems anà en terra; e en aquell punt mateix mataren lo cavall al seu banderer, e la senyera fo caüda en terra. E com lo senyor infant fo en terra, l'espaa li volà de la mà, al caure, de la qual no tenia pus de la meitat, que l'altra meitat n'havia anada, que havia fets dos trosses. E no oblidà pas en què era, ans se deseixí de la sella e del cavall, que li jeia dessús, així con aquell qui era molt fort e delliure e ab lo major cor de fet d'armes que cavaller qui e'l món sia, e va trer lo bordó que portava cint; e veé la sua senyera en terra, e ab lo bordó en la mà va llevar la sua senyera, e la dreçà, e la tenc abraçada. E sobre açò, un cavaller seu, per nom en Bernat de Boixadors, va avallar del cavall e va pendre la senyera, e lliurà lo cavall al senyor infant; e lo senyor infant muntà tantost, e féu pendre la senyera a un cavaller. E con hac la senyera llevada, ell se veé davant los set cavallers, e regonec Orrigo, tudesc; e ab lo pom del bordó al pits, va brocar envers ell, e va-li tal colp donar per mig del pits, que d'altra part lo li passà; e caec en terra mort, sí que jamés no el calgué tonar en Alemanya a contar noves d'esta batalla.

Què us diré? Que com sos companyons veeren mort lo dit Orrigo, volgren fugir; mas entre lo senyor infant e aquells qui ab ell eren, ho feeren en guisa que tots dotze romangueren e'l camp, dels quals dotze los vuit moriren per ma del senyor infant. E con aquests foren mons, lo senyor infant ab la sua senyera brocà avant; e llavors veérets fet d'armes, que james aital jornada tan fort no es poc veure, de tan poca gent. Sí que en aquella brocada lo senyor infant s'atrobà ab lo comte Ner, e ferí'l d'una llança que hac presa d'un seu sirvent, tal, per lo cortó primer de l'escut, que en terra lo mès. E aquí hac fet d'armes, sí que per força los tudescs e els pisans muntaren lo comte Ner, qui fo ferit de més de deu nafres; e com ell se veé a cavall, mentre la pressa era gran, ell s'eixí de la batalla, e entrò ab deu hòmens a cavall ell fugí al castell de

Càller; e trobà la cavalleria del castell de Càller, qui eren ben cinc-cents, qui estaven defora esperant què seria, que no gosaven anar en la batalla, que l'almirall, si ho fees-sen, los donara tantost a dors. E l'almirall, així, poc se partia del setge; e així cascuns havien estar a la vista. Sí que con aquells de Càller veeren lo comte Ner, tengren llur fet per perdut. Què us diré? Que la batalla fo tan fort, que a un colp se van triar tots los tudescs e els pisans qui eren romases, e van-se emparar d'un puget; e lo senyor infant, ab los seus, atretal; que parec que fos torneig de solaç, e los uns guardaren los altres.

Ara vos parlaré dels hòmens de peu. Com los almo-gavers e sirvents de mainada veeren començar la batalla dels cavallers, estrò a dos-cents van trencar per mig les llances, e meteren-se entre los cavalls, a esfondrar; e los altres van ferir en la llur peonada, tan fortment que ab los dards ne mès cascun un en terra, e puis lleixaren-se anar sobre ells en tal guisa, que en poca d'hora los hagren des-confits e morts. Així que en l'estany se'n negaren de dos mília a ensús, e els altres moriren tots; que aquells qui fugien o s'amagaven per mates, e se n'entraven per la illa e els sards los trobaven, no en lleixaven un a vida; per què tots moriren.

E con lo senyor infant e els seus foren un poc repo-sats, lleixaren-se anar, mota feta, contra los enemics. E aquells feeren atretal, salvant entrò a vuitanta hòmens a cavall del comte Ner, que con no el trobaren, que mentre la batalla era molt forts e dura, que se'n tornaren en Càller. E els altres combateren-se, que si anc la batalla fo forts al primer assalt, pus forts fo aquesta de tan poca gent. Sí que el senyor infant hi fo ferit ab bordó per la cara; e con ell se veé calar la sang per la cara e per lo pits, si fo escalfat de mal talent, no us ho cal dir, que anc lleó no es mès així contra aquells qui mal li haguessen feit, con ell féu contra ells. Què us diré? Que ab lo bordó en la man feria de tals estocs, que guai per aquell que acon-

seguia, que ab un colp n'havia assats. Què us diré? Que
així anava per lo camp, adés ça, adés lla, que res no li
havia durada davant; e tant féu en pora d'hora ab los
seus, que tuit ho faien molt ben, rics-hòmens, cavallers e
ciutadans, que aquells foren tots morts e vençuts, que anc
no n'escaparen, entre aquells qui es meteren en Càller e
altres qui fugiren envers lo llur estol, pus de dos-cents; e
aquells mateixs no foren escapats si no fos la sospita en
que lo senyor infant estava del setge.

E així, lo senyor infant e els seus llevaren lo camp; e
ab gran alegre e ab gran guany tornaren-se'n a la host. E
l'estol dels pisans, ab gran dolor tornaren-se'n, e pensa-
ren de fugir, e vengren en Pisa ab llur mal mandat. E el
senyor infant tramés en Catalunya, al senyor rei son pare,
un lleny armat, e féu-li a saber tot son fet con era estat; e
requés-li que li trametés vint galees lleugeres, per los
grans escarns que reebia de les galees dels pisans e dels
genoveses.

Com lo senyor infant fo tornat al setge, si estrengué
Càller no us ho cal dir; e tots quants sards havia en la illa
qui no s'eren retuts, se reteren a ell. E lo jutge d'Arborea
fo aquí ab tot son poder, al segon jorn que la batalla fo
feita, e hac gran goig e gran plaer de la victòria que Déus
hac donada al senyor infant; empero fo molt despagat
con ell ne hom dels seus no hi eren estats. E segurament
no fo colpa d'ell, que con lo senyor infant fo entrat en
Viladesgleies, ell era estat al setge tota hora ab son poder;
e així, con lo senyor infant hac presa Viladesgleies, ab
llicència sua ell se'n partí, e torna en sa terra per visitar
sos llocs; e tantost con ho hac fet, e ajustat tot son poder,
ell se'n venc en Càller, així que ja podets entendre que no
errà mas de dos jorns que no fos a la batalla.

Emperò, con ell fo a la host ab tot son poder, entre lo
senyor infant, e ell, e l'almirall e los altres rics-hòmens
estrengueren tan fort Càller, que a la mort eren dedins. Sí
que un jorn s'esdevenc que aquells de dins hagren sote-

rrat lo comte Ner, qui fo mort per les nafres que hac preses en la batalla, e gran res d'aquells qui de la batalla foren fuits, qui dins eren entrats; que pocs n'hi hac que senyal reial no portassen a costes, ço és a saber, que el senyal reial era aital com de bones llançades o bones espaades que aquells del senyor infant los havien dades; e ab aital senyal reial fugiren, e el comte Ner e ds altres qui de la batalla fugiren.

276

E com aquells de Càller veeren mort lo comte Ner e es veeren en aital destret, un jorn a hora de migdia, que feia gran calor, que era dissabte, e aquells de la host del castell de Bonaire dormien e menjaven, e el senyor infant e los altres, ells armaren llurs cavalls, e aparellaren-se de cavall e de peu, e van eixir, que aquells del setge no en veeren res. Que aquells qui els veeren primers foren pescadors catalans, qui els veeren avallar del castell de Càller, e començaren a cridar:

— Via fora! A armes! Armes!

Sí que el senyor infant, qui ho entés, qui dormia en espatlleres, va's llançar lo capell de ferre e posar l'escut al coll; e ell feia estar tots temps dos cavalls seus ensellats, e tantost munta en la un. E el primer qui fo a la porta del setge fo ell e tantost ab ell hac més de dos mília sirvents, qui almogàvers qui sirvents de mainada, qui hòmens de mar; e així mateix cavallers ateseren, qui guarnits, qui desguarnits. Que catalans e aragoneses han aquest avantatge d'altres gents: que los hòmens a cavall, tots temps que hostegen, van ab les espatlleres vestits, e ab lo capell jubat al cap, e tenen llurs cavalls ensellats; e tantost con senten brogit, no han cura d'als, mas que prenen l'escut e el capell de ferre e munten en llur cavall, e tenen-se per bé arreats, així ben con altres cavallers farien, que haguessen l'asberg vestit o les cuirasses. E los

579

hòmens de peu tenen cascuns llur dard e la llança a la porta de llur posada o de llur tenda, e tantost corren a la llança e al dard con res senten; e tantost con han llur dard e llur llança, són armats de totes armes.

E així con lo brogit oïren, tantost foren contra llurs enemics, així que el dit e el fet tot fo una cosa; que aquells de Càller se cuidaren que aitant se jurcassen armar con ells, per què se'n trobaren enganats, que el senyor infant ab la cavalleria los fou tantost a l'encontre, e, mala a llurs ops, foren tant a enant avenguts, que per lo portal del castell de Bonaire se'n cuidaven entrar. E així, lo senyor infant ferí en ells tan enfortidament, que tantost aquells de Càller hagueren a girar. Què us en faria pus llongues noves? Que el senyor infant ab l'almirall, qui és dels bons cavallers del món, e ab los altres, pensaren d'enderrocar cavallers e ferir de llances; e con les llances hagueren trencades, ab les maces en la mà veérets fer dels pus desesperats colps del món. Dels peons no us ho cal dir, que no feien mas allancejar hòmens de cavall e de peu. E feeren tant, que ben set-cents hòmens a cavall qui hi eren eixits no n'escaparen, e ben tres mília de peu, mas dos-cents, que tots los altres foren morts; e d'aquells de cavall e de peu del senyor infant, no hi moriren mas vint. Així, que si camp haguessen mes haüt (que tantost no fossen aconseguits al castell de Càller), un no n'haguera escapat d'aquells. Així aquesta jornada fo així bona con aquella de la batalla, a destrucció d'aquells del castell de Càller; e podets-ho entendre con hi venien volenteroses aquells del senyor infant, que en Gilabertí de Centelles e d'altres se n'entraren, mesclats ab ells, encara firent e donant, en Càller, que no els membrava de res mas de ferir sobre ells. De què los pisans feeren gran malvestat, que depuis que los hagueren preses dins, los mataren. E d'aitals malvestats són aparellats ells de fer, e tothom de comuna, per què fa desplaer a Déu qui d'ells ha mercé.

E con lo senyor infant los n'hac meses, aquells qui n'escaparen, tro dons e'l castell de Càller, ell s'entornà alegre e pagat al setge. E aquells de dins foren ab gran dolor; e tantost trameteren missatge en Pisa que los feeren saber ço que els era esdevengut, e que els acorreguessen, que d'aquí avant ells no veien que es poguessen defendre del poder del senyor infant. E con aquells de Pisa hagueren sabudes aquestes novelles, tengren-se per consumats, e tantost se pensaren que eren de tot perduts si ab qualque manera no feien pau ab lo senyor rei d'Aragó e ab lo senyor infant. E haüt aquest consell, en què tuit s'acordaren, ordonaren missatges a qui donaren tot poder que aquesta pau tractassen.

277

Ara vos lleixaré a parlar d'ells, e parlaré del senyor rei d'Aragó, que tantost con hac haüdes les novelles que el senyor infant li hac trameses de la batalla que hac vençuda, tantost ell féu boscar vint galees lleugeres entre Barcelona e València.

E boscades les dites vint galees, tantost encontinent féu obrar aquelles, e feu posar taula a Barcelona a vuit galees, e a Tarragona a dues, e a Tortosa altres dues, e a València vuit. De les quals vuit galees de València hac comissió l'honrat en Jacme Escrivà, e jo, que les armàssem; e així es complí, que dins pocs dies les dites vuit galees de València foren armades, e anaren a Barcelona. E con foren a Barcelona, totes les altres s'aparellaren, e fo ordonat per lo dit senyor rei que fos capità l'honrat en Pere de Bell-lloc, un cavaller molt bo e espert qui es poblat en Vallés. E les dites vint galees partiren de Barcelona, e a pocs de dies foren en Càller; e con lo senyor infant les veé, hac-ne gran goig e gran plaer, e aquells de dins Càller tengren-se per desconfits, que ben veeren que d'aquí avant no els calia haver esperança d'ajuda de galees de Pisa ne de Genova, que aquestes les gitarien de tot lo món.

E sobre açò fo vengut lo missatge de Pisa, qui tractà ab misser Bernobò Dòria que feés paus entre lo senyor infant e el comun de Pisa.

278

Què us diré? Que de les maneres de paus s'hi menaren moltes, e jamés lo senyor infant no volc consentir a pau entre ells si doncs el castell de Càller no li retien. E a la fi la pau se féu així: que el comun de Pisa tingués lo castell de Càller per lo senyor rei d'Aragó, e en fos lo comun de Pisa son vassall, e que li n'hagués a donar posat, irat e pagat, tota hora que la'n volgués lo senyor rei d'Aragó e el senyor infant o llurs procuradors, e així mateix a tots aquells qui aprés d'ells vendrien; e encara, que lo comun de Pisa renunciava a tot dret que hagués en la illa de Sardenya ne en negun lloc de la illa; d'altra part, que en lo castell de Càller no romangués terme negun mas aquella horta qui davant lo peu li era, ça es a saber, partida, e l'altra partida fos del castell de Bonaire; d'altra part, que en lo castell de Càller no es gosàs fer mercaderia sinó de Pisa e a Pisa; ítem, que negun lleny no hi gosàs venir a fer port sino de Pisa; encara, que negun sard no hi gosàs venir a vendre ne a comprar res, ans aquells del castell de Càller haguessen a totes coses venir comprar al castell de Bonaire; encara, que els pisans deguessen valer al senyor rei d'Aragon e als seus contra tots los hòmens qui en la illa de Sardenya venguessen fer damnatge; e lo senyor infant promés-los que, així con altres mercaders, poguessen mercadejar per tota la illa de Sardenya e per totes altres terres del senyor rei d'Aragó, així con altres gents estranyes farien, e que pagassen aitant de dret con los mercaders catalans paguen en Pisa.

E con tot açò fo fermat e jurat de cascuna de les parts,

la senyera del senyor rei d'Aragon, ab cent cavallers del senyor infant, entra e'l castell de Càller e fo posada en la pus alta torre del castell de Càller. E així la pau fo cridada e fermada, e les portes estegren obertes, de Càller, e hi poc entrar tothom; e els pisans e els pollins de Càller feien atretal en la host e e'l castell de Bonaire. E con açò fo fet, lo senyor infant trames l'honrat en Boixadors en Pisa ab los missatges de Pisa, per ço que el comun lloàs e atorgàs ço que s'era fet; e així ho lloà e ho atorgà lo comun.

E com aquells de Cdrsega saberen açò, aquells de Bonifaci e dels altres llocs de Còrsega vengren al senyor infant e li feeren homenatge. E així lo senyor infant fo senyor de tota Sardenya e de tota Còrsega; que, si bé ho comptats, molt més d'honor hac ell que el comun de Pisa fos son terratinent, e els pisans fossen sos vassalls, que si el castell de Càller hagués haüt. E d'altra part, que el castell de Bonaire se poblà en tal manera, que abans que cinc meses fossen passats, fo murat e albergat, e hi hac, de catalans purament, més de sis mília hòmens d'armes; per què d'aquí avant tots temps lo castell de Bonaire seria soberg al castell de Càller con los pisans se volguessen mal captenir.

279

E con tot açò fo feit, lo senyor infant, a consell del jutge d'Arborea, lleixà establits los llocs e les viles, e hi lleixà procurador general lo noble en Felip de Saluça, qui ab consell del jutge feés sos afers. E lleixà capità del castell de Bonaire e de tota aquella encontrada lo noble en Berenguer Carròs, fill de l'almirall; e capità de Sàsser, en Sentmenat; e puis, en cascuns dels llocs atretal. E lleixà tresorers de la illa l'honrat en Pere de Llibià, cavaller, e n'Arnau de Caça, ciutadà de Mallorca. E con totes les terres e llocs hac ordonats e endreçats, així de la illa de

Sardenya con de Còrsega, ell lleisa al noble en Felip de Saluça entrò a tres-cents hòmens de cavall, de nostra gent, soldaders, e de peu tro a mil, qui tots aquells romangueren a sou del senyor rei.

E fet açò, pres comiat del jutge, e del noble en Felip de Saluça, e dd noble en Berenguer Carròs e dels altres; e recollí's ab madona la infanta, e ab tota la host e ab tot l'estol, e torna-se'n en Catalunya sa e alegre e ab gran honor. E pres terra a Barcelona on trobà lo senyor rei, e madona la reina e el senyor infant en Joan, arquebisbe de Toledo, son frare e el senyor infant en Pere, e el senyor infant en Ramon Berenguer, e el senyor infant en Felip, fill del senyor rei de Mallorca. e tots los cabdals de Catalunya qui s'hi eren ajustats per ordonar secors que trametessen al senyor infant en Sardenya. E con lo senyor infant e madona la infanta hagren presa terra aquí, a la marina, fo-hi lo senyor rei, e tots los infants e madona la reina, qui el reeberen ab gran honor. Què us diré? La festa fo molt gran, en Barcelona, e per tota Catalunya, e Aragon, e el regne de València, de Múrcia, e a Mallorca, e en Rosselló, que totes les gents feeren de la venguda del senyor infant e de madona la infanta. E aquí lo senyor rei e el senyor infant feeren molt de dons e de gràcies a tots aquells qui eren venguts ab lo senyor infant, e cascuns tornaren-se'n alegres e pagats entre llurs amics.

280

E no anà a llong de temps que el senyor rei de Mallorca hac malautia; que se n'era muntat, per les calors grans, en un lloc en lo qual ell s'adelitava molt, qui ha nom Formigueres, e aquí ell passà d'aquesta vida. E fo molt gran tala, que jamés no nasqué senyor que en si hagués més de veritat e de dretura que ell havia; e pot hom dir be d'ell ço que seria fort cosa de dir de negun altre: que per negun temps en si no hac pecat mortal; e açò es vera veritat. E feu son testament, e lleixà lo regne, e tota la sua terra, e tot son tresor a son nebot, lo senyor infant en Jacme, fill qui fo del senyor infant en Ferrando; e si el dit senyor infant moria menys d'infant mascle de lleial matrimoni, que tornàs a l'altre fill que el senyor infant en Ferrando hac de la segona muller que pres con hac Clarença conquistada. Que féu-se venir la neboda del rei de Xipre, que pres per muller; la qual era, e és encara, de les bones dones e de les belles del món, e de les sàvies; e hac-la, així mateix com l'altra, nina e poncella, que no havia pus de quinze anys. Sí que no visqué ell ab ella pus d'un any, e dins aquell any n'hac aquell fill, lo qual la dona té en Xipre; que com lo senyor infant en Ferrando fo passat d'esta vida, ella se'n tornà en Xipre ab dues galees armades. E així lo senyor rei de Mallorca vinclà lo regne a aquell infant, si aquest senyor infant en Jacme moria, ço que Déu no vulla, ans li dón Déu vida e honor aitant con bon sia per viure, així con aquell qui és la pus sàvia creatura, dels seus dies, qui anc fos nat cinccents anys ha. E aprés vinclà, lo dit senyor rei en Sanxo de Mallorca, que si abdoses morbn menys d'infant mascle de lleial conjuï, que tornàs lo regne e tota la terra al senyor rei d'Aragon.

E així, con fo mort, de Formigueres aportaren-lo a Perpinyà, on ell se lleixà en l'esgleia major de Sant Joan; e aquí fo feita la sepultura molt honradament, així con pertanyia a aital senyor con ell era. E tantost con fo soterrat, posaren al seti reial lo dit senyor infant; e d'aquell dia a enant pres títol que s'apella rei de Mallorca e comte de Rosselló e de Confleent e de Cerdanya, e senyor de Montpesller, per què d'aquí avant, con d'ell parlarem, nomenarem-lo senyor rei en Jacme de Mallorca, a qui Déus dón vida e salut al seu servei, e el prest als seus pobles. Amén.

Ara vos lleixare a parlar d'ell, e tornar-vos he a parlar del senyor rei de Sicília.

Veritat és que el senyor rei tenia en Calàbria la ciutat de Rèjol, e el castell de Santa Àgata, e el castell de Calana, e el castell de la Mota, e la Gatuna e d'altres llocs. E fo ordonat en les paus que el senyor rei d'Aragon tractà e feu entre lo senyor rei de Sicília e el rei Robert, que d'aquells castells e ciutat se feés ço que el senyor rei d'Aragon tengués per bé; sí que los dits castells e ciutat de Rèjol se meteren en man del senyor rei d'Aragó, que hi tramés cavallers seus qui per ell ho tengren. E a poc de temps ell donà sentència, e volc que aquella ciutat de Rèjol e aquells castells e llocs que el senyor rei de Sicília havia en Calàbria, que fossen lliurats al pare sant, que els tengués en seqüestre, en tal manera que si jamés lo rei Robert venia contra lo rei de Sicília, que ell fos tengut de tornar aquells castells e ciutat al senyor rei de Sicília, e que se'n pogués ajudar. E encara hi hac d'altres covinences que a mi no cal contar.

E tantost que açò fo fet, no anà a molt de temps, pus que els castells tenc lo papa, que el pare sant, així con a sant senyor e a bona fe, pensant-se que mal no en pogués sortir de negunes de les parts, que ell féu lliurar la ciutat de Rèjol e els altres llocs al rei Robert. E con lo rei Robert tenc los dits llocs, hac-ne gran plaer, e el senyor rei de Sicília, con ho sabé, fo'n molt dapagat, mas emperò hac-s'ho a soferir, e majorment pus era pau entre ells. Sí que en aquesta pau estegren, depús que els dits llocs tenc lo rei Robert, ben deu anys o pus.

E aprés, així con lo diable obra en tot mal a fer, la guerra tornà, d'aquests dos senyors. De qui fo la colpa? A mi no tany que encolpe negun, que d'aitals senyors no en deu hom parlar mas en tot bé con hom li sap; e així jo no vull dir ne dic de qual part fo lo tort. Mas pur la guerra tornà, així que galees del rei Robert trencaren les tonaires de Sicília, e preseren llenys e barques de mercaderia qui eren de Sicília; e puis, aquells de Sicília feeren aital d'aquells del rei Robert. Sí que el senyor rei de Sicília trames en Calàbria en Blasco d'Alagó, e en Bernat Senesterra e d'altres rics-hòmens e cavallers, e corregueren gran res de Calàbria, e preseren per força Terranova e la barrejaren, e d'altres llocs, e puis tornaren-se'n en Sicília alegres e pagats, ab grans guanys.

E com açò fo estat, lo rei Robert féu gran aparellament per passar en Sicília; e el senyor rei de Sicília, con ho sabé, aparella's de defendre, e establí Us la ciutat de Messina, e Palerm, e Tràpena e tots los llocs de les marines; e així mateix féu tots aquells dels casals de la illa qui eren dintre terra, metre en les viles e els castells qui eren forts e ben defenents; e així féu la illa de Sicília tota aparellada de defendre. E lo senyor rei ordona cavalleria de catalans e d'aragoneses e de sicilians que no es partissen dels rics-hòmens e cavallers sabuts; e així mateix n'ordonà qui no es partissen del senyor infant en Pere, son fill, e que cascuns d'ells fossen aparellats de córrer e d'ajudar lla on ops fos. E així mateix ordonà misser Simon de Vallgornera, un cavaller de Peralada qui llong de temps l'ha servit, qui ab cent hòmens a cavall, de catalans e d'aragonosos, e ab dos-cents almogàvers, anas per tota la illa, e que es metés en cascun lloc on lo poder del rei Robert vendria.

E con açò hac ordonat, no anà a molt de temps que el rei Robert tramés son fill, lo duc, ab tot son poder, per cap e per major en Sicília; e preseren terra davant la ciutat de Palerm, al pont de l'Almirall. E foren cent vint-e-quatre galees armades, e sis grans naus, e moltes tarides, e molts llenys e barques; e hac-hi tota hora tres mília cavalls armats, e gent de peu sens fi. E con foren en terra e hagueren estats quatre jorns talant, ells s'acostaren a la ciutat; e açò fo en lo mes de juny de l'any mil trescents vint-e-cinc. E dins era lo comte de Clarmunt, e don Blasco d'Alagó, e d'altres rics-hòmens e cavallers e en Simon de Vallguarnera, qui tantost que ell veé que l'estol pres terra a Palerm, fo dins ab los cent hòmens a cavall e dos-cents almogàvers qui anaven ab ell. E si anc vees ordonada ciutat be de defendre, Palerm ho fo; que aquells de dins ordonaren que null hom no paregués als murs con aquells dreçarien escales e gruers e altres artificis que havien fets per combatre, mas con les escales serien dreçades e els altres artificis, e els hòmens serien sus, que a colp tocassen trompes e nàcares per los murs, e tothom, ab cantals e ab ballestes de torn de palanca, e ab pega e alquitrà fus, e ab foc, donassen per ells. E així se complí, en tal manera que al quart dia que ells hagueren presa terra, s'acostaren al mur e dreçaren llurs escales e llurs artificis, e con los hòmens foren sus, així con dhvant havets oït que era ordonat, aquells de la ciutat se lleixaren córrer sobre ells, en tal manera que aquell dia hi morí l'almirall de vint-e-cinc galees armades que hi havia de la ciutat de Gènova, e hi moriren ab ell més de mil genoveses; e així hi moriren de les altres gents mes de dues mília persones. Sí que preseren tal ret, que tots temps los membrarà.

E con aquesta mala jornada hagueren haüda, estegueren tres jorns que anc no s'acostaren als murs de la ciutat. E al quart jorn ells vengueren aparellats de donar batalla; e si anc lo primer jorn hagueren mala jornada, molt pijor hagueren aquesta, que així mateix hi perderen molta gent. E així lo duc veé que no feien res a Palerm, partí's d'aquí despagat, e anà-se'n per mar e per terra a Marsara. E abans que ell hi fos, misser Simon de Valgornera hi fo entrat ab sa companya, e tantost los eixí a torneig. Què us diré? Que així mateix assajaren de combatre Marsara, e així mateix hi preseren gran dan. E llevaren-se, e anaren-se'n a Matzara, e semblantment misser Simon de Vallguarnera fou dins entrat abans que ells hi fossen, e així mateix hi preseren gran dan. E puis, partent de Matzara, foren a Xaca, e així mateix misser Simon ab sa companya fo dins entrat abans que ells hi fossen, e així mateix hi preseren gran dan. Què us diré? Que, partent de Xaca, anaren a Calatabel·lot, e a la Crestina, e puis a Gergent; e puis a la Licata, e a Naro, e a Terranova, e al Carseliat, e a Xicle, e a Mòdica, e a Saragossa, e a Not, e a Barsi, e a la Ferla, e a Palasol, e a Baixoma, e a Avola, e a Agosta, a Lentí, a Catània. E en cascuns d'aquests llocs li fo davant misser Simon de Vallgornera ab sa companya, qui li feia gran dan a la host, e puis aidava a defendre los llocs; així que en tal manera li anava prés, que null hom de la host, ne per herba ne per altres coses, no es podia llunyar que ell tantost no l'hagués mort o pres. E en cascuns dels llocs pres gran damnatge, sí que de Catània s'hac a llevar, e ana's recollir a l'estol seu a la terra de Màscara; e d'aquí partent, pres terra a Cobogròs, qui és prop de Messina quinze milles; e d'aquí ana-se'n a un monestir qui ha nom Rocamador, prop de Messina una llegua. E aquí estec alscuns jorns, que anc no s'acostà a la ciutat de Messina; e aquí ell regonec sa companya, e trobà que, qui en fet d'armes, qui en malauties, be hac perduda la meitat de la sua gent. E així mateix sabé que el senyor rei de Sicília, son avoncle, era a la plana de Millàs, qui s'aparellava de venir combatre's ab ell; e pensà's que el senyor rei li vendria ab gent fresca e sana dessús, e qui eren tuit d'un cor e d'una volentat; e ell era ab gent treballada e qui havien haüt molt de desaire, e qui eren de diverses nacions e regions e de diverses volentats, per què la batalla no li era sana; e així recollí's, e passasse'n en Calàbria, a la ciutat de Rèjol, molt despagat. E dec-ho ésser, que anc en tota Sicília no poc haver presa una torre, ne casal, ne castell ne vila; e pensà lo gran damnatge que hi havia pres.

E així, senyors qui aquest llibre oirets, pensats lo tresor e les gents qui en aquest passatge s'és consumat, quin fruit ha fet a bén de crestians. Per què, si a Déu plagués, ne als regidors, molt hagra mes valgut que es fos despés a honor de la santa fe catòlica sobre Granada, que lla on s'és despés e consumat. E creats que aital són hi faran tots aquells qui d'aquí avant hi passaran per cor de tolre la illa al senyor rei de Sicília e als seus qui a la santa romana Esgleia ne regoneixen tot ço en què regoneixer la'n deuen.

Ara vos lleixaré a parlar d'aquests afers de Sicília, e tornare a parlar del gran engan e gran malvestat qui es en les comunes. E ja davant vos n'he jo ja dita partida; emperò, qui metre volia per escrit les llurs malvestats, no hi bastaria a escriure tot quant paper se fa en la vila de Xàtiva. Mas emperò, com les malvestats de les comunes sien manifestes per tot lo món, si us vull jo ara contar ço que los genovesos han fet al rei de Sicília, e així mateix la malvestat que han feta al senyor rei d'Aragon; e del comun de Pisa atretal. E per ço faran gran saviea tots los reis del món, que es guarden que en res no es fien en los hòmens de les comunes; e si ho fan, per tots temps se'n trobaran enganats.

283

Veritat és que el senyor rei de Sicília, així con aquell qui es tot de la part gibil·lina, ha ajudat a la casa Dòria e d'Espíndola, e a les altres grans casanes qui eixiren de Gènova e anaren a Saona, e de moneda, e de cavalleria, e de galees e de viandes; així que Déus e ell los han sostenguts en la ciutat de Saona contra la part guelfa qui era romasa en la ciutat de Gènova; així que certa cosa és que Déus e l'ajuda dd senyor rei de Sicília los ha sostenguts. E con lo duc, fill del rei Robert, passa en Sicília, los davant dits de Saona prometeren ajuda de galeres al dit senyor rei de Sicília, e lo dit senyor rei feia'n gran compte: e si li membràs bé quantes falles havien fetes al senyor rei en Jacme, frare seu, mentre fo rei de Sicília, e a ell quantes li n'han fetes, no haguera neguna esperança en ells. Mas dels senyors esdevé així que con Déus los dóna gràcia que viuen llong temps, muden-se sovent los consells llurs, o per morts e per altres maneres; e los consells jóvens porten gran perill a tot senyor, que jatsessia que sien pus savis que els altres qui passats seran no eren, no poden saber tan bé tots los afers con aquells qui son antics, qui han vist e oït los fets; que ab la meitat menys de ciència sabrà mellor consell donar l'home antic que el jove en tots fets de guerres, per ço con molts mes fets haurà vists e oïts l'antic que el jove; e així, per les coses passades pot hom proveir en trs coses presents e esdevenidores. Per què us promet que si lo bon comte en Guillem Galceran fos viu, ne don Blasco d'Alagon, ne n'Huguet d'Empúries, comte d'Esquilaix, ne d'altres catalans e aragonesos qui passats són, ne encara misser Mateu de Tèrmens, ne misser Venxiguerra d'Apolois ne d'altres fossen vius, ja lo senyor rei de Sicília no hagra tant perdut en secórrer los genovesos con ha perdut, que hagren-li fet remembrant lo temps passat. E així con ara n'és estat enganat, ne sera totes vegades e tostemps ell e tots los reis que en les comunes se fiaran. E l'engan és bo que jo us faga recordant, que ara, en aquest passatge que el duc féu en Sicília, han fet los genoveses al dit senyor rei de Sicília.

Veritat és que el senyor rei de Sicília tramés a Saona per secors de galees, e tramés-hi moneda; e ells proferiren-li que li ajudarien de vint-e-cinc galees, e ell estec en esperança que així fos. E els dits genoveses feeren en tal manera que tot l'estiu passà, e el duc fo fora de Sicília, e se'n fo passat de prop Messina en Calàbria, així con davant havets entés; e con saberen que el duc fo fora de Sicília e que se'n fo passat en Calàbria, llavors ells partiren de Saona e vengren-se'n a Tràpena, qui és lluny duescentes milles de lla on lo duc era. E així podets entendre con se volien ab ell combatre ne encontrar, ne qual fo l'ajuda que el senyor rei de Sicília hac dels genovesos, ne con li serviren bé los diners que els havia trameses per armar.

E no bastà aquest escarn e aquesta falla, que ans pensaren que encara poguessen desservir lo dit senyor rei de Sicília de les dites galees, així con lo devien servir; que avengren-se ab lo comun de Pisa que ab vint-e-dues galees que ells havien tretes de Saona, que servissen lo comun de Pisa contra lo senyor rei d'Aragó, E lo comun de Pisa dava'ls mil florins d'or lo mes, e que ab armada de Pisa venguessen metre viandes e secors al castell de Càller; e encara, que ordonaren, en les avinences, que en Gaspar Dòria fos almirall de Pisa, que era almirall d'aquelles galees de Saona; e encara, que quatre-cents hòmens de casanes dels genoveses venguessen ab les vint-e-dues galees, e que fossen tots heretats en Sardenya. E així fo feta l'avinença entre ells e el comun de Pisa. Vejats qual serviï feeren al senyor rei de Sicília, que contra lo senyor rei d'Arago, qui és frare e major seu, feeren covinences ab los pisans.

E aitals fets, tan descominals envers Déu e el món, no par que fruit de bén degen fer; ans nostre senyor ver Déus, qui és veritat e justícia, jutja cascuns segons l'enteniment en que va. Per què la casa d'Aragon e dels deixendents d'aquella, tots temps són anats e van e iran a vera veritat e en bona fe; per què Déus los exalça, e els creix, e els fa victorioses en tots fets, e aquells qui els van ab falsetats e ab maestries confon e abat.

Ara vos vull contar la fin d'aquesta deslleial companyia qui es féu entre lo comun de Pisa e els genoveses qui són en Saona, a què féu cap, ne la justícia de nostre senyor ver Déus con obra sobre ells, e farà tots temps contra tots aquells qui ab malvestat e ab falsia van.

Veritat és que la companyia fo feta entre ells ab aquell enteniment que fo feta la companyia de la rata e de la granota, qui cuidava enganar la una l'altra, així con trobarets en les faules d'Isop; e per ço con cascuna anava ab mal enteniment, venc lo milà, qui abdoses les emporta e les menjà així con ha esdevengut dels que la companyia feien, cascuns ab engan e ab malvestat e ab enteniment de decebre e enganar la un a l'altre; e el poder de la casa d'Aragon, qui és l'àguila, és-los vengut al través, e ha-los tots devorats e destruïts, e farà tots temps, si a Déu plau.

Devets saber que con l'armada fo ordonada en Pisa per venir e acórrer al castell de Càller, foren vint-e-tres galees de genoveses e cinc de pisans, e sis uixers, e sis sageties, e una nau, e moltes barques e topes de pisans, així que foren tota hora ben seixanta veles qui partiren de Pisa. E con lo noble en Francesc Carròs, almirall del senyor rei d'Aragon, sabé que aquest estol venia dessús ell, e venia per secórrer al castell de Càller, lo qual dit almirall tenia assetjat, pensa que per res la dita ajuda de viandes e de gents que portaven per metre al dit castell, no hi poguessen per res metre, e ordonà tot son bon fet així con aquell qui és dels bons cavallers e dels savis qui sia e'l món; e pensà per les coses passades les esdevenidores, així con ací oirets.

Veritat és que no havia dos meses passats con açò fo, que dues galees de Pisa, lleugeres, vengren de nits a la pallissada de Càller, e sens que l'almirall en Carròs no se n'apercebé, entraren dins la pallissada; e eren galees lleugeres de rems, e portaren vianda que meteren al dit castell de Càller. E con lo dit almirall veé al matí les dites dues galees dins la pallisada, fo molt despagat; emperò ab l'ajuda de Déu e son bon seny, tot li tornà en bé e en gran profit e alegre. Que ell tantost assetjà les dites dues galees, que de la pallisada no podien eixir que per les sues mans no haguessen a passar; e així tenc-les tant

assetjades, que les xurmes de les dites dues galees s'ha-
gueren més menjat que les dites dues galees no havien
aportat de vianda. E con ell les veé en aquell partit, una
nit, e per mar e per terra, venc-los a dors, e sobreprés-los
en tal manera que les dites dues galees ab la xurma e ab
tot quant havien, foren així servits per los catalans, que
tots los tallaren que no n'escaparen vius mas trenta qui
s'eren amagats dessota. E aquells trenta, pus fo jorn, que
els trobaren vius, no els mataren, que l'hom, pus és pres
no és vassallatge que hom l'alcia; mas tantost los foren
fets gambals de ferre, e mès-los a l'obra del mur e del
vall que l'almirall feia fer al dit lloc de Bonaire, qui en
poc de temps s'és fet dels bells llocs que anc hom pogués
veure fet en deu tants de temps. Que vull que sapiats que
en aquell temps se trobava que hi havia més de sis mília
hòmens d'armes bons, tots catalans, ab llurs mullers, e no
havia dos anys que el dit almirall lo començà a edificar,
con tenia assetjat lo castell de Càller e el senyor infant
n'Anfòs tenia ssetjada Viladesgleies; per què poden saber
los pisans que sol lo lloc de Bonaire tendria tots temps
assetjat lo castell de Càller. E per ço que entenats lo lloc
de Bonaire quin lloc és de mercaderia, vull que sapiats
que con l'almirall sabé que l'estol era partit de Pisa, e que
eren ben seixanta veles, així con davant havets entés,
regonec lo poder qui en lo lloc de Bonaire era, e trobà
que hi havia catorze naus grans, de les quals les dotze
eren de catalans e una del rei de França qui era venguda
de Xipre, e una de genoveses e güelfs de la ciutat de
Gènova, que l'almirall havia presa; e d'altra part hi havia
trenta-sis llenys d'una coberta de mercaders catalans; e
d'altra part havia l'almirall vint-e-dues galees, entre
galees e uixers, e vuit entre llenys e topes que havia fei-
tes per anar per l'estany. E tot aquest navili l'almirall féu
metre en andana davant la pallissada de Càller, per ço
que havia vist que les dues galees li havien feit; e així
apercebé's per aquella raó que negun dins la pallissada

no pogués entrar.

Ara us lleixaré a parlar del lloc de Bonaire e de l'almirall, e tornaré a parlar dels genoveses e dels pisans.

285

Com l'estol aquest fo partit de Pisa, en boques de Busnaire perderen una galea que ferí en terra, de la qual galea escaparen vius entrò a vuitanta hòmens. E lo jutge d'Arborea, qui ho sabé, tramés companya lla on la galea era rota, e prengueren tots los dits vuitanta hòmens, e ab una corda al coll envia'ls a Bonaire a l'almirall, que tantost los féu fer bons gambals, e els féu metre a obrar lo mur e el vall de Bonaire. E així mateix, en aquella saó, una altra galea de genoveses de Saona, qui venia de les parts de Flandres, ab fortuna correc a la illa de Sant Pere e rompé, e escaparen-ne cent cinquanta persones; e l'almirall sabé-ho a Bonaire e tramés-hi, e hac tots los dits cent cinquanta hòmens, e féu-ne ço que dels altres havia fet.

Què us diré? Que el dia de Nadal de l'any mil trescents vinte-cinc, les vint-e-dues galees de genoveses e les cinc de pisans, e sis entre llenys armats e sageties, vengren davant Càller, salvant que l'altre navili havien lleixat a Bonifaci. E per ço eren venguts així esparverats, que cuidaven entrar en la pallissada de Càller, e que hi poguessen passar la vianda que portaven; mas l'almirall hac en tal manera ordonada l'entrada, que res no hi pogra entrar sens la sua man. E així, aquell dia de Nadal estegren davant l'escala de les naus e dels altres llenys e navili dels catalans, e feeren-se tretes tot aquell dia; e lo dia de sant Esteve ells assajaren de combatre la un cantó del navili, e preseren-hi gran damnatge, que res no pogueren fer; e l'endemà, que fo lo jorn de sant Joan, tornaren per l'altre cantó del navili, e així mateix res no pogren fer, ans hi preseren així mateix gran damnatge; e el dia dels Innocents anaren-se'n a Caboterra, e llevaren aigua, e així mateix tornaren per combatre la un cantó de les naus. E tots aquests assaigs feien ells ab deu galees lleugeres per ço que l'almirall isqués de l'escala ab les sues galees, e con ell ne seria fora e vendria sobre les dites deu galees (que el temien poc per ço con en llur man s'era de fugir, de rems), e que les altres galees batessen de rems e que se n'entrassen ab la vianda dins la pallissada; e així cuidaven metre lo secors en Càller. Mas l'almirall coneixia tot ço que ells volien fer, per què no es volia moure de la posta. E així, lo dia de Nadal, qui fo en dimecres, e el dijous, e el divenres e el dissabte estegren en aquests afers; e al dimenge aprés, l'almirall féu dinar la companya per lo matí, e manà que tothom qui fos en les sues galees que es guarnís, que eren, menys dels uixers, divuit; e féu cridar per les sues galees que si ell se combatia, que la batalla fos reial, e que de cascun fos ço que es guanyàs, salvant los presons e les galees, que fossen del senyor rei; que ell de tot en tot, si en veia bon llanç, que aquell dia los eixiria a batalla. E així estec aparellat de combatre.

E con açò fo fet e ordonat, les galees dels genoveses e dels pisans vengren així ordonats de batalla, que meteren primeres set galees, cinc dels genoveses e dues dels pisans, qui es foren afrenellades totes set ensems, ab en Gaspar Dòria, qui era llur almirall, qui feu ab aquestes set; e totes les altres venien-los de popa. E les set galees acostaren-se tant a les galees de l'almirall en Carròs ab les proes primeres, que foren prop a get de dard. E con l'almirall veé que les dites set galees li foren tan prop, de mà en mà manà a les sues galees que, sens tot brogit e amagadament, cascú lleixàs anar la gúmena en mar per ço que, si llevassen les àncores, aquells tantost se n'anaren, que més anaren ab vint rems, que no feeren aquelles de l'almirall ab cent cinquanta. E així, cascu quedament lleixà anar la gúmena en mar, e tot cobertament, que anc los genoveses ne els pisans no se n'adonaren; e tantost van vogar, e abans que no pogueren haver girat aquelles set galees, l'almirall los fo a dors, e pensa'n en tal manera, que més de mil e cent persones hi mataren; que tothom qui es troba sobre coberta, morí, e amagaren-se dessota, tota hora, ben quatre-cents genoveses e ben dos-cents pisans. E així l'almirall hac tantost les dites set galees, ab tota la gent morts e preses. E les altres galees dels genoveses e dels pisans llevaren volta als caps que tenien a les set galees, e pensaren-se'n d'anar. E en Gaspar Dòria con a valent, con la batalla era, ab una barqueta que tenia a popa, pensa de fugir, e muntà en una galea qui li estava de popa, qui era d'un seu germà. E con les dites set galees foren preses, l'almirall anà darrera les altres; mas bell no-res era, que james no les poguera aconseguir; e així torna-se'n alegre e pagat entre els seus. E tothom hac tant guanyat, que tots foren rics; e anc a null hom no lleva res que hagués guanyat.

E los genoveses, con foren lluny, trameseren una galea per missatge a l'almirall, e trameteren-lo a pregar que li plagués que el llur missatge pogués veure los presons, per ço que sabessen quals hi eren estats morts ne quals n'eren escapats. E a l'almirall plagué, e així veeren-los tots. E així hac-n'hi escapats vius quatre-cents tretze genoveses e dos-cents pisans, així con davall se meteren e davant vos he dit. E con tots los hagren escrits, volgren donar per rescat a l'almirall, dels genoveses que tenia preses, totes quantes viandes e armes e totes altres coses que portaven en les galees qui escapades eren; e l'almirall dix-los que no els en daria lo pus sotil qui hi era, ans ajudarien a fer lo vall e el mur de Bonaire. E així ab gran dolor anaren-se'n. E veus qual fruit feeren ab llurs malvestats, de l'armament que havien feit, e de la falsa companyia que havien feta ab los pisans, que la un cuidava enganar l'altre; e al través venc l'almirall del senyor rei d'Aragon, qui els devorà e els departí.

E a cap de quatre jorns que açò fo, que les galees dels genoveses e dels pisans s'entornaren ab gran dolor, trobaren una nau de catalans en que era lo noble en Ramon de Peralta, ab seixanta cavallers que el senyor rei d'Aragon trametia en Sardenya; e ja altra nau, en que anaven quaranta-vuit cavallers qui eren així mateix d'en Ramon de Peralta, era davant ben deu milles. E així fo ventura d'ells que vengren a aquella on era lo noble en Ramon de Peralta, e donaren-li setze batalles, que anc res no hi pogueren fer, ans hi perderen ben tres-cents genoveses, que els mataren, e molts nafrats. Així que en tal guisa se partiren dolents de la nau, que jamés no n'oïren parlar que despagats no en sien.

E podets cascuns conéixer que obra de Déu és estada, que l'almirall en Carròs en tots aquests fets no perdé mas tres hòmens, e en Ramon de Peralta no perdé en la nau mas un cavaller salvatge. Per què cascuns se deuen esforçar que vagen ab lleialtat; e qui ab lleialtat ira, Déus serà ab ell; e qui ab deslleialtat va, Déus lo confondrà e l'aportarà a destrucció. Que ja ho pot hom tots dies veer, que veïble miracle ne veu hom tots jorns, que en aquest món ne fa Déus venjança; e podets-ho conéixer ara manifestament en lo fet dels pisans. Que el senyor infant n'Anfòs féu pau ab ells en la manera que davant havets entés; e per neguna manera lo senyor infant n'Anfòs, ne els seus, no els vengra jamés menys de res que promés los hagués; e ab aquell cor féu la pau ab ells, e es partí de Sardenya e se'n tornà en Catalunya, pensant que d'aquí avant, pus pau havia ab los pisans, que no hi faria fretura lo seu aturar. E els pisans malvats, tota la pau que feeren, feeren ab gran malvestat, per ço que el senyor infant se'n tornàs en Catalunya, e puis que ell ne fos fora, cuidaven confondre en poca d'hora los catalans que hi eren romases.

E que açò sia ver, tantost ho començaren de mostrar,

que tantost feeren metre molta vianda al castell de Càller, e hi feeren grans obres, així d'enfortir los murs con d'altres defeniments, e hi feeren venir molts soldaders de cavall e de peu, e establiren be lo dit castell de Càller. E com tot açò hagueren fet, pensaren de trencar totes les covinences que havien ab lo senyor infant, e totes les paus. Què us en diria? Que jamés no podien trobar català apartat, que tantost no el degollassen; així que en poc de temps, abans que els catalans se fossen regoneguts, n'hagren morts e gitats en un pou ben setanta, que s'hi trobaren con los catalans se'n foren apercebuts. E així mateix, que pensaren d'armar barques, e ab aquelles, si barca eixís del castell de Bonaire anaven-se'n envers aquelles, e les prenien, a les metien a fons. E així podets conéixer qual fiar-se fa en ells, que neguna fe ne veritat en ells null temps no es trobaria; per què nostre senyor ver Déus veus con los va destrouent per llurs males obres. Sí que ells s'han tallades vergues ab que es batran, que han tornada la guerra mala a llurs ops, que ja veets e havets entés con los n'és pres tro ací, e encara veurets que en serà.

Que con aquest ric-hom, en Ramon de Peralta, hagren combatut, anaren-se'n dolents, e lo dit ric-hom, alegre e pagat, pres terra ab ambdues les naus al castell de Bonaire, e posà la cavalleria en terra, e la peonada que menava; e foren be reebuts per l'almirall e per tots aquells de Bonaire, e los fo feta gran festa. E a pocs de jorns l'almirall e el dit noble en Ramon de Peralta hagueren d'acord que la cavalleria per terra, e la peonada e l'armada per mar, ab los hòmens de mar, que anassen esvair Estampatx, qui és la vila de Càller, qui és per si ben murada e bé establida; que tots los pollins eren en Estampatx ab llurs mullers e ab llurs infants, que e'l castell de Càller no havia romases mas soldaders

E així con ho hagren ordonat, així ho feeren; que alba de dia tots foren entorn dels murs, e van-se faixar als murs tan vigorosament, que no guardaren perill qui esdevenir-los-en pogués; així que los hòmens de mar foren envers la Llàpola, e la batalla fo molt forts, que aquells de dins se defensaren molt vigorosament, e havien-ho bé aparellat, que res no els fallia qui a defensó fos mester. Què us en faria pus llongues noves? Que per força d'armes los hòmens de mar esvaïren lo mur e pensaren d'entrar. E con aquells d'Estampatx veeren que eren esvaïts, vengren tots d'aquella part, e los hòmens de cavall van-se acostar al mur, e van-lo així mateix esvair. Què us diré? Que les senyeres del noble en Carròs e del noble en Ramon de Peralta pensaren d'entrar per Estampatx, e llavors veérets la batalla cruel e fellona. Mas emperò aquells d'Estampatx, gran res d'aquells del castell qui hi eren avallats, feeren gran esforç per la gran dolor que havien de llurs mullers e de llurs infants que veien morir, e meteren esforç; mas, nostre senyor ver Déus qui els volc punir de llurs malvestats, la veençó venc sobre ells, que anc un no en restaurà a vida, ne de llurs mullers ne de llurs infants atretal; sí que hi morí així mateix lo capità e el castellà del castell, e gran res dels soldaders. Sí que en aquell punt se'n cuidaren entrar los catalans per lo castell, mas emperò aquells qui eren dins e veeren la mortaldat de llur gent e la gran destrucció, pensaren de tancar les portes, e aparedar a pedra e a calç. E con los catalans hagueren morta tota la gent, pensaren de córrer per la roba qui era en la vila, qui era una infinitat l'haver e les robes qui hi eren; així que guanyaren tant, que tots temps ne seran rics aquells qui s'hi trobaren.

E con açò hagren fet, l'endemà van-hi tornar tots, e van enderrocar tots los murs e les cases, e ho meteren tot a pla. E los dits nobles ordonaren que la pedra e la fusta pensàs tothom de pendre a llur volentat, e que ho portassen a Bonaire; e tothom ho pensà de carrejar, qui ab barques, qui ab càrrous, e van-ho tot portar a Bonaire, e vanne bastir e obrar bons albergs. E ordonaren que l'esgleia dels frares menors, qui era molt rica, que la desfessen, e que a honor de monsényer sant Francesc que la mudassen a Bonaire, e que aquí fos lo convent dels frares; e que d'aquí avant no hi esteguessen mas frares catalans, e que fossen provència per ells mateixs, e que així mateix fossen catalans de totes les órdens qui serien en Sardenya e en Còrsega.

E així, senyors qui aquest llibre oirets, vaja-us lo cor al poder de Déu, que veus visiblement nostre senyor ver Déus quina venjança dins un any ha feta d'aquestes malvades gents qui ab falsia e ab deslleialtat tornaren la guerra contra lo senyor rei d'Aragon, qui benignament e per pietat havia feta pau ab ells; e encara ha feta venjança d'aquest lloc d'Estampatx, qui era poblat de les pus malvades gents del món e de les pus pecadores, que no és pecat que en cor d'home se pusca pensar, que no s'hi feés, sí que la pudor n'és anada, davant Déus. E si vós deïts: "en Muntaner, quals pecats són aquells qui tants s'hi feien?", jo us poria dir que lla era ergull e supèrbia, e pecat de lutxúria, e de totes maneres; en tal manera que aquella destruccio n'ha Déus feta que fé de Sodoma e de Gomorra, que a foc ho ha fet tot cremar e abisar. D'altra part, d'usura taula mesa ne tenia tothom. E de pecat de gola, sobre tots altres llocs del món. E així mateix, que tota Barbaria bastava aquell lloc de ferre, e de cer, e de tot llenyam, e de totes vitalles; de què venia gran dan a tota la crestiandat. E d'altra part, que tot cossari e robador hi era benvengut, hagués fet mal a qui es volgués. E de tota tafureria de joc era cap aquell lloc; e tants de mals s'hi feien, que no podia hom bastar a escriure. Per què veus nostre senyor ver Déus (beneit sia ell!) quina venjança n'ha feta en poca d'hora. Per què és foll aquell qui no ha paor ne temor de Déu; que nostre senyor ver Déus sofer molt, mas aquí mateix la justícia de Déu cové que obre sobre los malvats, que si no, los bons no porien durar e'l món.

E d'aquí avant lleixar-vos he a parlar del castell de Càller, qui esta assetjat, e aquells qui són dins se són paredats; e lleixar-vos he a parlar d'Estampatx, qui és tot cremat e afogat, e mès abaix; e tornar-vos he a parlar del senyor rei d'Aragó, e del senyor infant n'Anfòs e del senyor rei de Mallorca.

288

Veritat és, així con davant vos he dit, que con lo senyor rei en Sanxo de Mallorca fo passat d'esta vida, e el senyor infant en Jacme, fill del senyor infant en Ferrando, nebot seu, fo posat al seti reial, e d'aquella hora a avant fo apellat, e és e serà, rei de Mallorca, fo ordonat per los rics-hòmens, cavallers, prelats e hòmens de ciutats e de viles, que al dit senyor rei en Jacme de Mallorca fos donat per tudor lo molt sant e devot senyor monsényer en Felip de Mallorca, avoncle seu; e així se complí. E aprés que monsényer en Felip fo tudor, tractà e aportà a bon acabament que el dit senyor rei de Mallorca, nebot seu, hagués per muller la filla del senyor infant n'Anfòs, fill major del molt alt senyor rei d'Aragó; e en aquest matrimoni fo feita dispensació del sant pare apostoli. E aquest matrimoni fo fet ab gran concordia e a gran confirmacio d'amor e de parentesc de la casa d'Aragó e de Mallorca; per què tots los llurs sotsmesos n'han haüda, e n'han tots temps, gran goig, e gran plaer e gran profit. Déus, per la sua mercé, los dó vida e salut (que el dit senyor rei de Mallorca, con s'afermà aquest matrimoni, no havia mas onze anys e poc més, e la senyora infanta, qui ha nom madona Costança, no havia mas cinc anys e poc més), en tal manera que el matrimoni se complesca e hagen fills e filles qui sien a plaer de

Déu e a honor d'ells e a profit de llurs pobles. E aquest matrimoni fo fermat per cascuna de les parts en l'any de la incarnació de nostre senyor ver Deus Jesucrist mil tres-cents vint-e-cinc.

Ara vos lleixaré a parlar del senyor rei de Mallorca e de monsényer en Felip, qui reig la terra per lo dit senyor rei nebot seu, e tornaré a parlar del senyor rei d'Aragó, e del senyor infant n'Anfòs.

289

Veritat és que com lo senyor rei d'Aragó e el dit se-nyor infant n'Anfòs veeren que els pisans malament e eniga tractaven, aitant con podien, que poguessen haver secors de moltes parts perquè poguessen desassetjar lo castell de Càller, e el senyor rei e el senyor infant pensa-ren de fer boscar galees e tarides, e ordonaren que tots dies trametessen cavallers e peons en Sardenya, e encara, que el senyor rei de Mallorca, tantost con lo dit matri-moni fo fermat, féu armar sis galees a Mallorca e dues naus, qui ab gran secors de moltes gents tramés al dit cas-tell de Bonaire en ajuda del dit senyor rei d'Aragon. E així mateix hi anaren moltes naus e llenys de Catalunya, qui tots anaven plens de bones gents d'armes; sí que a pocs de dies lo dit senyor rei e el dit senyor infant hi hagren tramesa tanta de cavalleria, e tantes gents e tantes galees, que aquells de dins del castell de Càller se ten-gueren per morts, e trameteren a dir al comú de Pisa que els acorreguessen, que si no ho feien, que pus no ho podien tenir.

E los pisans, sabent lo gran poder que el senyor rei d'Aragon hi havia tramés, tengren llur fet per perdut, e pensaren que al dit castell de Càller d'aquí avant no podien acórrer, ans haurien goig que el senyor rei d'Aragó los lleixàs viure en pau en la ciutat de Pisa. E així, ab tot poder, trameteren missatges al senyor rei

d'Aragó, qui vengren en Barcelona, on trobaren lo dit
senyor rei; e molt humilment suplicaren al senyor rei e al
dit senyor infant que els plagués que los perdonàs ço que
fet havien contra ells, e que li retrien lo castell de Càller
e tot quant havien en la illa de Sardenya. E lo dit senyor
rei e lo dit senyor infant, moguts de pietat, per ço con tots
temps ells e els llurs ancessors són estats, e són, plens de
caritat e de misericòrdia, perdonaren-los, e fermaren paus
ab ells, en tal manera que encontinent li retessen solta-
ment lo castell de Càller e tot quant havien en Sardenya.
E el senyor rei ha-los feta gràcia que poguessen merca-
dejar per tota Sardenya, e per totes altres terres sues sal-
vament e segura, pagant ells, emperò, los peatges e les
lleudes e els drets qui ordonats són o seran per lo dit se-
nyor rei; e encara, que pusquen haver cònsols e llotges en
les ciutats del senyor rei, així con los catalans han e hau-
ran en la ciutat de Pisa. E així, fermada la dita pau, los
pisans, ab gran alegre, con hagren trobada mercé ab lo
senyor rei e ab lo dit senyor infant, anaren-se'n per retre
lo castell de Càller al senyor rei, e, per ell, a cavallers que
el senyor rei hi ordonà; e encara, a retre tots los altres
llocs qui per ells se tenguessen en Sardenya.

E així podets entendre con per les malícies llurs són
estats consumats; que si la primera pau que feeren ab lo
dit senyor rei no haguessen rompuda, encara pogueren
tenir lo castell de Càller e els altres llocs; mas ells, con ja
davant vos he dit, se tallaren les vergues ab què es són
batuts. E cascuns siats certs que qui pau trenca, passa los
manaments de nostre senyor Déus Jesucrist, qui pau
lleixà e pau volia. E així, guard-se cascun que prometa
fermetat de pau, que certament tenir-ho deu, pus ho haja
jurat e promés; e per res no hi deu tocar contra, e si ho fa,
ja no en farà son prou, ans Déus li serà contrari a tot son
tractament.

Què us diré? Que els missatges de Pisa e el noble en
Berenguer Carròs, fill de l'almirall, e els altres cavallers

que el senyor rei li havia acompanyats, anaren tant, que vengren al castell de Càller, e trameteren missatge al jutge d'Arborea, qui era procurador general de Sardenya per lo senyor rei d'Aragon. E tantost ell venc al castell de Bonaire; e així mateix fo aquí en Felip de Boïl, qui era capità de la guerra per lo dit senyor rei, e en Boixadors, qui tenia lloc d'almirall. E los missatges de Pisa parlaren ab aquells del castell de Càller, e dilluns, nou dies de juny de l'any de l'encarnació de nostre Senyor mil tres-cents vint-e-sis, ells reteren lo dit castell de Càller al dit senyor rei d'Aragon, e per ell al dit jutge d'Arborea, e al dit noble en Berenguer Carròs, e als altres qui en lo dit castell de Càller, entraren ab ben quatre-cents cavalls armats e ab ben dotze mília sirvents, tots catalans. E entraren per la Porta de Sant Brancaç, e els pisans eixiren per la Porta de la Mar, e recolliren-se en quatre tarides e una nau que els dits oficials los hagren aparellades, qui els portaren en Pisa.

E con los dits oficials, e el dit noble en Berenguer Carròs e companya del dit senyor rei entraren en Càller, llevaren en la torre de Sant Brancaç un gran estendard reial del dit senyor rei, e puis en cascuna de les altres torres altre estendard e molts penons reials menors. E per gràcia de Déu, con les dites senyeres e penons se llevaren per les dites torres, no feia gens de vent, e tantost con foren arborades, venc un vent al garbí, lo pus bell del món, qui estés les senyeres totes e los penons. E fo una vista la pus bella qui anc fos per aquells qui bé volen a la casa d'Aragon; e per los contraris, dolor e rancura assats. E aquí lo llaus se llevà, e havia tantes de gents de catalans dins e defora, e gents moltes de sards, e aquells de Bonaire qui responien als llaus tots ensems, que paria que ceel e terra ne vengués. E així, los dits oficials del dit senyor rei e el dit noble en Berenguer Carròs establiren bé lo dit castell, de molta bona gent de paraula, ço és de paratge, e de peu, en tal manera que per tots temps d'aquí avant hi sera Déu servit; e hi trobaran totes gents veritat e justícia, en tal manera que la casa d'Aragon e tota Catalunya n'haurà honor e glòria.

E d'aquí avant, ab l'ajuda de Déu, los catalans poden fer compte que seran senyors de la mar; ab aital raó, emperò: que regoneguen, així lo senyor rei e els senyors infants sos fills, e tots llurs sotsmeses, que açò los ve per gràcia de Déu; e que no s'ergullen ne es pensen que los sia venguda aquesta honor, e moltes d'altres que Déus los ha fetes e els farà, per llur valentia ne per llur poder, mas tan solament que el poder e la gràcia de Déu ho ha fet. E si açò los va e'l cor als dits senyors e a llurs sotsmesos, féts compte que de bé en mellor los vendran tots llurs fets, que àls no es al món mas lo poder de Déu. Beneit sia ell e la sua beneita mare, madona santa Maria, qui aquesta gràcia los han dada!

E mentre se feia aquesta gran festa en Càller e en Bonaire per los catalans, los pisans, dolents e marrits, recolliren-se, e anaren-se'n en Pisa, tantost con lo dit castell hagueren retut, de Càller, e los altres llocs que tenien en Sardenya. E Déus dón-nos, per la sua mercé, major goig que en Pisa no hagueren con veeren entrar aquesta llur gent en Pisa; emperò confortaren-se en tant con hagueren trobada pau ab lo dit senyor rei d'Aragon, que tots se tenien per morts si pau no haguessen haüda ab lo dit senyor rei d'Aragó. E d'aquí avant faran que savis, ells e altres persones e comunes, que ab lo dit senyor rei no es prenguen en guerra. E així Pisa cobrà tots los presons qui estaven preses a Bonaire, e los genovesos de Saona atretal.

E així podets veure aquesta companyia que els pisans ne aquells de Saona havien feta, a quina fin és venguda per llurs pecats e per llurs tractaments. E aital lloguer esperen haver de Déu tots aquells qui no iran ab veritat ne ab justícia; que així con Déus ha confusos e abatuts ells per llurs mals tractaments, així nostre senyor ver Déus, per lleialtat e justícia que ha atrobades en la casa d'Aragon, li ha fetes, e li fa e li farà aitals gràcies con li fa.

Que entre les altres gràcies que Déus ha fetes al dit senyor rei en Jacme d'Aragó, li ha fetes gràcies que hac de madona la reina Blanca, filla qui fo del rei Carles així con davant vos he dit, que fo molt santa dona e bona, cinc fills e cinc filles, los quals tots e totes veé ordonats e heretats en sa vida. E dir-vos he en qual manera.

Lo primer fill, qui hac nom en Jacme; e aquest senyor fo procurador general de tots los regnes per lo senyor rei son pare; e aitant com la dita procuració aministrà, tenc molt fermament justícia, així al poc com al gran. E a poc de temps que hac mantenguda aquesta senyoria, ell renuncià a aquesta senyoria, e a tots los regnes e a tot lo món; e a honor de nostre senyor ver Déus, ell pres l'hàbit de l'orde de la cavalleria de Montesa, e viu, e viurà, si a Déu plau, mentre vida haja, e'l serviï de Déu e en lo dit orde. Per què d'aquí avant no ens cal pus parlar d'ell, que ell ha lleixat la senyoria que podia posseir en aquest món, per posseir lo regne de Déu. Déus, per la sua mercé, li'n dón gràcia.

E aprés, l'altre fill ha nom lo senyor infant n'Anfòs, lo qual és aquell que davant vos he dit e el qual, depuis lo dit senyor infant en Jacme hac renunciat a l'herència de son pare, hac títol del primer engenrat, e fo jurat, aprés lo senyor rei son pare, per senyor e per rei de tots los regnes del dit senyor rei son pare. E tenc e posseí tantost la senyoria per lo dit senyor rei en Jacme son pare, de tota la terra; e féu la conquesta de Sardenya, així con davant havets entés; e ha mantenguda, e manté, e mantendrà per tots temps, la via de veritat e de justícia, així con aquell qui és lo pus graciós e lo mellor senyor, e lo mellor cavaller de sa persona que anc fos en lo regne d'Aragon, jatsessia que n'hi ha molts de bons haüts; mas així és d'aquesta beneita casa: que la mercé de Deu, tots temps va de bé en mellor, e farà d'aquí avant, si a Déu plau.

E aquest senyor infant n'Anfòs hac per muller una de les pus gentils dones d'Espanya qui filla de rei no fos, e la pus rica, ço és a saber, la filla del molt noble en Gombau d'Entença; e ab ella pres lo comtat d'Urgell, e tota la baronia d'Antilló, e tota la baronia de son pare; e cascunes d'aquestes baronies són gran cosa. E així fo be mullerat de dona molt noble e molt rica, e fo de les pus sàvies dones del món, que de la sua saviesa se poria fer un gran llibre; e fo molt bona crestiana, e qui féu molt de bé en sa vida, a honor de Déu. E d'aquesta hac lo dit senyor infant, qui sobrevisqué a ella, dos fills molt graciosos, dels quals ha nom la un enfant en Pere, lo major, e el menor infant en Jacme. E hac una filla, la qual és reina de Mallorca, que con era d'edat de sis anys, la donaren per múller al senyor rei de Mallorca, en Jacme, fill qui fo del senyor infant en Ferrando de Mallorca. E tot ço se veé acabat en sa vida; e depuis, així con a Déu plac, la dita senyora infanta, muller del dit senyor infant n'Anfòs, passà d'aquesta vida en la ciutat de Saragossa, lo darrers dimarts d'octubre de l'any mil tres-cents vint-e-set, e fo enterrada l'endemà, que fo festa dels benauirats apòstols sent Simon e sent Judes, en l'esgleia dels frares menors de Saragossa. Déus, per la sua mercé, haja la sua ànima, con de beneita dona e santa e graciosa deu haver; que ella fo combregada e periolada, e moltes vegades confessada, així con aquella qui era molt catòlica e graciosa a Déu e al món; e així la volc Déus en son regne nina e jove. E en la dita ciutat de Saragossa fo fet per ella gran dol e grans plors. E així fení sos dies al servei de Deu, així con a ell plac ordonar.

E l'altrre fill del dit senyor rei en Jacme d'Aragó hac nom l'infant en Joan, arquebisbe de Toledo, lo qual és un dels mellors crestians del món, així que en sa vida fa Déus vertuts per ell; e deu-ho fer, que ell és un dels pus gracioses prelats del món, així de preïcar con de totes ciències e de totes altres bones gràcies que anc senyor bo e honest deu haver. Déus, per la sua mercé, lo hi mantenga.

Lo quart fill hac nom infant en Pere, lo qual és molt graciós e savi senyor, e el plus subtil que senyor qui e'l món sia tan jove, e de totes bonees e savieses complit. E lo senyor rei son pare ha'l heretat e ha fet tant, que l'ha fet comte de Ribacurça e comte d'Empúries, qui cadascuns d'aquests comtats són molt nobles e bons; e encara, que deu heretar en lo regne de València molt noble castell e molt noble lloc; per què pot dir que així es bé heretat con fill de rei qui al món sia, qui rei no sia.

E el quint fill del dit senyor rei en Jacme ha nom infant en Ramon Berenguer, lo qual, així con sos germans, és molt savi e graciós, que dels seus dies al món no en trobaria hom pus complit de totes bondats. E lo senyor rei son pare ha'l heretat, que l'ha fet comte de Prades e senyor de la baronia del noble en Guillem d'Entença; e encara ha molt bon lloc en lo regne de Múrcia; e així mateix pot dir que és heretat molt noblement e honrada, e que en pot fer aquella vida que tany a fer a fill de rei.

E així lo senyor rei en sa vida veé així heretats sos fills. E ses filles heretà així: que la major dona al senyor infant en Pere, qui fo fill del rei en Sanxo de Castella; e l'altra filla aprés donà al noble en Joan, fill de l'infant en Manuel de Castella; e l'altra filla dona al duc d'Ostelric, qui és un dels majors barons d'Alemanya; la quarta més en l'orde de Seixena, la qual orde és la pus honrada, de dones, que sia en Espanya, e d'aquest orde es la dita infanta prioressa, així con aquella qui es molt santa dona e devota; e la quinta filla ha donada per muller al fill del príncep de Tàranto.

E així lo senyor rei en Jacme se veé tots sos fills e ses filles bons, e bells e savis, a Deu e al món, e bé heretats; e ab pau e ab amor de tots los crestians del món. E con tot açò s'hac vist e Déus li hac feta esta gràcia, a ell venc malaltia tal e tan gran, que en soferí molt de treball. Per què moltes vegades, així con sant senyor, e bon, e graciós, e ple de la santa fe catòlica, confessà e combregà, e fo periolat, e hac tots los sagraments de santa Esgleia; e con tots los hac reebuts, ab son bon seny e ab sa bona memòria encroà ses mans, e abraçà la santa creu e posà lo seu esperit en les mans de nostre senyor ver Déus Jesucrist. E dilluns, dos jorns de novembre de l'any mil tres-cents vint-e-set, a hora con s'encenien los llums, nostre senyor ver Déus e la sua beneita mare madona santa Maria ab tota la cort celestial, reeberen la sua ànima, e la meteren ab los feels en glòria. E així lo dit senyor rei en Jacme d'Aragó passà d'aquesta vida en la ciutat de Barcelona lo davant dit dia. E lleixà lo seu cos al monestir de Santes Creus, on jau lo cos del beneit senyor rei en Pere, son pare; e així, lo seu cos fo aportat ab gran solemnitat, e ab grans plors, e ab grans crits, e ab gran dolor de tots los seus sotsmesos, al dit monestir; e fo enterrat lla, e hi foren sos fills, e de les filles partida, e prelats, e rics-hòmens e gran res dels mellors de sos regnes. Déus per la sus mercé lo tenga en sa garda, e en sa comanda d'aquí avant sos fills e tots sos pobles; que ell en bon lloc és. E bona fo nat a ops de sa ànima e de tots sos sotsmesos, que ell hac bon començament e bona mitjania, e ha feta mellor fi; e per la fe e per la bona veritat que ha haüda, veus quina gràcia li ha Déus feta. Per què cascun se deu esforçar que faça bé, que Déus lo veu.

E així és mester que d'aquí avant lo senyor rei n'Anfòs, rei d'Aragó, e de València e de Sardenya, e comte de Barcelona e d'Urgell, fill seu, s'esforç que faça molt de bé, que tal espill ha haüt del dit senyor rei son pare. E ell ha haüt tal començament, que de bé en mellor vagen sos afers; e sí faran, si a Déu plau. E que així con ésser deu, sia pare e governador a sos germans e a ses germanes, e que li membre que fills de reis ne de reines no són e'l món que sien nats de mellor pare ne de mellor mare que ells són, e que són tots eixits d'un ventre. E així mateix, sia sa mercé que li vaja al cor que sostenga lo senyor rei Frederic, son avoncle, e sos fills, qui són sos cosins germans de dues parts, e que el senyal reial seu qui reig Sicília no jaquesca deperir per neguna res; que mentre a Déu e a ell plàcia, aquella casa estarà ferma e segura, a honor de Déu, e d'ell e de tot son llinatge, e a gran profit de tots sos sotsmesos.

E pot fer compte que ell és rei d'Aragon e de València, e de Sardenya e de Còrsega, e de Mallorca e de Sicília; que si ell se vol, així és lo regne de Mallorca a son manament con és lo regne d'Aragon, e així mateix lo regne de Sicília; que de tot és ell cap e major. E mentre que a ell plàcia que aquells regnes haja e tenga per cosa sus pròpria, e el senyor rei de Mallorca e el senyor rei de Sicília sien d'una volentat e d'una valença, així con ésser deuen, poden fer compte que seran sobirans a tots los reis del mon e prínceps, així de crestians con de sarraïns, e a totes les comunes; e si era contrari, ço que Déus no vulla, que entre ells hagués departiment, féts compte que ab la un confondria hom l'altre. Per què és mester que al senyor rei d'Aragó, n'Anfòs, que li vaja lo cor en ço; que tota la fermetat e la unitat està en Déu e en ell, qui és cap e major de tot; e plàcia-li que li vaja lo cor al proverbi que diu lo català, que "no són tots amics aquells qui rien a hom". E així la casa de Mallorca e de Sicília, qui porten lo seu senyal e ab aquell han a viure e a morir, reja e mantenga contra tots los hòmens del món. E males gents no metessen àls en son cor; e membre-li de l'eiximpli de la mata de jonc, que en ells ha lloc a recordar. Déus per la sua mercé li dó cor e volentat, e los dó a tots compliment de la sua gràcia. Amén.

E si negun me demana; "en Muntaner, quin és l'ei-ximpli de la mata del jonc?", jo li respon que la mata del jonc ha aquella força que, si tota la mata lligats ab una corda ben forts, e tota la volets arrencar ensems, dic-vos que deu hòmens, per bé que tiren, no l'arrencaran, ne encara con gaire més s'hi prenguessen; e si en llevats la corda, de jonc en jonc la trencarà tota un fadrí de vuit anys, que sol un jonc no hi romandrà. E així seria d'aquests tres reis, que si entre ells havia devision neguna ne discòrdia, ço que Déus no vulla, féts compte que han de tals veïns que pensarien de consumar la un ab l'altre. Per què és mester que d'aquest pas se guarden; que mentre tots tres sien d'una valença, no temen tot l'altre poder del món, ans, així con davant vos he dit, seran tots temps sobirans a llurs enemics.

293

Ara vos tornaré a parlar del dit senyor rei n'Anfòs, per la gràcia de Déu rei d'Aragon, de València, de Sardenya e de Còrsega, comte de Barcelona, que puis que el dit rei son pare, a qui Déus perdon e do santa glò-ria, fo soterrat e li fo feta tota la solemnitat que li tanyia, lo dit senyor rei n'Anfòs, ab tots sos germans e ab tots los prelats, e rics-hòmens, e cavallers e ciutadans, se'n venc a la vila de Montblanc, e en aquell lloc tenc consell en qual part iria, o en Aragon o e'l regne de València, o si tornaria a Barcelona, que ell volia retre son deute en cascunes d'aquestes províncies, segons que els seus ances-sors feren. E aquí finalment fo determenat que per reebre homenatges de prelats, e de rics-hòmens, e de cavallers, e de ciutadans, e d'hòmens de viles, e de tots los seus que per ell se tenien en Catalunya, que anàs a Barcelona, e que lla hagués parlament e col·loció ab tots los catalans.

E així, ell a la bona hora ana-se'n a Barcelona ab tots

los prelats, e rics-hòmens, e cavallers, e ciutadans e hòmens de viles. E tramés a aquells qui no hi eren, qui es tenien per ell, que li fossen a Barcelona; e entretant ell anà visitant molts llocs, en tal manera que la benauirada festa de Nadal ell tenc a Barcelona; la qual festa ab poc solaç e ab poca alegria, per la mort del senyor rei son pare, se tenc. E feta la festa, ell féu en Barcelona tot ço que a fer havia, complidament e molt graciosa; e jurà los usatges e llibertats e franquees a tots los cavallers; e ells juraren ell per senyor, així con aquell qui era hereu del molt alt senyor rei son pare, a qui Déus dón santa gloria.

294

E fet tot açò, ell pensà que així con los sants apòstols e deixebles de nostre senyor ver Déus Jesucrist estaven desconsolats e marrits per la passió de nostre senyor Déus Jesucrist, que així los seus sotsmeses estaven ab gran tristor per la mort del senyor rei son pare; e que així con Jesucrist, lo jorn de Pasqua, per la sus resurrecció, ell los alegrà e confortà, que enaixí lo jorn sant beneit de la Pasqua primera vinent, qui fo dicmenge, tres dies en abril, a l'entrada de l'any mil tres-cents vint-e-vuit, que ell confortàs e alegràs ell mateix e sos germans e tots los seus sotsmesos. E ordonà que el dia davant dit de Pasca, que rics-hòmens e prelats e cavallers e ciutadans e hòmens de viles fossen a la ciutat de Saragossa, e aquell dia beneit ell se faria cavaller e pendria la corona beneita e astruga, ab la major solemnitat e festa que anc rei prengués en Espanya null temps, ne encara en altres províncies d'aitant con jo pusc saber. E d'açò féu fer cartes que tramés per tots los seus regnes, a prelats, e a rics-hòmens, a cavallers e a hòmens de viles.

E fet açò, ell partí de Barcelona e anà-se'n a la ciutat de Lleida, visitant gran res dels llocs qui d'aquelles parts eren. E tothom pensà's d'aparellar per anar a la dita festa beneita de la sua coronació. E no us diré que se n'aparellassen los barons solament de sa terra, que ans hi vengren de Sardenya lo fill del jutge d'Arborea, e l'arquebisbe d'Arborea e dos nebots del dit jutge d'Arborea; e hi vengren ab ells ensems, ab tres galees armades, l'honrat en Boixadors, almirall del dit senyor rei e governador de Sardenya, e molts d'altres honrats hòmens. E encara hi vengren missatges, ab grans presents e joies, del rei de Tiremsé, e missatges, així mateix ab grans presents e joies, del rei de Granada. E hi venc molt honrat hom de Castella, e n'hagra molt més venguts si no fos la guerra qui era entre lo rei de Castella e el noble en Joan Manuel, fill de l'infant en Manuel. E encara hi venc molt honrat hom de Navarra, e de Gascunya, e de Proença e de moltes altres parts; així que tan gran fo la congregació de gents en la ciutat de Saragossa lo jorn de la dita festa de Pasqua, que tota hora esmava hom que hi havia més de trenta mília cavalcadors.

E lo senyor rei fo a Saragossa la setmana del Ram. E puis aprés hi fo lo senyor arquebisbe de Toledo, son germà. Aprés hi venc lo senyor infant en Pere, son germà, comte de Ribacurça e d'Empúries, ab més de vuit-cents hòmens a cavall; e el senyor infant en Ramon Berenguer, germà seu així mateix, comte de Prades, e hi venc ab ben cinc-cents hòmens a cavall. Aprés hi venc lo noble en Jacme de Xèrica ab ben cinc-cents hòmens a cavall; e son germà, lo noble don Pedro de Xèrica, ab ben dos-cents hòmens a cavall. E aprés, lo noble en Ramon Folc, vescomte de Cardona, així mateix ab molta cavalleria. Aprés hi venc lo noble n'Arnau Roger, comte de Pallars, ab gran companya de cavall e de peu. E aprés, lo noble en Llop de Luna, ab gran cavalleria. E aprés, lo noble en

Dalmau, vescomte de Castellnou, e així mateix ab molta companya de cavall e d'altra bona gent. E aprés, lo noble en Not de Montcada, ab molta companya de bons cavallers. E aprés, lo noble en Guillem d'Angleola, ab gran companya. E aprés hi venc lo noble en Berenguer d'Angleola, e el noble en Ramon de Cardona, e el noble en Guillem de Cervelló, e el noble n'Eixemén Cornell, e el noble en Pere Cornell, e en Ramon Cornell, e el noble en Pedro de Luna, e el noble en Joan Eixemenis d'Urrea, e el noble en Felip de Castre, e el noble n'Amorós de Ribelles, e el noble en Guillem d'Erill, e el noble vescomte de Vilamur, e el noble en Ponç de Caramany, e el noble en Gilabert de Cruïlles, e el noble n'Alfonso Ferrandis d'Híxar, e el noble en Pere Ferrandis d'Híxar, e el noble en Bertran de Castellet, e el noble en Pere d'Almenara, e el noble en Gombau de Trameset, e el noble n'Artalet de Foces, e el noble n'Eixemén Peris d'Arenós, e el noble en Sadorta d'Arenós, e el noble en Ferrer d'Abella. E així mateix lo noble en Jofré, vescomte de Rocabertí, e el noble en Bernat de Cabrera, vescomte de Montsoriu e venien molt ricament aparellats de bona cavalleria e de bona gent, mas venc-los missatge que la comtessa d'Empúries, tia del dit noble en Bernat de Cabrera, era morta, e hagren a romandre; mas de les llurs companyes hi hac moltes. Així mateix hi venc lo noble en Pere d'Aragall, e molts d'altres nobles d'Aragon, e de Catalunya, e del regne de València, e de Múrcia e de les altres províncies, cascuns ab gran cavalleria, que seria gran cosa d'anomenar e escriure.

E encara hi venc, ab gran cavalleria, lo mestre de l'orde de Calatrava, e el mestre de l'orde de Montesa, e el comanador de Montalbà, e el noble frare Xanxo d'Aragon, castellà d'Amposta, de l'orde de cavalleria de l'Hespital de Sent Joan. E aquí fo, així mateix, lo davant dit senyor arquebisbe de Toledo, e el senyor arquebisbe de Saragossa, e l'arquebisbe d'Arborea davant dit, e el senyor bisbe de València, e el senyor bisbe de Lleida, e el senyor bisbe d'Osca, e el senyor arquebisbe de Tarragona, e molts d'altres bisbes, e abats e priors.

E així mateix hi fom nosaltres sis qui hi fom trameses per la ciutat de València, que anam ab gran companya; que tots dies donàvem civada a bèsties nostres pròpries a cinquanta-dues, e hi havíem bé cent quinze persones. E hi menam trompadors, e tabaler, e nafil e dolçaina, los quals vestim tots de senyal, ab los penons reals, e tots bé encavalcats. E cascuns de nós tots sis menavem nostres fills o nostres nebots, ab arma de bornar. E tenguem casa oberta, del jorn que partim de València entrò hi fom tornats, a tothom qui menjar volgués ab nós, e donam en la cort vestedures de drap d'aur e d'altres, cascuns, a joglars. E hi portam cent cinquanta brandons de València, cascun de dotze lliures; e fem-los tots verds, ab escuts reials.

E així mateix hi hac sis prohòmens per la ciutat de Barcelona, molt bé arreats e molt bé ordonats, e ab molts brandons. E així mateix n'hi hac de la ciutat de Tortosa, quatre; e puis, així mateix, de les altres ciutats e viles honrades, e de totes les províncies del dit senyor rei, qui cascunes s'esforçaven que hi venguessen molt honradament. Què us en diria? Que jamés en Espanya no fo així gran festa en un lloc, de bona gent, con aquesta és estada.

296

E pus vos he dita partida dels prelats e rics-hòmens e altres bones gents qui a la dita festa s'ajustaren, és raon que us anomen los nobles que el dit senyor féu cavallers novells aquell beneit dia, e els nobles que el dit senyor infant en Pere així mateix féu cavallers, e el dit senyor infant en Ramon Berenguer atretal, e el noble en Ramon Folc. E cascuns d'aquests nobles feeren molts cavallers novells, així con davant entendrets que fo ordonat.

Primerament, lo dit senyor rei féu cavaller aquell dia lo noble en Jacme de Xèrica, e el dit noble féu-ne vint. E aprés lo dit senyor rei féu cavaller lo noble fill del jutge d'Arborea. E és ordonat que tots temps, ço és, con lo dit jutge sia en Sardenya, que faça vint cavallers novells, deu catalans e deu aragoneses, los quals ell deu heretar en Sardenya, que en esta cort no els poc fer per ço con no hac temps que els pogués aparellar; mas aitant se val, pus los ha reebuts de sa casa, e els deu fer cavallers e heretar en Sardenya. E aprés lo dit senyor rei féu cavaller lo noble en Ramon Folc, vescomte de Cardona, e el dit noble féu tres nobles cavallers, ço és a saber: lo noble en Ramon de Cardona, son germà, e el noble n'Amorós de Ribelles, e el noble en Pere d'Aragall; e cascun d'aquests nobles feeren deu cavallers. E aprés féu lo dit senyor rei cavaller lo noble en Llop de Luna; e el dit noble féu-ne tantost quinze. E aprés lo dit senyor rei féu cavaller lo noble n'Arnau Roger comte de Pallars; e ell tantost féu-ne vint. E aprés lo dit senyor rei féu cavaller lo noble n'Alfonso Ferrandis, senyor d'Híxar; e el dit noble féu-ne tantost quinze. E aprés lo dit senyor rei féu cavaller lo noble en Guillem d'Angleola; e el dit noble féu-ne tantost deu cavallers. E aprés lo dit senyor rei féu cavaller lo noble en Joan Eixemenis d'Urrea; e el dit noble féu-ne tantost deu cavallers. E aprés lo dit senyor rei féu cavaller lo noble en Berenguer d'Angleola; e el dit noble féu-ne tantost deu cavallers. E aprés féu lo dit senyor rei cavaller lo noble en Pere Cornell; e el dit noble féu-ne tantost deu cavallers. E aprés lo dit senyor rei féu cavaller lo noble en Guillem de Cervelló e el dit noble féu-ne tantost deu cavallers. E aprés lo dit senyor rei féu cavaller lo noble en Not de Montcada; e el dit noble féu-ne tantost dotze cavallers.

E con lo dit senyor rei hac fets aquests rics-hòmens cavallers, lo senyor infant en Pere féu cavaller lo noble en Dalmau, vescomte de Castellnou; e el dit vescomte féu-ne deu cavallers. E aprés lo dit senyor infant en Pere féu cavaller lo noble en Guillem d'Erill; e el dit noble féu-ne tantost deu cavallers. E aprés lo dit senyor infant en Pere féu cavaller lo noble vescomte de Vilamur; e el dit vescomte féu-ne tantost deu cavallers. E aprés lo dit senyor infant en Pere féu cavaller lo noble en Gilabert de Cruïlles; e el dit noble féu-ne tantost sis cavallers.

E con açò hac fet lo dit senyor infant en Pere, lo dit senyor infant en Ramon Berenguer féu tres rics-hòmens cavallers novells, e cascun d'aquells ne féu tantost qui deu, qui vuit cavallers. E els rics-hòmens que el dit senyor infant en Ramon Berenguer féu cavallers són aquests.

Què us en diria? Que aprés que aquests rics-hòmens hagren fets aquests cavallers novells, molts d'altres rics-hòmens de Catalunya e d'Aragon hi feeren molts cavallers; que dic-vos que jo hi compté dos-cents cinquanta-sis cavallers novells, menys dels nobles. E per cert que n'hi hac molt més, que null hom no hi pogra tenir compte; tan gran era la pressa de les gents.

E tots aquests cavallers foren vestits de drap d'aur ab penes vaires; les quals vestedures donaren a jonglars, e puis vestiren-se altres vestedures, de presset vermell; que tots hagren mantells ab penes vaires o d'erminis, e de presset vermell cotes e gonelles e gramalles. E de cavalls, d'ensellaments ne de frens no cal parlar, que jamés en neguna cort tan bell arnes null hom no poc veer.

E fo així ordonat: que cascun ric-hom, con eixia de l'esgleia, cavalcava ab sos cavallers novells, e així ana-ven-se'n a l'Aljaferia, qui és palau del senyor rei; e null hom ab ells no cavalcava mas lo ric-hom, qui es metia davant los cavallers novells que fets havia, cascun caval-cant en son bon cavall (que qui volia veer los cavalls bells e bé arreats, lla los pogra veure), e fills de cavallers qui, davant, los portaven a cavall les espaes, cascun de son senyor o de son frare o de son parent qui cavaller novell havia a ésser; e darrera venien los altres fills de cavallers, qui els aportaven a cavall llurs armes. Així, altre no gosava a cavall anar ab ells, ans cascun se n'anava així ab trompes, e ab tabals, e ab flautes, e ab cembes e ab molts d'altres esturments que en veritat vos dic que més de tres-cents parells de trompes hi havia. E hi havia d'altres joglars, qui cavallers salvatges, qui d'altres, més de dos-cents; qui tals crits feien e tal brogit hi havia, que paria que ceel e terra ne vengués.

E així, per orde, ab gran alegria anaren tots de l'esgleia de Sent Salvador, de Saragossa, entrò el lloc de l'Aljaferia. E tota hora hi havia més de tres-cents bornadors, e ben cent cavallers o fills de cavallers o d'honrats ciutadans qui traïen a taulat; d'altra part, hi havia ben cent hòmens a cavall del regne de València e de Múrcia, qui jugaven a la genetia. E d'altra part, hi havia prop l'Aljaferia un camp tapiat on pògrets veure matar toros; que cascuna parròquia amenava son toro, tot de reial; e amenaven-lo ab trompes e ab gran alegre, e cascuns amenaven llurs monteros, qui els toros mataven. E puis veérets per carreres danses de dones e de donzelles e de molta bona gent.

Què us diré? Que l'alegre era tan gran, que no anava a hom en als lo cor mas a guardar deçà e dellà. E era així bé ordonat, que els uns no feien afany als altres. E aquesta festa dura de la vespra de Pasqua estrò al dimecres aprés Pasqua, ab lo pus bell temps del món, e ab la major pau qui anc fos entre gents; que no pot null hom dir que anc hi hagués mala paraula dita d'una persona a altra, del major entrò al menor, del dia que fom ajustats a Saragossa estrò al dia que en partim; ans ab gran concòrdia hi esteguem, e ab gran concòrdia e amor ne partim. E tuit haguem bones posades: en tal manera ho hagren ben ordonat los prohòmens de Saragossa.

E tothom menjà ab lo senyor rei la vespra de Pasqua, e el jorn, e el dilluns e puis, aitant con a cascun plagués

menjar; que aitant com la cort durà, no s'hi tancà porta.
Mas lo senyor infant en Pere e el senyor infant en Ramon
Berenguer, con los tres dies foren passats, cascun féu un
jorn convit gran; e convidà lo dimarts lo dit senyor infant
en Pere lo dit senyor rei e tots los rics-hòmens, e prelats,
e cavallers e ciutadans; e puis, tothom qui menjar-hi vol-
gués. E aquell dia lo dit senyor infant en Pere tenc molt
honrada cort, e féu molts dons a rics-hòmens, e a cava-
llers, e a ciutadans e a totes altres maneres de gents. E el
dimecres après, lo senyor arquebisbe de Toledo féu atre-
tal a l'orde dels frares menors a Saragossa, on ell posava.
E el dijous féu atretal lo senyor infant en Ramon
Berenguer.

Què us diré? Que així, ab gran alegre se mantenc la
cort, de totes coses, estrò al dit dijous a vespre, ab bell
temps e clar. E divenres matí venc, la gràcia de Déu, de
bona pluja, que pres tot Aragon, e Catalunya, e regne de
València e de Múrcia, e durà entrò per tot lo dicmenge tot
dia. E així la terra, qui ho havia mester gran, hac compli-
ment de la gràcia de Déu, així de bon senyor con de bona
pau que el dit senyor rei havia aquell dia ab totes les
gents del món, ço que no es pot dir de negun rei qui e'l
món sia, e encara ab gran goig e pau ab totes les sues
gents, e encara bastada la terra de bona pluja. E així plà-
cia a nostre senyor ver Déus que li dón vida llonga e
salut, e el prest als seus sotsmesos així con aquell qui és
pus graciós senyor, e el pus savi, e el mellor cavaller qui
e'l món sia, e el pus catòlic, e dels mellors crestians del
món.

E aquí foren los dos beneits fills seus, ço és a saber,
l'infant en Pere, lo major, qui és jurat rei d'Aragon après
d'ell, e el menor, l'infant en Jacme, qui és comte
d'Urgell. E cascun d'aquest beneits dos infants fills seus
descenyiren les espaes a gran res dels rics-hòmens qui
s'hi feeren cavallers, e hi donaren molts dons e hi feren
moltes gràcies. E així la cort en totes maneres fo beneita

de Deu, e de madona santa Maria, e de tots los seus beneits sants e santes.

297

Ara, pus vos he parlat de la cort con s'aplegà ab la gràcia de Déu, vull-vos dir en qual manera lo dit senyor rei pres cavalleria de si mateix, e reebé la beneita corona, ne en qual manera venc vetllar a l'esgleia de Sent Salvador, de Saragossa, ne en qual manera se féu la sua solemnitat de la beneita cavalleria que ell reebé de si mateix, ne de la beneita corona, ne en qual manera eixí de l'esgleia, ne en qual manera anà estrò al seu palau de l'Aljaferia. E vull que sapiats cascuns que de l'esgleia de Sent Salvador, qui és la seu de Saragossa, estrò a l'Aljaferia, ha més de dues milles grosses. E per ço vull-vos açò recontar: que tots aquells qui en aquest llibre llegiran, sapien con se fa lo rei ell mateix cavaller, ne en qual manera se posa ell mateix la corona, e ab qual solemnitat de benediccions e de misses e de molta bona oració, ne en qual manera lo deestra hom estrò és tornat en son palau; e que aquestes coses, a saber bones són a tothom, de qualque condició sia.

Veritat és que el dit senyor rei tramés lo divenres sant, a vespre, a tothom, que el dissabte matí, la vespra de Pasqua, con haurien cobrada al·leluia, que cascun lleixàs lo dol que portaven encara per lo senyor rei son pare, e que tothom s'adobàs les barbes, e que començàs cascun a fer festa, e convidà tothom generalment, així con davant vos he dit, tres dies. E així, lo dissabte matí, con hagren cobrada al·leluia e les campanes tocaren, tothom fo aparellat, així con lo dit senyor rei hac manat, de començar la beneita festa. Sí que ab altres qui hi érem per la ciutat de València, ab nostres bornadors davant e ab nostres trompes, e tabals e dolçaina e tamor e d'altres esturments, tots sis, ordonats de dos en dos, molt ricament vestits e arreats, en nostres cavalls cavalcant, e nostres escuders atretal, partim-nos de la posada, qui era dintre la ciutat, prop la dita esgleia de Sent Salvador: e així començam nostra festa, e anam per mig de la ciutat estrò a l'Aljaferia. E con nós haguem començat, tothom començà, sí que a colp oírets lo major brogit, de trompes, del món, e de tots altres esturments. E així cavalcant, feem aquesta festa estrò fo hora de menjar; e puis, con haguem menjat a l'Aljaferia, ab aquesta solemnitat tornam tuit en nostres posades. E con vespres hagren tocat, tothom ordonà d'encendre los brandons, cascuns en son lloc que els era ordonat; e de l'Aljaferia estrò a Sent Salvador no pògrets conéixer on havia més brandons. E els brandons no es movien d'aquell lloc que els era ordonat, que en cascun lloc era escrit a la paret quals hi devien estar. E així, tothom ordonadament estàvem.

E con fo hora del seny sonant, lo senyor rei partí de l'Aljaferia per anar a Sent Salvador, així ordonat con oirets. Tot primerament, vengren a cavall tots los fills de cavallers qui portaven les espases dels cavallers novells. E aprés que foren passades les espases vengren les espases dels nobles qui devien ésser cavallers novells. E aprés venc l'espaa del senyor rei, la qual portava lo noble en Ramon Cornell. E aprés de l'espaa del senyor rei, venien dues carretes qui aportaven dos ciris, que en cascun havia més de deu quintars de cera, qui anaven enceses; jatsessia que poca fretura hi feien, que les altres llumenàries eren tantes, que així bé hi podia hom veure con si fos jorn clar. E aprés dels dos ciris, venia lo dit senyor rei, cavalcant en son cavall, ab lo pus bell arnés que anc fos feit de mans de maestres; e l'espaa que portaven davant ell, així con ja us he dit, la pus rica e la mills guarnida que anc emperador ne rei portàs. E aprés del dit senyor rei, venia darrera, ab les sues armes que aportava, un noble, e dos altres nobles qui estaven cascun entorn les armes; e així les armes anaven, ab aquell qui les portava enmig de dos nobles. E així mateix anava lo noble en Ramon Cornell, qui aportava l'espaa enmig de dos nobles. E aprés de les armes del senyor rei venien tots los nobles que el senyor rei devia fer cavallers novells, de dos en dos. E aprés dels nobles que el senyor rei devia fer cavallers novells, venien los nobles que el senyor infant en Pere devia fer cavallers novells; e aprés, aquells que el senyor infant en Ramon Berenguer devia fer; e aprés, aquells que el noble en Ramon Folc devia fer. E aprés dels dits rics-hòmens, venien los altres qui devien ésser cavallers novells, de dos en dos, tots ordonats. E aprés d'ells, con tots foren passats, així mateix totes les armes vengren, ordonats de dos en dos; e totes les armes dels nobles hòmens, e les espases, portaven cavallers; e dels altres cavallers, portaven fills de cavallers. E així, tot per orde, cavalcant en llurs cavalls, vestits de rics draps d'aur, e ab molt bell arnés, con ja davant vos he dit, de dos en dos, ells anaren apres del dit senyor rei, que null altre hom no hi gosava cavalcar, salvant lo senyor infant en Pere e el senyor infant en Ramon Berenguer, qui anaven ordonant que null hom no eixís de l'orde qui era ordonat.

E així, ab la gràcia de Déu, e ab gran brogit de trompes, e ab tabals, e ab dolçaines, e de cembes e d'altres estruments, e de cavallers salvatges, qui cridaven tots "Aragó! Aragó!" e els casals dels rics-hòmens de qui eren, vengren a la dita esgleia de Sent Salvador, e tota hora fo passada mitja nuit abans que el dit senyor rei fos, ab la dita companya, dins l'esgleia. E aquí tuit vetllaren ensems, dient oracions los uns, e els altres alegrant e cantant en nostre senyor ver Deus Jesucrist; e així passaren tota aquella beneita nit, e oïren les matines molt devotament, en les quals foren tots los arquebisbes, bisbes, abats e priors, qui ab gran devoció digueren totes les hores.

E con lo jorn fo clar, lo senyor arquebisbe de Saragossa revestí's a dir la missa. E el senyor rei, de la sua man, posà la corona, en la bona ventura, en l'altar major, e l'espaa; e es vestí un camís, així con si degués dir missa; e puis sobre lo camís se vestí la dalmàtiga reial, la pus rica que jamés emperador ne rei se vestís. E a cascuna cosa que es vestia, lo dit arquebisbe li deia sa oració, aquella que ja era en les canòniques, que és ordonada que es deu dir. E aprés posà's l'estola per lo coll e per les espatlles, així con lo dia que la's posà hom; e aquella estola era tan rica e ab tantes pedres precioses, que seria forts cosa de dir ço que valia. E aprés, lo maniple, així mateix molt ric e ab gran noblea.

E con tot açò fo fet, l'arquebisbe davant dit, de Saragossa, dix la missa, ab gran solemnitat. E con la missa fo començada, e dita l'epístola, féu-se calçar l'esperó dret a son germà, lo dit senyor infant en Pere, e l'esperó sinestre a l'altre german seu en Ramon Berenguer; e con açò fo feit, lo dit senyor rei acostà's a l'altar, e pres l'espaa, e, ab l'espaa ensems, ell se gità en oració davant l'altar; e el dit senyor arquebisbe dix-li damunt molta bona oració. E con foren acabades, e el dit senyor rei hac feta la sua oració, besà la croera de la sua espaa, e cenyí's ell mateix la dita espaa; e puis, can la s'hac cinta, tragué la dita espaa de's foure, e brandí-la tres vegades. E la primera vegada que la brandí, desafia tots los enemics de la santa fe catòlica, e la segona vegada que l'esbrandí, ell proferí a mantenir òrfens e pubills e dones vídues; e la terça vegada que l'esbrandí, promés que tendria justícia, a tota la sua vida, així al menor con al major, e així als estranys con als seus sotsmesos. E con açò hac fet, tornà l'espaa en la sua beina. E con l'Evangeli fo cantada, ell oferí si mateix e l'espaa a Déu, qui tots temps lo tendrà en sa guarda, e li darà victòria contra tots sos enemics. E el dit senyor arquebisbe untà-lo de crisma en les espatlles e en lo braç dret, així con oí la missa. E con la missa fo dita, lo dit senyor rei se descenyí l'espaa ell mateix, e la tornà sobre l'altar, prop la corona.

E aprés que aquesta missa hac dita l'arquebisbe de Saragossa, revestí's lo senyor infant en Joan, arquebisbe de Toledo, germà del dit senyor rei. E con fo vestit e hac començada la missa, lo dit senyor rei, ell mateix, pres la corona de l'altar e la's posa al cap; e con la s'hac posada al cap, lo senyor arquebisbe de Toledo, e el senyor infant en Pere e el senyor infant en Ramon Berenguer adobaren-la-li. E con lo dit senyor rei se posà la corona al cap, los dits senyors arquebisbes, e bisbes, e abats, e priors, e el dit senyor infant en Pere ab ells, altes veus en cantant, cridaren "Te, Deum, laudamus"; e així con deien aquest cant, lo dit senyor rei pres la verga de l'or ab la man dreta e l'espaa en la man sinistra, e puis pres lo pom de l'or en la mà dreta— e en cascuna cosa a reebre, deia lo senyor arquebisbe de Toledo una gran oració. E con tot açò fo feit e l'Evangeli fo cantada, lo senyor rei, altra vegada molt ab gran reverència, oferí si mateix e la sua beneita corona a Déu, e s'agenollà davant l'altar molt humilment. E el dit senyor arquebisbe complí la missa a dir.

E con la missa fo dita e el dit senyor rei hac haüt compliment de la gràcia de Déu, e de la sua cavalleria, e de la santa reial senyoria, e fo untat e sagrat per rei e per senyor dels regnes d'Aragó, de València, de Sardenya e de Còrsega, e comte de Barcelona, anà siure davant l'altar de sent Salvador, al siti reial, e posà lo pom e la verga en l'altar de sant Salvador; e féu-se venir cascuns dels nobles que ja davant vos he anomenats, e féu-los tots cavallers, així, per orde, con davant havets haüt. E així con cascun era fet cavaller, anaven-se'n ab lo ric-hom a la capella que li era assignada, e lla feia sos cavallers novells. E el senyor infant en Pere, atretal, anà-se'n a la sua capella que li era assignada, e feu los dits quatre ricshòmens cavallers; e el senyor infant en Ramon Berenguer atretal; e el noble en Ramon Folc així mateix. E aquells rics-hòmens que ells feeren cavallers, així mateix anava cascun a la capella que li era assignada, e

feien los cavallers que fer devien. E així con cascun ric-
hom havia fets los cavallers, anaven-se'n ab aquells a
l'Aljaferia, així con davant vos he dit.

E con tot açò feu fet, lo senyor rei pres lo pom en la
mà dreta e la verga en la mà sinestra; e així, ab la corona
al cap, e ab lo pom e ab la verga en les mans, eixí de fora
l'esgleia, e muntà sobre son cavall. E davant portaren-li
l'espaa, e a darrera les armes, així ordonadament con
davant havets entés que feien, la nuit, a l'esgleia.

E si volets saber la corona quina era, jo us pusc dir
que la corona era d'aur, e tota plena de pedres precioses,
així con robís, e balais, e safilis, e turqueses, e perles tan
grosses com un ou de colom, e havia davant un bell car-
boncle. E la corona havia d'alt tota hora un palm de cana
de Montpesller, e havia setze murons; així que tothom la
preava, e mercaders e lapidaris, que tota hora valia cin-
quanta mília lliures de reials de València. E la verga era
d'or, e havia ben tres palms de llong; e al cap de la verga
havia un robís, lo pus bell que anc fos vist, e ben tan gros
con un ou de gallina. E el pom era d'or, e havia dessús
una flor d'or ab pedres precioses; e sobre la flor, una creu
molt rica e honrada, de belles pedres precioses.

Lo cavall era lo mills arreat que anc fos. E així, muntà
a cavall, vestit ab sa dalmàtiga, ab l'estola e ab lo mani-
ple, e ab la dita corona al cap, e ab lo pom en la man
dreta, e ab la verga en la man sinestra. E en lo banc del
fre del cavall hac dues regnes; les unes regnes qui eren ja
del fre que tenia lo cavall al coll, e en aquella regna des-
trava en la part dreta lo senyor infant en Pere, e en la part
sinestra lo senyor infant en Ramon Berenguer, e molts
nobles de Catalunya e d'Aragon; e l'altre parell de reg-
nes, que eren de seda blanca, havien bé cinquanta palms
de llong, e en cascuna destraven rics-hòmens, e cavallers,
e ciutadans, a peu. E aprés dels dits senyors infants e els
nobles qui los destraven a peu, així con davant vos he dit,
destràvem nosaltres sis, de València, qui hi érem per la

ciutat; e altres sis de la ciutat de Barcelona, e altres sis de la ciutat de Saragossa, e quatre que n'hi havia de Tortosa; e així de les altres ciutats. Així que totes les regnes estaven complides d'aitals destradors a peu; e null altre hom no hi cavalcava de prop, sal aquell qui aportava l'espaa davant tots los destradors, e, apres, aquell qui aportava les armes; e cascun d'aquells, així acompanyats de dos nobles, con ja havets entés davant. E darrera les armes del dit senyor rei venien los rics-hòmens a cavall, molt gint arreats, que el dit senyor rei havia fets cavallers novells.

E així, ab aquella alegrança, mostrant la sua reial majestat, untat, e sagrat, e beneit de Déu e de tota res, ab grans goigs e ab grans alegres que hi havia, així con ja havets entés, ell se'n venc a l'Aljaferia; e segurament que tota hora fo passada horonona abans que ell hi fos. E així, destrant en son cavall, ell entrà en lo dit palau, e anà lla ab la corona en son cap, e ab lo pom en la mà dreta, e ab la verga en la mà sinestra; e així se'n muntà en la sua cambra. E a cap d'una gran peça ell eixí de la cambra, e venc ab l'altra corona en testa, menor, per ço con aquella major pesava massa; mas emperò no era tan poca que no hagués més de mig palm d'alt; e era tan rica e tan bella, que tota hora la preava hom vint-e-cinc mília lliures. E vull que sapiats que con lo senyor fo sobre son cavall e eixí de Sent Salvador, que preava hom ço que ell portava dessús, e ço que al seu cavall portava, cent cinquanta mília lliures de reials de València. E així, con ja us he dit, ab l'altra corona menor lo senyor rei venc, ab lo pom e ab la verga, seer a taula a menjar. E hac-li hom aparellat a la banda dreta, a la taula, un siti d'or en què estec lo pom, e a la banda sinestra, altre siti d'or en què estec la verga, dreta, e sec en la seua taula, qui havia divuit palms de llong, llunyet, de la part dreta, son germà lo senyor infant en Joan, arquebisbe de Toledo; e de l'altra, pus llunyet d'ell, sec l'arquebisbe de Saragossa e l'arquebisbe d'Arborea. E en altra taula assegueren los bisbes e en altres los abats e priors. E puis, de l'altra part, de la part dreta, seien tots los rics-hòmens qui aquell dia eren estats cavallers novells, e aprés seien tots los cavallers novells qui aquell dia s'eren fets cavallers novells. Així que el senyor rei seia tan alt, més que tots, que tots lo veien. E aprés fom ordonats nosaltres, ciutadans, qui siguem ensems molt bé ordonats, que cascun hac aquell lloc que los tanyia. E cascuns ordonaren servidors nobles e cavallers e fills de cavallers, que servien cascun segons que a la solemnitat e a la honor de cascú pertanyia. E tots foren molt honradament servits e pensats. E fo molt gran meravella, que tanta de gent hi havia que null hom no us ho poria escriure, que no fos gran afany.

E pus que us he parlat en general con tots foren servits, e tornar-vos he a dir en especial lo senyor rei con fo servit. Certa cosa és que el dit senyor infant en Pere volc ésser, aquell beneït jorn de Pasqua, majordom, e ordonà lo fet així con havets entés. Ell son cos e el senyor infant en Ramon Berenguer donaren aigua a mans al dit senyor rei; e fo-hi ordonat que el dit senyor infant en Ramon Berenguer servís lo senyor rei de la copa, e puis dotze nobles qui serviren, ab ell ensems, a la taula del dit senyor rei. E el senyor infant en Pere, ab dos nobles qui ab ell se tenien mà per mà e ell al mig, venc primer, cantant una dansa novella que hac feta, e tots aquells qui aportaven los menjars responien-li. E con fo a la taula del senyor rei, ell pres l'escudella e féu la creença, e posà-la davant lo senyor rei; e puis féu atretal del tallador. E con ell hac així posada la primera vianda al dit senyor rei e acabada la dansa, ell se despullà les vestedures que vestia, que era mantell e cot ab penes d'erminis, de drap d'aur e ab moltes perles, e donà-les a un seu joglar. E tantost li'n foren aparellades unes altres riques vestedures, que es vestí. E tot aital orde tenc a totes les altres viandes que s'hi donaren a menjar, que en cascun menjar que

aportà deia una dansa novella que ell havia feta, e hi donà
vestits, a cascuna vianda, molt rics e honrats; e donaren-
s'hi ben deu viandes. E tota hora, con ell havia posada
cascuna vianda al senyor rei, e feta creença, los nobles e
els cavallers e els altres servidors posaven per les altres
taules tan complidament, que null hom no hi pogra res
esmenar.

298

E con lo senyor rei e tuit hagren menjat, en lo palau
reial fo fet un siti molt ric e honrat al senyor rei, e ell e
els arquebisbes segueren en aquell siti, con havien fet a
la taula. E el senyor rei, ab la corona e'l cap, així con
havia segut a la taula, e ab lo pom en la man dreta, e la
verga en la man sinestra, llevà's de la taula e venc seure
al dit siti, al seu palau; e als seus peus, entorn d'ell,
segueren nobles, cavallers, e noslatres, ciutadans. E con
foren tots asseguts, en Remasset, joglar, cantà altes veus,
davant lo senyor rei, un serventesc novell que el senyor
infant en Pere hac fet a honor del dit senyor rei. E la
sentència del serventesc era aital: que el dit senyor infant
li dix en aquell què significava la corona e el pom e la
verga, ne, segons la significança, lo senyor rei què devia
fer. E per ço que ho sapiats, vull-vos-ho dir en suma, mas
si pus clar ho volets saber, recorrets al dit serventesc e lla
trobar-ho hets pus clar. E la significança de la corona és
aital: que la corona qui és tota redona, e en redonea no ha
començament ne fin, així la corona significa nostre se-
nyor ver Déus poderós, qui no hac començament ne
haurà fin. Per ço con significa Déu poderós, la li ha hom
posada al cap, e no a la mitjania ne als peus, mas al cap,
on és l'enteniment; e per ço la memòria deu haver a Déu
totpoderós, e que els vaja lo cor, ab aquesta corona, del
regne celestial, lo qual regne és perdurable. E la verga
significa justícia, que ell deu tenir sobre totes coses; que

en així con la verga, és longa e estesa. E ab la verga bat hom e castiga; així la justícia castiga, que els malvats no gosen fer mal e los bons se'n melloren de llurs condicions. E el pom significa que així con ell té lo pom en la sua man, que los seus regnes té en la mà e en lo poder seu; e pus Déus los li ha comanats, que els defena e els reja e els govern ab veritat e ab justícia e ab misericòrdia, e no consenta que null, ne per si ne per altre, los faça tort negun. E així lo dit serventesc entés bé lo senyor rei e la sentència que porta, e si a Déu plau ell ho metrà en obra, en tal manera que Déus e el món ne serà pagat, e així li'n dón Déus gràcia.

Enaprés, con lo dit Remasset hac dit lo dit serventesc, en Comí dix una cançó novella que hac feta lo dit senyor infant en Pere, e per ço con en Comí canta mills que null hom de Catalunya, donà-la a ell que la cantàs. E con l'hac cantada, callà, e llevà's en Novellet, joglar, e dix, en parlant, set-cents versos rimats que el dit senyor infant havia novellament feits. E la cançó e els verses sonen tots al regiment que el dit senyor rei deu fer a ordinació de la sua cort e de tots los seus oficials, així en la dita cort sua com per totes les sues províncies. E tot açò entés lo dit senyor rei així con aquell senyor qui és pus savi que senyor qui e'l món sia; per ço, si a Déu plau, així mateix metrà-ho en obra.

E con tot açò fo cantat e dit, fo vespre. E així, reialment, ab la dita corona al cap e el pom en la mà dreta e la verga en la man sinestra, muntà-se'n en la cambra a reposar, que bé li era ops. E tuit anam-nos-en a les nostres posades; e tota la ciutat anava en joia, així con ja davant vos he dit. E d'aquí avant pot hom dir que jamés tan reial cort ne tan graciosa no fo tenguda, ne tan alegre ne ab tan gran solemnitat. Nostre senyor ver Déus lo jaquesca regnar molts anys, al seu servei, e a bé de la sua ànima e a profit e exalçament dels seus regnes e de tota la crestiandat. Amén.

E així podets entendre en qual manera lo dit senyor rei ha volgut ressemblar nostre senyor ver Déus Jesucrist, que la verge madona santa Maria e els seus beneits apòstols e evangelistes, e els altres deixebles seus, confortà en aquella beneita festa de Pasqua, per la Resurrecció; que d'abans eren tuit trists e marrits per la sua Passió. E així los sotsmesos del senyor rei d'Aragon eren tots trists per la mort del bon rei son pare e ell aquest jorn beneit de Pasqua ha'ls alegrats e confortats, en tal manera que, si a Déu plau, tots viurem alegres e pagats, aitant com en aquest món siam. Així plàcia a Déu. Amén. Amén.

Finito libro. Sit laus, gloria Christo.

Qui aquest llibre ha escrit, de Déu beneit sia, e de la sua mare madona Santa Maria, e de tots los seus beneits sants e santes, en guarda e en comanda; e ab la sua beneita companyia, ara e per tots temps sia. Amén. Amén.

GLOSSARI

abatre, descomptar
abdosos, ambdós
abisar, destruir, llançar dins un abisme
abondonat, magnànim
acabar, aconseguir
acolorar, fer lluir
acordat de, resignat a
acorriment, socors; ajut econòmic
adalill, guia; capdavanter
adur, dur; portar
aemprar, emprar; sol·licitar
aesmar, estimar, apreciar la vàlua de les coses immaterials; pensar;
        deduir
afaitat, acostumat
afinar, finar; acabar
afrenellar, amarrar amb els frenells les galeres entre elles
ahontar, afrontar
aicell, aquell
aicest, aquest
aigual, aiguamoll
aital, tal
aitan, tan
aitant, tant
aitantost, de seguida
aixufar, bromejar
ajustadís, arreplegat de llocs diversos
ajustar, ajuntar; aplegar
albaixínies, albíxeres, gratificació a qui porta bones notícies
albarà, albarrà, document acreditatiu o ordenador d'un fet
alcir, matar
almeixia, túnica amb mànigues que els moros duien damunt l'altra
        roba
almogatén, cap d'almogàvers
almogàver, soldat d'infanteria especialitzat en les incursions
alquinal, toca per al cap emprada per les dones sarraïnes

alre, altra cosa

àls, altra cosa

altinell, escull menut o elevació del fons marí a poca fondària

amanuir, preparar

amenar, menar

anc, mai, fins ara

ancessor, antecessor

aorar, adorar

aparer, aparéixer

apellar, anomenar, recórrer

apellido, crida per manar un armament

apoderadament, amb molt poder

apoderar, fer poderós; ser capaç

apoderat, poderós

aproïsmar, aproximar

aquèn, per ací

ardit, empresa atrevida; valent

arrais, arraix, patró de barca sarraïna

arrengar, ordenar per combatre

asalt, agradable

asaltament, agradablement

asarp, tipus de canals

asmar, v. *aesmar*

assai, intents de perjudici

assal, assalt

assaltejament, assalt

assats, bona quantitat; suficient

asseat, afincat

assegut, establert

assenat, assenyat

assentat, establert

atal, tal

atendre, esperar

aterçat, armat, guarnit

atrestal, igualment, també

atretal, v. *atrestal*

aulment, perversament

aünar-se, posar-se d'acord

aur, or

aür!, bona sort!

auriflama, oriflama

aut, alt

autre, altre

avantar, avançar

avesque, bisbe

avist, perspicaç
avoncle, oncle
atzembla, animal de càrrega

babans, babanys, abundància ostentosa de béns
baconar, trossejar i salar la carn
baixament, humiliació
balais, balaix, un tipus de robí
ballester en taula, ballester de professió
barat, tracte fraudulent
barbre, bàrbar
barnats, conjunt de barons, gent notable
barreig, saqueig
barrejar, saquejar
barrufestar, barrafustejar, renyar asprament
basílios, moneda bizantina
bast, proveït
bastar, proveir
baudor, delit
benauirat, feliç
benesir, beneir
boïa, traïció
boneta, classe d'alforges
bordonenca, espasa que té més punta que no tall
braidar, cridar gemecant
brondó, brandó, atxa de cera d'un sol ble
brotxa, broca, coltell de fulla cilíndrica
bugiot, simi
bullar, segellar un document
burs, en un, d'una bursada
bussó, ariet

cabdal, caporal
cabdellar, contenir autoritàriament
cabeça, cap
cabeçó, turonet
caidiu, captiu
calcar, empényer
camís, túnica blanca fins als peus usada pels sacerdots
can, quan
canel·lar, data
canòniques, cànons eclesiàstics
canscar, cascar, contusionar

capella jubat, espècies de caputxa que es duia sota el cas

carlí, moneda del rei Carles I de Nàpols

carner, bossa per a dur menjar

carpenter, fuster d'obres

càrrec, transport de càrrega

carrera, camí

càrreu, carro

càrrou, carro

carxena, carnatge

casada, casa noble, llinatge

casal, llinatge

casana, v. *casal*

caser, edifici gran, casal

castigar, manar

catalanesc, llengua catalana

causa, cosa

cava, camí excavat

cavaller d'aventura, cavaller errant

cavaller salvatge, el qui es dedicava a fer exhibicions de força o
        d'agilitat

cell, aquell

cel·lar, amagar, ocultar

cemba, vèmbal, tipus de tambor

cenra, cendra

certes, certament

clardat, claredat

coa, cua

cobert, encobert; dissimulat

cobrar, readquirir; recobrar

cobrir, encobrir; dissimular

collet, collit

col·loció, col·lació; conferència; reunió

cominal, comú; imparcial

cominalment, mitjanament

companya de cap, personal de comandament

companyies, recrutament

completa, la darrera de les hores canòniques

con, car; ja que; com

confondre, desfer

conformar, confirmar

confort, confortament

conjuï, matrimoni

consumar, acabar, arruïnar; perdre; destruir

continenet, aire i actitud del cos

contiral, igual

cor, car
coral, estimat intensament
correguda, incursió
córrer, fer incursions; saquejar; recórrer
cortó, quarter
costada, cop o empenta a l'esquena
costera, costa; litoral
costes, a, al damunt
costuma, costum
coutell, coltell
cresó, creixement
croera, punt on el pom de l'espasa s'encreua amb el travesser
cuns, en, en disposició
cusquecs, cadascun

dall, arma de fulla corbada i mànec llarg
dalmàtiga, dalmàtica, túnica oberta pels costats
dar, batre
deestrar, v. *destrar*
defeniment, mesura defensiva
defensó, defensa
deixendent, descendent
deixendir, descendir
delliurar, deslliurar
demig, en lo, mentrestant
denejar, netejar
departiment, separació
departir, separar
deport, diversió
deportar, divertir
depuis, després de
depús, v. *depuis*
desaire, misèria
desastruc, desgraciat; malastruc
descarparar, separar; destacar
descombregar, excomunicar
descominal, fora de mesura
desconfir, derrotar
desenganar, treure de l'error
desheret, desheretament
despartiment, límit; separació
despertada, toc de campana que es feia a mitja vesprada
despoderat, que no té poder
desposar, deposar

desprear, menystenir
desrraïgar, desarrelar
destolre, impedir; evitar
destrador, el que guia un cavall per les regnes
destrar, guiar un cavall per les regnes
destrényer, posar en situació difícil; obligar per la força
destret, estretor; mancança
destrò, fins a
dets, deu
dever, deure
dire, dir
dispot, príncep grec
dispotat, domini d'un dispot
divícia, riquesa
dolent, afligit
dors, a, als damunt
douça, dolça
dui, dos
durar, resistir; suportar

e'l, en el
eixaloquet, classe de xaloc (vent del nord-est)
eixament, igualment; de la mateixa manera
eixernit, resolt
eixhivernar, hivernar
eléger, elegir
elet, elegit
embarbotar, armar; preparar per a la lluita
embarg, obstacle; oposició
embarrerar, envoltar l'enemic impedint-li la retirada
empenat, guarnit amb plomes
enaixí, així
enans, abans
enant, avant
enantar, avançar
enaprés, després
encant, mercat
encavalcar, proveir de cavalcadura
encontinent, de seguida
encorporat, adherit
encroar, encreuar
endarrer, enrere
endiablia, cosa de diables
endret, davant per davant; a l'altura de

enfenitat, infinitat
enflamar, inflamar
enfre, entre
enfrenellar, v. *afrenellar*
engenrar, engendrar
enic, inic; pervers
eneix, mateix
enquer, encara
enteniment, intenció
entredit, prohibició eclesiàstica
entrevar, fer treves
entrò, fins
entuixar, agreujar
envides, tot just, a penes
ergullar, enorgullir
esbrandir, brandir, portar a la mà una espasa movent-la amenaça-
        dorament
esbutllar, esbudellar
escantar, decantar
escarparar-se, alliberar-se d'una persona o cosa que constitueix
        una molèstia
escarpir, netejar la coberta
esclarir, aclarir; explicar
escondir-se, defensar-se; justificar-se
esgambar, fugir; escapar
esgleia, església
esmai, desmai
espaa, espasa
espassar, passar
espedir-se, deseixir-se; trencar
espeegar, enllestir
esperdre, perdre l'orientació
esponera, flanc, ala de l'exèrcit
estament, situació
estelladís, acció d'estellar
esters, altrament
estir, v. *esters*
estorçre, salvar
estrait, extret
estràtico, cap militar sicilià
estrènyer, oprimir
estrer-se, escapolir-se
estrò, fins que
esvair, desfer; desbaratar
eu, jo

façana, costa
façana de fora, ribera de mar obert
faedor, comisionat
faitís, fet expressament; a mida
fanar, fanal
faró, llanterna; fanal
feel, fidel
feeltat, fidelitat
fenir, finir, acabar
fènyer, fingir
ferida, atac; assalt
ferir, atacar
fiiol, fillol; fill
firar, ferir
flacar, flaquejar
flumaire, riu
foldre, llamp
fort, força; molt
fortuna, temporal
franquea, exempció d'un impost, d'un tribut o d'una altra càrrega
    o obligació, normalment de tipus senyorial
freitura, fretura, necessitat
fres, fris

gabella, tribu turca
gai, alegre, satisfet
galea, galera
ganfanoner, gomfanoner, portador de l'estendard
gardar, guardar
gastar, devastar
gauig, goig
gavella, impost sobre articles de primera necessitat
gebel·lí, gibel·lí, membre d'una facció política partidària dels
    emperadors germànics
geelf, güelf, membre d'una facció política partidària del papa,
    enfrontada als gibel·lins
genetia, manera de cavalcar amb armament lleuger
gent, gentilment
ges, res més
get, tret
gint, v. *gent*
gintelea, gentilesa
glai, esglai
golfs, golf

grair, agrair
graixa, greix
greguesc, llengua grega
guai, ai

haüt, hagut; obtingut
hic, hi; ací
hoc, sí
hom de cap, capitost
hom d'ordre, frare
hom de paratge, noble
hom de peu, peó, soldat d'infanteria
homenatge, promesa de servei i fidelitat
honta, ofensa
hurtes,a, a les palpentes

infeel, infidel
intre, dintre

jamés, mai
jardí, hort
jatsefós, encara que
jatsessia, encara que
joi, goig
jonglar, joglar
jugar, actuar; moure les armes
jumada, càbiles (?)
junta, justa, torneig
júnyer, junyir, trencar llances en un torneig
justar, v. *ajustar*

llaïns, allà dins
llasús, allà dalt
llatí, sicilià
llats, costat
llau, lloança
llaus, lloança
llausar, lloar
lleer, lleure; llicència; possibilitat
lleixar, deixar
llest, llegit

lletovari, fàrmac de consistència pastosa
llevar, alçar; elevar a una dignitat
llig, llei
lligenda, lectura; narració
llíger, llegir
llinya, línia
llogar, lloc; nucli de població
lloguer, paga; salari
llony, lluny

mactà, peça de roba
maestre justicier, cap superior de l'admnistració de la justíca
maestre portolà, cap del regiment i l'administració dels ports
maestre racional, cap de l'administració
Mahumet, Mahoma
mainada, conjunt de guerrers súbdits d'una casa feudal
maire, mare
mais, maig
maisons, ordes del Temple i de l'Hospital
maití, matí
malfatans, amalfitans
mandado, encàrrec
mandat, encàrrec
manent, benestant; hisendat
mantinent, tot seguit
marcar, limitar; ser fronterer
marquesà, de les Marques (regió de la costa adriàtica d'Itàlia)
menar, dirigir; portar; gestionar; remenar; remoure
menar mans, lluitar
menys, mancat de; sense
merir, meréixer
messió, despesa
metre, posar; ficar
miller, milla
mills, millor
ministral, menestral
moab, moabita
mogatén, v. *almogaten*
moixerif, delegat governatiu entre els sarraïns
mollar, amollar
monterí, falcó no domesticat de menut
montero, persona encarregada de fer caçar els gossos
mota, grup compacte

nàcara, nàcarra, tipus de tambor
nafil, anafil, trompeta recta i molt llarga
natural, vassall del senyor natural
naturalea, relació mútua entre senyor i vassall
nient, no res
notxer, pilot d'una nau
novella, nova; notícia
novitat, novetat; innovació
null, cap
nuu, núvol
núul, v. *nuu*
ocupar-se, apropiar-se; apoderar-se de
ops, necessitat
osta, part del velam
ostol, estol
òstria, possiblement, nom d'una direcció del vent
ouceir, matar

paire, pare
pallissada, obra defensiva consistent en una tanca de pals
palomer, encarregat de lligar les amarres a terra
palomera, corda per a amarrar els vaixells
paor, por
paradura, peladura
partida, part
partit, situació decisiva
passador, projectil de ballesta
passatge, expedició per mar
pauc, poc
peada, petjada
peira, pedra
peça, estona
peitar, pagar peites (tipus de tribut)
pellot, pellissa, pell gran, d'abric
pena, ploma
penescalm, barca ràpida auxiliar per al transport entre el vaixell i
      terra
pensar de, pensar a, preocupar-se de; tenir esment de; disposar-se a
peó, soldat d'infanteria
peonada, infanteria
pererós, peresós
periolar, donar l'extremaunció
perir, finar
peroliar, v. *periolar*

643

perpra, moneda bizantina
pers, pars
pitxol, moneda siciliana d'escàs valor
pla, llengua romànica
planer, categoria de remer
plasent, plaent
plata, embarcació fluvial
plevir, aprofitar-se de; gaudir em benefici propi
poc, petit
posar, aturar-se, reposar
posta, lloc on ancoren els vaixells de guerra; lloc on es canviaven
        els cavalls durant un viatge
postat, potestat; senyoria
postigo, portal de la barbacana
postisser, categoria de remer
preguera, pregària
preïc, prèdica; sermó
preïcar, predicar; sermonar
presic, v. *preïc*
presicar, v. *preïcar*
presó, preson, pres; captiu; presa militar
pressa, multitud de combatents mesclat en la batalla
presset, roba orienta pintada
pressona, persona
privadea, privadesa; intimitat
proferir, oferir
proferta, oferta
profirenca, oferta
promessió, promesa
proposament, propòsit
provència, província
provesió, recursos; provisió
puis, després; més
pullès, habitant de l'Apuglia
púnyer, punxar
punt, gens
pur, amb tot; tanmateix
pus, més; puix; després que

quaix, quasi; gairebé
quedament, quietament; silenciosament
querir, demanar allò que es vol tenir
questa, petició a una comunitat de lliurament de diners o fruits
quitar, pagar el que es deu

raïga, estribació; repeu
reïgal, engonal
raïgar, límits
rais, raig
raisó, tema
rancura, disgust; desplaer
rampagoll, ganxo amb mànec
raon, al·legació; explicació; raó
re, quantitat
reacova, rècula
reàcua, rècula
realme, reialme
reassaga, rerassaga; reraguarda
recena, ostatge
recontar, narrar; explicar
recrear, refer; reconfortar
recúller, embarcar
redon, redó
reembre, redimir
reemçó, redempció; rescat
règer, regir
regisme, reialme; regne
regonéixer, reconéixer
reguard, recel; malfiança
relló, barra de ferro punxeguda
res, cosa; quantitat
restaurar, salvar
ric-hom, pertanyent a l'alta noblesa
roba, botí
romanç, obra narrativa de caràcter cavalleresc
rossegar, arrossegar
rumor, remor

safili, safir
sagrament, jurament
sagrar, consagrar
saguera, part posterior d'una càrrega animal
salma, mesura de capacitat per a grans
salvu, en, segur; fora de perill
saó, saon, avinentesa, ocasió
sarraïnesc, llengua aràbiga
sau, salvat; fora de perill
saul, v. *sau*
savi, jurista; expert en dret

secors, socors
seer, seure
sejornar, sojornar; fer estada
sen, senes, sense
seny, campana
senya, indici
senyaler, portador de la senyera
seqüestre, segrest
ses, sense
sesta, calor de migdiada
sí, així
sinestre, esquerre
sinteria, disenteria
sirvent, soldat d'infanteria
sisa, impost sobre queviures i altres mercaderies
siure, seure
soberg, superb, arrogant
sobreprendre, sorprende
sobresellent, personal combatent no necessari per al maneig del
  vaixell
soferir, sofrir
soldader, soldat a sou
soldaner , v. *soldader*
soltament, lliurement; voluntàriament
somenescar, amonestar
somonir, reduir a obediència; encarregar o demanar insistentment
soplegar, suplicar
sor, germana
sord, que no fa soroll
sosllevar, revoltar
sotil, inferior; de poca vàlua
sucia, peça amb mànigues que les mores porten damunt el vestit (?)
sus, amunt; damunt; sobre

tabustol, enrenou; esvalor
tala, desgràcia; perjudici; destrucció
talar, perjudicar; destruir
talent, ganes
tall, disposició del cos; proporcions
tall (anar a), ser passat per les armes
talla, canya marcada de la qual tenen un tros el comprador i un altre
  el venedor
tamany, tan gran
tamor, tambor

tànyer, ésser propi; pertocar
tapiador, fabricant de tàpies
tapit, catifa
tarda, retard
taula, oficina d'allistament
taula redona, torneig mantingut per un o més cavallers que accepten el repte de qui es presente
terçol, remer del tercer rengle
termenar, fixar; posar límits
terra ferma, interior
terrassania, desembarc per a saquejar
tinent, pertinença
tirar, arrossegar
tolre, toldre, llevar
tonaira, xarxa de cordill fort i malles amples
topa, tipus d'embarcació menuda
tor, torre
torna, retorn
tornès, moneda de Tours
tració, traïció
tranuitada, incursió nocturna
tranuitar, fer una incursió nocturna; vetllar durant la nit
trast, banc dels remers
trastot, tot en absolut
trer, tirar
tretans, altres tants
treüt, tribut
trinitada, v. *tranuitada*
triquet (trer a), tirar a distància curta
trit, trencat; fet trossos
tro que, fins que
troter, correu
tudesc, alemany
tudor, tutot
tuit, tots
turcople, fill de pare turc i mare grega
turquesc, llengua turca

ujar, cansa
universitat, el comú; la totalitat
usar-se, habituar-se

vagant, desvagant
vagar, dixar; suspendre

vair, vari
valença, ajuda
valre, valer
vassaiagall, conjunt de vassalls (?)
vasvassor, varvassor, càrrec de la jerarquia feudal
veençó, derrota
veençó, derrota
veer, veure
veïble, visible
vençre, vèncer
ventura, risc; casualitat
ventura, ris; casualitat
verdats, veritat
verguntada, cop de verga
vernigat, recipient per a beure o menjar
vescom, vescomte
via-fora, crit d'alarma
via-fos, crit d'alarma
via sus!, a ells!
vinentea, avinentesa
vitalla, vitualles; provisions
vogir, tenir de contorn
vui més, d'avui endavant

xaló, classe de drap
xapeu, capell
xascús, cadascú
xerai, caràcter
xor, senyor (tractament grec)
xorma, xurma; conjunt de galiots